HINDUÍSMO
UMA MANEIRA DE VIVER

Editora Appris Ltda.
1.ª Edição - Copyright© 2024 dos autores
Direitos de Edição Reservados à Editora Appris Ltda.

Nenhuma parte desta obra poderá ser utilizada indevidamente, sem estar de acordo com a Lei nº 9.610/98. Se incorreções forem encontradas, serão de exclusiva responsabilidade de seus organizadores. Foi realizado o Depósito Legal na Fundação Biblioteca Nacional, de acordo com as Leis nos 10.994, de 14/12/2004, e 12.192, de 14/01/2010.

Catalogação na Fonte
Elaborado por: Josefina A. S. Guedes
Bibliotecária CRB 9/870

R215h 2024	Rao, Kalvala Ramanuja
	    Hinduísmo: uma maneira de viver / Kalvala Ramanuja Rao. – 1. ed. – Curitiba: Appris, 2024.
	    289 p. : il. color. ; 23 cm.
	
	    Inclui referências.
	    ISBN 978-65-250-6884-8
	
	1. Hinduísmo. 2. Sanatana Dharma. 3. Religião Hindu. I. Rao, Kalvala Ramanuja. II. Título.
	
	                                                           CDD – 294

Livro de acordo com a normalização técnica da ABNT

Appris editora

Editora e Livraria Appris Ltda.
Av. Manoel Ribas, 2265 – Mercês
Curitiba/PR – CEP: 80810-002
Tel. (41) 3156 - 4731
www.editoraappris.com.br

Printed in Brazil
Impresso no Brasil

Kalvala Ramanuja Rao

HINDUÍSMO
UMA MANEIRA DE VIVER

FICHA TÉCNICA

EDITORIAL
Augusto V. de A. Coelho
Marli Caetano
Sara C. de Andrade Coelho

COMITÊ EDITORIAL
Andréa Barbosa Gouveia (UFPR)
Jacques de Lima Ferreira (UP)
Marilda Aparecida Behrens (PUCPR)
Ana El Achkar (UNIVERSO/RJ)
Conrado Moreira Mendes (PUC-MG)
Eliete Correia dos Santos (UEPB)
Fabiano Santos (UERJ/IESP)
Francinete Fernandes de Sousa (UEPB)
Francisco Carlos Duarte (PUCPR)
Francisco de Assis (Fiam-Faam, SP, Brasil)
Juliana Reichert Assunção Tonelli (UEL)
Maria Aparecida Barbosa (USP)
Maria Helena Zamora (PUC-Rio)
Maria Margarida de Andrade (Umack)
Roque Ismael da Costa Güllich (UFFS)
Toni Reis (UFPR)
Valdomiro de Oliveira (UFPR)
Valério Brusamolin (IFPR)

SUPERVISOR DA PRODUÇÃO
Renata Cristina Lopes Miccelli

PRODUÇÃO EDITORIAL
Bruna Holmen

DIAGRAMAÇÃO
Danielle Paulino

REVISÃO DE PROVA
Bruna Santos

CAPA
Kananda Ferreira

Tamasoma Jyotirgamaya

Estamos nas trevas, leve-nos à luz

AGRADECIMENTOS

Meus sinceros agradecimentos aos meus pais e Gurus que inculcaram minha fé na maravilhosa religião do Hinduísmo. Agradeço muito a minha neta Neela Kalvala Macedo e ao seu marido, Ronaldo Queiroz Kalvala Macedo, que muito me ajudaram por me incentivar em todas as etapas e corrigir minha língua portuguesa. Agradeço sinceramente aos meus familiares e particularmente a minha esposa Kalvala Rajyalaxmi, que foram bastante pacientes durante a redação do livro e também a minha filha Dra. Saraswati Kalvala que deu sugestões para melhorar a estrutura do livro. Meus sinceros agradecimentos também ao Prof. Dr. Prakki Satyamurty, que examinou o manuscrito e escreveu o Prefácio.

PREFÁCIO

Hinduísmo é um assunto vasto, pois ele não está baseado em um único livro ou composição. Ele não foi proposto por um único profeta. O povo do subcontinente indiano praticou Hinduísmo como seu caminho de vida desde milênios antes de Cristo. Embora as composições mais antigas que servem como base desta religião são Vedas, muitos textos foram compilados pelos Rishis ou estudiosos do subcontinente ao longo de muitos milhares de anos passados. As mais importantes compilações, após Vedas, são Upanishadas, Puranas e os dois grandes épicos Ramayana e Maha Bharata. No Maha Bharata achamos um discurso filosófico chamado Bhagavad Gita. Nele Sri Krishna transmite a filosofia de vida chamada 'yoga' de diferentes formas, maneiras e praticidades ao seu discípulo Arjuna. Arjuna era um guerreiro impar da época designado para vencer o mal; porém, na hora do começo da luta ele esteve com uma grande dúvida entre lutar para matar os seus próprios primos ou renunciar todas as aspirações materiais e desistir da luta. Sri Krishna, nesta hora, alertou Arjuna do seu dever de proteger as pessoas de bem, mesmo que precise eliminar muitos de seus parentes do lado do mal. Yoga pode ser entendido como esclarecimento e enaltecimento alcançados por meio de prática. Os dois yogas mais importantes são Jnana Yoga e Karma Yoga. O primeiro trata-se de aquisição de conhecimentos mediante pensamentos e argumentos lógicos e associação com eruditos Gurus, conhecimento este sobre o funcionamento do universo, tanto material quanto espiritual, em volta das pessoas. Este yoga traz verdadeiro prazer sem limites. Karma Yoga trata se de alcançar equilíbrio na sociedade através de exercer e cumprir os seus deveres ordenados pela sociedade e situação com coração e com máxima eficiência. A essência da literatura Hinduísta entrega ideias e mensagens de paz e prosperidade para todo mundo, dizendo frases tais como: "O mundo todo é uma única família". "Deseje o bem-estar de todos os seres do mundo". "O! Guru (mestre), dirige-me de escuridão a efulgência". "A verdade sempre prevalece".

Hinduísmo tem um dos maiores números de seguidores no mundo. Mais de 1,2 bilhões de pessoas na Índia atual, a qual é chamado Bharat, e Nepal. Também, muitos hindus vivem em muitos países do mundo como Fiji, Guiana, Maurício, Sri Lanka, Indonésia, Malásia, Singapura, Bangladesh, e África do Sul. Ademais, muitos hindus têm migrado nos últimos 100 anos para países como Reino Unido, Estados Unidos, Canada e Austrália. Assim sendo, o Hinduísmo é a terceira maior religião do mundo, depois do Cristianismo e Islamismo. No mundo todo existem muitas pessoas simpatizantes do Hinduísmo e a cultura Hinduísta, vários desses são curiosos para saber o que são a religião e sua filosofia. Informações sobre esta religião são disponíveis nos livros escritos na língua inglesa pelos autores indianos e autores originários dos países ocidentais. Acredito que existe literatura Hinduísta nas línguas alemão, francês e espanhol também. O presente trabalho do Dr. Ramanuja Rao serve as populações da língua portuguesa, em especial os brasileiros. O trabalho, embora não muito grande, é bem completo e passa informações sobre o Hinduísmo e suas práticas bem explicadas. Os capítulos do livro são bem divididos para facilitar o leitor a procura de qualquer determinado aspecto sem dificuldade. O conteúdo deste livro é autêntico e serve como uma primeira e agradável dose de informação para saciar as curiosidades sobre o Hinduísmo. Fiquei honrado e contente pelo pedido do Dr. Ramanuja Rao para expressar a minha opinião sobre este trabalho formidável.

Prakki Satyamurty

São José dos Campos, SP, Brasil

3 de novembro 2023

SUMÁRIO

INTRODUÇÃO
HINDUÍSMO... 13

PARTE 1 - AS CRENÇAS E FUNDAMENTOS DO HINDUÍSMO .. 17

CAPÍTULO 1
HINDUÍSMO E SUAS CRENÇAS E VALORES 19

CAPÍTULO 2
OS SHRITIS 25

CAPITULO 3
OS SMRITIS... 51

CAPÍTULO 4
A FILOSOFIA VÉDICA 81

CAPÍTULO 5
YUGAS, AS QUATRO ÉPOCAS DO TEMPO............................... 105

CAPÍTULO 6
OS AVATARAS, AS ENCARNAÇÕES DE DEUS 133

PARTE 2 - HINDUÍSMO NA PRÁTICA............................... 149

CAPÍTULO 7
SANNSKARAS, OS RITUAIS DE VIDA DE BERÇO ATÉ A MORTE..... 151

CAPÍTULO 8
AS DIVINDADES VENERADAS.. 165

CAPÍTULO 9
TEMPLOS E PEREGRINAÇÃO..177

CAPÍTULO 10
OS FESTIVAIS DOS HINDUS..201

CAPÍTULO 11
OS SÍMBOLOS DA ÍNDIA E HINDUÍSMO............................209

CAPÍTULO 12
OS SANTOS, GURUS E REFÚGIOS....................................221

CAPÍTULO 13
SISTEMA DE CASTAS E VARNAS......................................249

CAPÍTULO 14
NEO HINDUÍSMO..261

CONSIDERAÇÕES FINAIS...279

REFERÊNCIAS...285

INTRODUÇÃO

HINDUÍSMO

Hinduísmo é a religião com o terceiro maior número de adeptos e fiéis no mundo, ficando atrás somente do Cristianismo e do islamismo. Mais de um bilhão de pessoas seguem o Hinduísmo, a maioria deles residem na Índia. Ainda que o Hinduísmo não seja uma religião de estado na Índia, mais de 70% da população é hindu, que segue Hinduísmo. Têm-se muitos seguidores do Hinduísmo em vários países, inclusive Bangladesh, África do Sul, Estados Unidos e Inglaterra.

Este livro é uma tentativa de explicar os fundamentos da religião, que se chama Sanatana Dharma ou Hinduísmo que os hindus da Índia e de outros lugares seguem. Ainda que não seja exaustiva, a obra aborda as crenças do Hinduísmo, as fontes destas crenças, os costumes, festivais e rituais dos hindus, os templos e suas peregrinações. Os costumes e alguns procedimentos descritos neste livro podem diferir conforme a região do país. O livro também trata as mudanças que ocorreram recentemente no Hinduísmo. Dessa forma, o livro pode auxiliar na compreensão da religião hindu, a mais antiga do mundo, que respeita todas as outras religiões de forma igualitária e que alimentou a filosofia de "*Vasudhaiva Kutumbakam*", ou "o mundo inteiro é minha família", quando, em um mundo de conflitos, cada religião luta pela sua própria supremacia.

Estrutura do Livro

O livro é dividido em duas partes. A primeira é sobre crenças, os textos sagrados, a filosofia e as encarnações de Vishnu. A segunda parte é dedicada aos aspectos práticos do Hinduísmo, como as cerimônias da vida, festivais, templos e peregrinações, e às tendências atuais do Hinduísmo.

Nesta tentativa de explicar uma religião indiana, baseada em textos sânscritos, é óbvio que encontramos muitas palavras estranhas. No livro é feita uma tentativa de explicar esses termos imediatamente após seu aparecimento. Nenhuma tentativa é feita para incluir um glossário. Espero que os leitores entendam isso.

Hinduísmo como religião

Hinduísmo não é uma religião no sentido tradicional, como Cristianismo, Islamismo ou Judaísmo, mas sim uma forma justa de viver de acordo com ideais nobres ensinados a eles pelas escrituras sagradas, os Vedas e os eruditos Rishis. Essas escrituras foram denominadas de "Shritis", ou seja, as escrituras que os Rishis ouviam ou as viam em suas consciências, quando, durante uma meditação profunda, eles afinaram a mente ou Consciência com a Consciência Universal.

O Hinduísmo é chamado Sanatana Dharma, que significa Religião Eterna, e baseado no ensinamentos dos Vedas, as escrituras sagradas, e oferecida a humanidade milhares anos atrás pelos sábios chamados Rishis. Os primeiros habitantes da Índia residiam a leste do rio Indus, entre as montanhas do Himalaia ao norte e Vindhya ao sul, e entre os oceanos a leste e a oeste. Chamava-se Aryavarta, e o povo, chamados Arianos, que significa nobres, que adotaram de vida justa, honesta e nobre, que chamava Santana Dharma, baseados nas leis ensinados em Vedas. A religião também se chamava Religião Ariana, pois os arianos adotaram esse sistema.

Quando a população se espalhou para leste e sul da Índia, a religião Hinduísmo (Sanatana Dharma), também espalhou-se pelo subcontinente indiano inteiro. Após um tempo essa religião foi chamada de religião hindu por que os iranianos e árabes chamava Índia como Hind, e povo como Hindu, porque a região estava leste do rio Sindhu (rio Indus) e iranianos usava 'h' para 's'. Ingleses que colonizaram e reinaram a Índia por quase 300 anos, popularizaram o termos Índia, hindu e Hinduísmo para distingui-los de muçulmanos para que eles pudessem criar uma diferença entre o povo da Índia. Índia também é chamada Bharatavarsha ou Bharat porque no passado uma dinastia poderosa e muito popular, os Bharatas, reinou por muito tempo. Após a independência em 1947, a nova constituição da Índia, adotando o nome do país como Bharat, não quis apagar o mais popular conhecido nome 'Índia' e assim definiu-o o nome do país, no Artigo 1(1) da constituição como 'Índia, isso é Bharat'.

Os Vedas

Vedas são obras milenares, são coleções de hinos e mantras que antigos Rishis, ou eruditos, que praticavam penitência e meditação, ouviram em suas consciências, como um sopro divino, durante as suas meditações concentradas e profundas. Esses Rishis são chamados *mantradrashtas*, visualizadores de mantras, ou videntes. Há quatro vedas: *Rgveda, Samaveda, Yajurveda e Atharvaveda.*

Os Vedas consistem-se em três partes, de Mantra, Brahmana e Upanishada. A parte do Mantra elogia a Deus e várias divindades, a parte Brahmana descreve os rituais e sacrifícios e suas condutas, e a parte Upanishada trata da filosofia envolvida nos Vedas. Em particular, a Rgveda é composto por mantras, elogios e pedidos, Samaveda, que tem a maioria dos mantras de *Rgveda,* podem ser cantados com melodia nas ocasiões apropriadas durante os rituais ou sacrifícios, e Yajurveda é sobre a conduta e explicação das diversas práticas e rituais. Atharvaveda é de diferente gênero e trata os problemas do povo no dia a dia e, conforme a opinião de alguns pesquisadores, foi adicionado mais tardiamente ao corpo védico.

Os Vedas, de acordo com alguns indólogos ocidentais, são da época de 1200 a 800 a.C. (Müller, 1854), mas, conforme as tradições, eles são eternos e muito mais antigos, sem um período de origem definido. Eles são chamados *'Apourusheyas'*, ou sem nenhuma autoria. As informações astronômicas encontradas nos Vedas, de acordo com recentes estudos, mostram referências de 8000 ou 10000 anos a.C. (Nerhar Achar,1999: Sidharth, 1999). Muitos acreditam que os vedas são do período 4500 a.C. (Tilak, 1903: Jacobi, 1909: Winternitz, 1987). Os Vedas sagrados, que não foram colocadas na forma escrita até recentes tempos, foram transmitidos oralmente por milhares de anos por muitas gerações, nas quais os alunos iam repetindo e memorizando o que os professores gurus ensinavam. A mesma prática pode ser vista ainda até hoje em milhares de escolas de Veda (*Veda pathasalas*) espalhadas em toda a Índia. Segundo o Hinduísmo, os Vedas sempre existiram sendo divulgados para a humanidade pelo Deus nos vários tempos através apropriados eruditos ou Rishis.

Ainda que os Shritis (Vedas), que não tem autoria particular, são fundamentais para Hinduísmo, outras obras divulgadas por eruditos, chamados Smritis, ou as lembradas, são de igual importância para a religião. Enquanto os Vedas são apresentados em sânscrito arcaico, as Upanishadas e Smritis estão em sânscrito de tempos posteriores ou em línguas locais como Prakrit ou Pali. Os textos arcaicos são muito difíceis para entender pelo povo e assim, enquanto Vedas são somente compreendidos pelos eruditos, as Upanishadas e Smritis ficaram mais populares do que Vedas.

PARTE 1

AS CRENÇAS E FUNDAMENTOS DO HINDUÍSMO

CAPÍTULO 1

HINDUÍSMO E SUAS CRENÇAS E VALORES

A Religião Eterna

A Índia tem uma cultura milenar que se mantém ininterrupta desde o início da agricultura até o presente, enquanto outras antigas culturas, como a grega, a romana e a egípcia, perderam a conexão com suas raízes muito tempo atrás. A religião também manteve essa continuidade ininterrupta, com pequenas modificações. Essa religião, também conhecida como Hinduísmo ou Santana Dharma, é um sistema que supostamente é eterno, ou seja, não tem origem nem fim.

Enquanto outras religiões têm um profeta ou fundador para seguir, como Cristo no Cristianismo, Maomé no Islamismo, Gautama Buddha no Budismo e Mahavir no Jainismo, o Hinduísmo não tem um fundador. Também não existe um único livro, como a Bíblia ou o Alcorão no Hinduísmo. O Hinduísmo é para seguir com fé, ainda que os Vedas sejam, supostamente, as fontes da Hinduísmo. Essa religião é uma fusão de várias crenças desenvolvidas ao longo do tempo baseada nos ensinamentos dos Vedas que relatam a espiritualidade. Assim, o Hinduísmo não é uma religião organizada, pois não possui regras ou mandamentos sistematicamente associados. As crenças do Hinduísmo são influenciadas pelas práticas locais, regionais, de castas ou comunitárias.

Os Vedas ensinam as verdades eternas sobre Deus, a divindade do Atman, o verdadeiro Eu, e a importância da natureza, o Prakriti. As obras posteriores de Smritis elaboraram esses conceitos e mostraram que esses princípios são válidos e não se alteram. O Hinduísmo é fundamentado nesses princípios eternos e, por isso, é chamado de conduto eterno ou Sanatana Dharma. Como o Hinduísmo é baseado nessas eternas verdades, ele sobreviveu na Índia por milhares de anos, apesar de frequentes ataques e reinados de grupos de outras religiões. Esses ataques e a dominação por tempo estendido também não poderão mudar os hábitos e estilos de vida e crenças do povo da Índia, que devido a essa base védica é segura e forte. Até hoje em dia, hindus recitam os hinos dos Vedas como antes, e vivem quase a mesma maneira que seus ancestrais viviam. Seu passado é seu presente. Esse é um sistema dinâmico. Não é uma religião estagnante com regras fixas e fé cega. Esse é uma maneira de viver.

Com o passar do tempo, às vezes, a base forte pode ser abalada e mostrar sinais de deterioração. Mas, nestas ocasiões, uma encarnação de Deus, um sábio especial empoderado ou um representante especial do Deus aparece e revitaliza a sociedade, introduzindo as mudanças apropriadas para a época, e assim, a fé em Sanatana Dharma continua. Muitos Santos, eruditos, filósofos apareceram ao longo do tempo para imbuir a fé em Sanatana Dharma, toda vez que a sociedade foi abalada por forças internas ou externas em forma de dissidência ideológica, ou ataques dos estrangeiros de outras fés que tentaram a acabar a religião do povo. Sanatana Dharma resistiu aos ataques de Islamismo militante e Cristianismo proselitista e ressuscitou para ser cada vez mais uma forte religião do povo com vigor renovado. Esse é um sistema dinâmico, sempre aceitando as mudanças necessárias para a época, descartando as antiquadas ideais e instituições e adotando até os pensamentos nobres de outras religiões, mas sempre obedecendo às verdades eternas e ensinos védicos. As divindades da época védica foram substituídas pelas divindades ou Deuses e Deusas dos Puranas. A importância de estudar Vedas também foi substituída pela maioria do povo pelos Puranas e Upanishadas. As cerimônias religiosas de longa duração foram substituídas pelas de curta duração e cerimônias domésticas. Até mesmo Budha, que defendeu a revolução contra o Hinduísmo, foi aceito como uma encarnação de Deus. Essas mudanças indicam que a religião Santana Dharma, além de perene, também é dinâmica e orgânica, que está sempre em processo de crescimento através de experiências religiosas. Os Rishis, ou Solvias dos Vedas, tinham uma grande visão para dizer: "Deixe que os pensamentos nobres virem até nós de todos os lados" (Rgveda 1-89–1). Dessa forma, Sanatana Dharma mostra o melhor caminho para se viver com ações e pensamentos nobres. Esta religião não é uma religião de introversão, mas sim de ação. O Hinduísmo é lei para viver, não é um dogma. O Hinduísmo é eterno porque esta religião não tem limites fisiológicos como um organismo que dá à luz, cresce e morre. Sanatana é definido, do acordo com Atharvaveda (X.8.2) como eterno, podendo renascer cada dia.

Alguns pesquisadores acreditam que o Hinduísmo começou entre 2500 e 1500 a.C., citando artefatos encontrados em Mohenjodaro e Harappa, e outros lugares da civilização Indus. Os historiadores ingleses tentaram demonstrar que, no passado, os indianos não tinham uma religião definida e somente após a invasão e conquista dos indianos pelos arianos no segundo milênio a.C., o povo foi introduzido na religião. Esta é uma propaganda falsa elaborada pelos colonizadores. Os artefatos encontrados em Mohenjodaro e Harappa, pertencentes à civilização Indus, apenas indicam que essa religião existiu naquele período, mas isso não significa que este período seja o início dessa religião. As evidências, particularmente as informações astronômicas contidas em escrituras e recentes descobertas arqueológicas, demonstram que o sistema ou religião seguido pelo povo é muito antigo. As recentes descobertas arqueológicas estão levando a história da Índia cada vez mais para trás, confirmando esse fato.

A religião, originalmente chamada Santana Dharma, que existiu desde sempre, pode ter sido mais organizada e pacífica e orientada por Deus,e muito mais perspicaz sobre a relação ao homem e a Deus e o propósito do homem neste mundo do que muitos ocidentais pensavam. As regras de Santana Dharma sempre existiam e existirão sempre, como as leis da gravidade existiam antes da descoberta por Newton e existirão ainda que a humanidade as esqueça.

Annie Besant, uma filósofa de Inglaterra e fundador da Sociedade Teosófica (Theosophical Society), de acordo com Jagtiani (1982) disse "Em 40 anos dos meus estudos das várias grandes religiões do mundo, eu não encontrei nenhuma religião tão perfeita, tão científica, tão filosófica e tão espiritual como a grande religião conhecida pelo nome de Hinduísmo. Quanto mais você conhecer dessa, mais você ama. Quanto mais tentar compreendê-la, mais profundamente você vai valorizá-la". Ela também alega "Índia é Hinduísmo e Hinduísmo é Índia". Nesse trabalho o Hinduísmo e Santana Dharma são tratados como sinônimos.

Os Objetivos do Hinduísmo, As Purushardhas

O objetivo no Hinduísmo é atingir os quatro Purushardhas, os objetivos de realização humana — Dharma (vida sadia e com justiça), Artha (valores econômicos), Kama (prazeres de vida sem exagero) e Moksha (Liberação total do ciclo de nascimento e morte) em estágios próprios de vida — mostrando o dinamismo envolvido na vida.

As crenças do Hinduísmo

Como foi dito antes, o Hinduísmo ou Sanatana Dharma é baseado nas revelações divinas divulgadas pelos antigos eruditos e *mantradrashta* dos Vedas. Baseados nessas divulgações, Hinduísmo desenvolveu algumas crenças, e elas são:

1. Deve-se seguir Dharma, a vida virtual e seu dever a família e sociedade. Upanishadas declara *"Dharmo Rakshati, Rakshitah"*, isto é quem obedecer Dharma, será protegido por Dharma.

2. Os Vedas são autoridades a serem obedecidos. O Hinduísmo acredita que Vedas são *'Apaurusheyas'*, que significa não tem um autor humano sendo divulgados por Deus através dos Rishis e *mantradrashtas*.

3. Há uma única entidade suprema que existe tanto em forma manifestada, como não manifestada. Mesmo assim, O Hinduísmo reconhece outros, Deuses, Deusas, e divindades. Muitos ocidentais pensam que Hinduísmo segue henoteísmo. No henoteísmo, como Max Müller pensava, que foi explicado por Taliaferro et al. (2012), significa a veneração do único supremo Deus, sem negar a existência de outras divindades de baixa escala. Mas, no Hinduísmo, há o teísmo, que foi chamado Teísmo Védico por Bose (1954), em que as divindades foram consideradas como sendo 'um em todos e todos em um'. Rgveda (10-114-5) declara *'Vipra kavayo vachobhir Ekam Santam Bahuda Alvaiante'* ou "Uma só Entidade, Sábios e Poetas falam diferente".

4. O universo sofre ilimitados ciclos de criação, preservação e aniquilação. O tempo não tem início ou fim, é infinito (Ananta) e os ciclos também ilimitados, cada ciclo tem a duração de bilhões de anos.

5. O indivíduo sofre as consequências do Karma, a lei de causa e efeito, pela qual cada indivíduo cria seu próprio destino pelos seus pensamentos, articulações e ações. Os efeitos das ações do indivíduo aparecem na mesma vida, se não, ele terá que tomar várias vidas pelas encarnações até o karma seja resolvido, a liberdade absoluta (*Moksha*) seja realizada e ciclos de reencarnações terminem.

6. O Atman, o verdadeiro Eu, é eterno e renasce de novo depois da morte, com um novo corpo, evolvendo com cada vida até que todo seu Karma seja resolvido.

7. A morte é apenas para o corpo, não para o Atman. Assim, Hinduísmo crê em reencarnação.

8. O Atman individual e o Paramatma, a Consciência Universal, são o mesmo, mas o Atman individual é limitado pelo corpo, enquanto o Paramatma é ilimitado, todo penetrante e presente em todas as coisas, se movendo e não se movendo. No entanto, a Paramatma não é reconhecida pelos indivíduos, devido à sua ignorância.

9. O dever de cada indivíduo é conhecer essa identidade pelos esforços constantes, obedecendo Dharma e vivendo uma vida virtuosa seguindo as escrituras sagradas, e praticando meditação e austeridades.

10. Como Paramatma é presente em todo, tem que considerar todo igual e respeitar a vida de todas as espécies, inclusive animais e plantas. Cada átomo representa a Paramatma. Assim deve-se ter compaixão em todas as entidades vivas. Como a compaixão se estende a todos os animais, e por isso, o Hinduísmo prega a Ahimsa, que significa não machucar ninguém e evitar matar animas para alimentação. A maioria dos hindus é vegetariana e desiste o consumo de carne bovina e a suína. Vacas são considerados especialmente sagrados que é suposto símbolo de maternidade e vida. O Hinduísmo respeita todas outras religiões e fés. O Hinduísmo considera qualquer fé ajuda a emancipação do indivíduo e guia para conhecer o Deus único. Não há um dogma para obedecer em Hinduísmo. Por isso, no Hinduísmo há vários correntes de pensamento, que às vezes se contradizem.

11. Respeite mãe, pai e guru como se fossem Deuses. Eles são responsáveis para sua vida e o conhecimento do mundo.O Hinduísmo prega o respeito aos mais velhos.

12. Deve-se perseguir as Purushardhas, os objetivos de vida, obedecendo à sua Dharma. As Purushardhas que são Dharma (seus

deveres e vida justa),Artha (valores econômicos), Kama (prazeres de vida sem exagero) e Moksha (Liberação total do ciclo de nascimento e mortes), devem ser perseguidos com meios certos e justos.

Esses são os princípios eternos do Hinduísmo que se erguem sobre as suas próprias fundações, sem depender da razão ou dos ensinos de qualquer profeta. Gajendra Gadkar, chefe de justiça do supremo tribunal de Índia, disse em uma ocasião "Quando pensamos no Hinduísmo, ao contrário das outras religiões, não há um único profeta, não se venera um só Deus, não se adere a um dogma qualquer, não há uma única concepção filosófica, não segue um conjunto qualquer dos rituais religiosos. Na verdade, o Hinduísmo não segue nenhuma norma de uma tradicional religião no senso estrito. Só pode ser descrito amplamente como uma maneira do viver". Mas, por definição, religião consiste em acreditar na existência de um Ser Supremo invisível, o qual é a causa da nossa existência, em métodos e rituais para adorá-lo e em viver conforme as suas leis ou vontade (Wirth 2023). Se estas condições forem aplicadas, o Hinduísmo é definitivamente uma religião, porque acredita, como mencionado acima, na existência de uma entidade Suprema, Brahman ou Paramatma e também o Hinduísmo segue as leis eternas. Hinduísmo segui os pensamentos das Shritis e Smritis divulgados milhares de anos atrás por Deus.

CAPÍTULO 2

OS SHRITIS

Os Obras dos Ouvidos

Como já foi mencionado, os Shritis são obras reveladas, supostamente por Deus, para os Rishis em trans nos momentos de profunda meditação. São chamados de Vedas, uma coleção de mantras de elogios, de pedidos, de instruções, de cantos, de descrições e de conhecimentos mundanos. As evidências filológicas e linguísticas sugerem que Rgveda é a obra mais antiga em qualquer língua indo-europeia. A época da revelação dos Vedas ainda é um ponto de divergência, sendo que os estudiosos indianos apontam mais de 6000 anos atrás (Tilak, 1893, Sidharth, 1999) e os orientalistas ocidentais apontam um período de 6000 a 1500 a.C. (Jacobi, 1910; Haug, M, 1863; Wintzernitz, 1987; Muller, 1883).

Os Quatro Vedas

Inicialmente, havia apenas uma Veda na língua arcaica do Sânscrito. No quarto milênio a.C., Rishi Veda Vyasa, um erudito, dividiu os mantras em quatro partes, de acordo com seu gênero, utilidade e estilo. A junção destas quatro partes é chamada de Samhitas. Estas quatro partes são Rgveda, Samaveda, Yajurveda e Atharvaveda. Dentre elas, Rgveda é a mais ampla e mais antiga. Nos outros três Samhitas, os maiores mantras são de Rgveda, mas há poucos novos mantras. Veda Vyasa ensinou essas partes para seus alunos: Rgveda para Paila, Samaveda para Jaimini, Yajurveda para Vaishampayana e Atharvaveda para Sumanth. Depois, eles transmitiram para seus alunos, e, dessa forma, os quatro vedas foram transmitidos oralmente de geração em geração, de guru para aluno. Somente aproximadamente no século quatro d.C. os Vedas foram escritos em folhas de palma na língua Brahmi. Rgveda possui 10552 mantras, ou Riks, dividido em 1028 Suktas e 10 mandalas, ou livros. De acordo com Saunaka, um erudito Rishi da época dos Vedas, Rgveda tem 432000 sílabas, que são equivalentes aos anos da era Kaliyuga (veja capítulo 5). Samaveda tem 1875 versos, divididos em duas partes de 650 e 1225 versos. Yajurveda, que trata principalmente dos rituais e dos sacrifícios, é em prosa e poucos versos. Para memorizar estes extensos números de mantras de forma fiel, com as devidas alterações de som e timbre, e transmitir para as gerações futuras, os antigos sábios criaram técnicas especiais e, até hoje, essas técnicas são usadas pelos alunos em *vedapathasalas* ou escolas de Veda em toda a Índia.

1. Rgveda

Alunos em uma Veda Pathasala

O Rgveda, sobretudo, é uma compilação de elogios, em forma de Riks ou mantras de poesia, a diversas divindades. A Rgveda está dividida em Suktas, que significa "belas declarações". Suktas são coleções de alguns mantras ou Riks. Cantar ou ouvir os mantras da Rgveda estimula a energia vital. Muitos dos cantos de Rgveda exaltam diversas divindades, enquanto outros ensinam como aprimorar a vida de cada indivíduo e contribuir para o progresso do planeta. Rgveda mostra o caminho da verdade e de uma vida justa, tanto para o indivíduo quanto para a sociedade. Rgveda serve como uma fonte religiosa. Rgveda também aponta os problemas relacionados aos jogos de apostas e descreve o perfil do apostador, servindo como um guia moral para a moralidade. Alguns mantras expressam pensamentos de amor universal, irmandade global e bem-estar global (*Sarvejanah Sukhinobha-*

vanto). A Rgveda é a base da cultura indiana, abordando temas como ética e comportamento adequado na sociedade.Este Veda foi um guia religioso e moral para tempos védicos e pósvédicos.

Com Rgveda podemos também saber a geografia da região, história e as condições da sociedade da época. Os rios e montanhas descritos em Rgveda mostram que o cenário do Rgveda é principalmente em Punjab na Índia e também parte de Punjab no Paquistão. Os Reis de várias dinastias de época e guerras entre eles foram descritos. De acordo com Rgveda, o povo era ativo e dinâmico, a base do pensamento era Rita, a lei e a ordem do cosmo, que gerou uma forte conexão com diversas divindades através da realização de vários yajnas. O objetivo do indivíduo era seguir quatro grandes objetivos de vida (Purushardhas), que são Dharma (obedecer às leis universais), Artha (ganho das riquezas de maneira justa), Kama (ter prazeres de vida obedecendo seu Dharma) e Moksha (o último objetivo de liberdade do ciclo de renascimentos). Um importante aspecto de vida era o ganho de riquezas por meios justas e compartilhar esses ganhos com outros, especialmente os necessitados. Doações e hospedagem eram consideradas atos nobres e muito saudosos. A sociedade era dividida em quatro castas, brâmanes, Kshatrias, Vaishyas e Shudras, de acordo com suas tarefas e funções e essa divisão não era tão rígida nessa época, mas ficou mais rígida posteriormente em tempos medievais.

O sistema do casamento já era estabelecido e a mulher era muito respeitada como companheira, mãe e irmã. Ainda que os pais pudessem escolher o noivo, a mulher também tinha o direito de escolher o noivo.

A mulher também tinha direito a estudar e havia muitas mulheres eruditas, filósofas e *mantradrashtas*, que contribuíram nos mantras de Rgveda. Elas podiam participar de discussões filosóficas com homens eruditos. Há menção de quase 30 rishikas, mulheres *mantradrashtas*, em Rgveda como Godha, Ghosa, Visvavara, Apara, Maitreyi, Gargi, etc.

Estrutura de Rgveda

Rgveda, como foi dito antes, é uma coleção dos versos, chamados mantras ou Riks, maior parte deles elogiando as diversas divindades. Alguns mantras são agrupados em uma secção chamado Sukta. Cada Sukta pode conter um até mais de cem mantras. Cada Sukta contém em seu cabeçalho as informações sobre o *mantradrashta*, ou seja, o Rishi que visualizou os mantras, divindade elogiado em Sukta e os Chandas, forma métrica em que os mantras foram visualizados. Em um Sukta pode haver mantras de mais de um chandas e mais de uma divindade pode ser elogiada. Um agrupamento de alguns Suktas formam um Mandala ou um livro. Em Rgveda, há 10 Mandalas, sendo o primeiro e o último deles mais completas, com 191 Suktas cada. As Mandalas de 2 a 7, que contém vários números de Suktas, são chamadas de livros de famílias, porque a maioria dos Suktas nessas Mandalas são visualizados por membros da mesma família. As Mandalas 2 a 7 também contêm o maior números de mantras de elogio, enquanto os Mandalas 1 e 10 contêm mantras com ideias filosóficas. Na Mandala 10, as Suktas conhecidas como *Hiranyagarbha Sukta* (10 – 121), *Purusha Sukta* (10 – 90) e *Nasadiya Sukta* (10 – 129) são repletas de ideias filosóficas sobre a criação do universo. Mandala 9 é dedicado a elogios a Soma, um elixir suavemente intoxicante e bebida preferencial das divindades e particularmente a Indra, a líder das divindades.

Os mantras de Rgveda são divididos em dois grupos: os que exaltam as divindades e as contemplações filosóficas, chamados Samhita, e os que elaboram os aspectos práticos das yajnas e sacrifícios, chamados Brahmanas. Os aspectos filosóficos foram elaborados em outras obras, como Aranyakas e Upanishadas, e os aspectos ritualísticos, em Brahmanas e Aranyakas. Brahmanas, Aranyakas, Upanishadas, Darshanas, Puranas e Dharma Sutras são comentários de Rgveda e explicam diversos temas que ainda são sementes das ideais no Rgveda.

As Brahmanas que pertence Rgveda são Aitareya Brahmana e Kausitaki Brahmana enquanto as Aranyakas, somente Aitareya Aranyaka está disponível. Aitareya Upanishada é um importante Upanishada de linha Rgveda. As seis Darshanas revelam os valores de Sanatana Dharma e da filosófica e cultura indiana.

As Divindades da Rgveda

Rgveda elogia diversos deuses, os principais sendo Agni, o fogo; Indra, a divindade das nuvens e relâmpagos, supostamente muito poderosa; Vayu, a divindade do ar, prana ou força vital; Surya (sol), a divindade que dá vida para todos; Asvins, os gêmeos médicos; Varuna, a divindade das águas e do mar e disciplina moral; Soma, que representa manas (a mente ou emoções) e também um elixir; Ushas, a Deusa dos crepúsculos. Rgveda menciona diversos tipos de divindades, incluindo Devas e Asuras. Devas e Asuras são filhos de Rishi Kasyapa, um dos Prajapatis, mas também de diferentes esposas. Os Devas, também conhecidos como Suras, são filhos de Aditi, que significa "indivisível" ou "integrado". Os Asuras, também conhecidos como Daityas, são filhos de Diti, que significa "divisão" ou "dualidade". Os filhos de Aditi, Devas, representam as forças de integração, unificação, harmonia e ordem, enquanto os filhos de Diti, Asuras, simbolizam o caos, a desordem, a separação e a confusão. Apesar de Devas e Asuras estarem em constante conflito, os Asuras ainda eram considerados benevolentes naquela época, Varuna sendo uma das mais importantes delas. Outros Asuras mencionados são Mitra, Aryaman, Bhaga, Ansa e Daksha. Asuras, em tempos posteriores, foram degradadas por entidades más. O número de devas mencionado é de 33 a 330 milhões, sendo o último número simbólico, significando infinito. As 33 devas incluir 8 Vasus, 11 Rudras, 12 Adityas e Prajapati e Indra. Vasus são divindades de luz e fogo (Pritvi, Varuna, Agni, Vayu, Aditya, Dyaus, Soma e Nakshatrani, representando, respetivamente, a Terra, Água, fogo, ar, Sol, espaço, Lua e as esrelas). Rudras são vários formas de Shiva dos aspetos feroz e selvagem, associados com trovões e tempestade. Adityas, os filhos de Aditi, são diferentes formas de Sol, representado aos sois de doze meses. São descritos omo brilhentes e puros, sem engano ou falsidade e atuam como protetores de todos os seres.

Em Rgveda, como foi dito, várias divindades foram elogiadas, e nesses elogios seus atributos e suas ações beneficentes também elaborados. As principais divindades dessa época são Indra, Agni, Varuna, Asvins, Maruts, Sol, Ushas, etc. Indra o poderoso guerreiro, é elogiado para ter ajudado os amigos a venceram os inimigos, concedendo riquezas a necessitados e derrotando os demônios inimigos do povo. Agni, que está invariavelmente presente em todas as yajnas, é considerado um mensageiro divino para transmitir as oblações e oferendas das yajnas para outras divindades. Vayu, a divindade do ar, é elogiado como Prana, o ar, sendo vital para a vida. Asvins, os divinos médicos gêmeos, são elogiados por ajudarem e curado muita gente, implantando órgãos metálicos para necessitados, rejuvenescendo os velhos, recuperando visão dos cegos, etc. O número maior de divindades representa as diferentes manifestações do único Deus. Os mantras de Rgveda ensinam que, apesar de existirem diversas divindades, Deus é único, isento, não tem uma forma nem um atributo. Sua presença é total e é penetrante, onipresente, onipotente e onisciente. Todas as divindades são manifestações do único Deus que é chamado Brahman. Há vários caminhos para chegar a Ele. Qualquer caminho com pensamento justo levará para Ele.

Os Mantras de Rgveda

Os mantras de Rgveda têm significado profundo. Uma vez que os mantras estão em arcaico, é extremamente difícil compreender sem a ajuda de um mestre ou um sábio com profundo conhecimento sobre Vedas. Existem diversas interpretações tradicionais, em diferentes níveis e dimensões, que mostram a amplitude dos mantras que tratam da ligação entre materialidade e espiritualidade. As interpretações podem ser dos seguintes tipos:

1. Que mostra os aspectos mundanos (Adhibhuta);

2. Que mostra os aspectos divinos ou cósmicos (Adhidaivata);

3. Que mostra os aspectos psicológicos (Adhyatma);

4. Que mostra os aspectos ritualísticos e de veneração (Adhiyajna)

Para compreender os mantras, cada um deve ser repetido várias vezes, deve se aprofundar no tema com a orientação de um mestre erudito que tenha muitos anos de experiência e atitude espiritual. Os mantras de Rgveda são usados por um sacerdote chamado hota, ou hotr, convidando e elogiando as divindades para assistirem ao ritual.

Interpretação de Rgveda

Como foi dito antes, é difícil entender as significados dos mantras em sânscrito arcaico sem comentário de um erudito. Geralmente, os comentários foram direcionados aos rituais, conforme os comentários de Sayanacharya (1315–1387 d.C.), um sábio de sânscrito e ministro do rei de Vijayanagara, no Sul da Índia. Ele também mencionou alguns comentários antigos que não estão mais disponíveis atualmente. Todas traduções de Rgveda feitos pelos europeus são baseadas nesse comentário. Os comentários a respeito de outro tema, a filosofia, não estão disponíveis, provavelmente devido à destruição de bibliotecas em diversas universidades antigas, como Texila, hoje no Afeganistão, e Nalanda, na Índia. Sem esses comentários antigos de sábios de época próxima ao período védico, Rgveda seria difícil de interpretar inteligentemente. Assim, alguns indólogistas europeus de hoje pensam que Rgveda é uma obra que se limita a sacrifícios, sendo uma obra sem senso ou um texto ainda não compreendido (Thomson, Karen 2009). No século vinte, Swamy Dayananda Saraswati, o criador do Arya Samaj e Aurobindo Ghosh de Pondichery, enfatizaram uma interpretação espiritual do Rgveda.

2. Yajurveda

Yajurveda é o principal Veda das rituais. Yajus significa veneração, enquanto Veda significa conhecimento. Todos os mantras de Rgveda que estão relacionados à realização das yajnas e sacrifícios foram agrupados em Yajurveda. Os mantras de Yajurveda são denominados Yajus. A estrutura de Yajurveda é distinta da estrutura de Rgveda e Samaveda. A maioria dos mantras é escrita em prosa, com a exceção dos mantras importados de Rgveda. Yajurveda descreve os métodos de realização das yajnas e sacrifícios e assim importante para brâmanes e sacerdotes que conduzem os rituais.

Yajurveda é apresentado em duas versões, Krishna Yajurveda ou Yajurveda Escuro e Sweta Yajurveda ou Yajurveda Branca. No início, Veda Vyasa transmitiu Yajurveda para seu aluno Vaishampayana, que o transmitiu seu aluno Yajyavalkya. A história conta que o mestre Vaishampayana, certa vez, ficou insatisfeito com o aluno e exigiu que ele devolvesse todo o conhecimento adquirido. Yajyavalkya, usando poderes yogicos, vomitou toda a Yajurveda e o guru ordenou que os outros alunos engolissem todas as Yajus. Assim, os alunos, assumindo as formas Perdizes (tittiris), devoraram todas as Yajus. Esse Yajurveda ficou escuro e também chamado Tittariya Samhita. Yajyavalkya, em sua vez, fiz penitência e venerou a divindade do Sol e por sua graça ganhou novamente o conhecimento de Yajurveda e essa versão de Yajurveda ficou conhecido como Sweta Yajurveda ou Yajurveda Branca. Como a divindade de Sol ensinou Yajurveda para Yajyavalkya tornando-se uma forma de cavalo (Vaji), esse Versão também é chamado Vajasaneya Samhita.

No Yajurveda Escuro, as partes dos mantras e da prática de yajna, Brahmana, estão relacionadas, enquanto no Yajurveda Branca essas partes são separadas. O Yajurveda Branca descreve importantes yajnas, tais como Agnihotra, Somayaga, Chaturmasya, Aswamedha, entre outros. O Yajurveda Branca fornece descrições e instruções das yajnas, enquanto o Yajurveda Escuro se concentra na execução das yajnas. O Yajurveda, em geral, é um guia para o sacerdote, chamado Adharvu, para realizar a yajna de uma maneira adequada. As tarefas do Adharvu incluem a preparação do local de yajna, a manutenção de todos os utensílios e equipamentos de yajna em ordem, a atribuição de responsabilidades para yajamana, o dono, e outros sacerdotes, e a oferta de oblações no fogo sagrado para Agni.

Assim como em outras Vedas, o Yajurveda também possui Brahmanas, Aranyakas e Upanishadas na sua linha. As obras Tittariya Brahmana, Satapata Brahmana, Isavasya Upanishada, Tittariya Upanishada, Katha Upanishada e Swetaswetara Upanishada são mais conhecidas como obras baseadas no Yajurveda. O capítulo final de Yajurveda Branca atualmente é Isavasya Upanishada. O Yajurveda é a base para todas as cerimônias domésticas e públicas das hindus. Há uma grande variedade de normas a serem seguidas nestas cerimônias. Diversas obras, conhecidas como Sutras, como Grihya Sutras, Shrota Sutras e Sulba Sutras, estabelecem essas normas e servem como guias para os sacerdotes realizarem as cerimônias.

3. Samaveda

Samaveda é, sobretudo, um Veda composto por canções. Os mantras de Rgveda, principalmente das mandalas 8 e 9, que podem ser cantados com melodia, foram agrupados em Samaveda com alguns novos mantras. Esses mantras são cantados em diferentes yajnas (incluindo Somayajna, um yajna que elogia Soma, o elixir divino), pelo sacerdote chamado Udgatr, nos momentos em que o Hotr está convidando as divindades e Adharvu está oferecendo as oblações no fogo sagrado, Agni. David Frawley, um sábio das Vedas, disse: "Se Rgveda é uma palavra, Samaveda é uma canção. Se Rgveda é conhecimento, Samaveda é a realização. Se Rgveda é a esposa, Samaveda é o marido".

A Estrutura de Samaveda

Samaveda é o mais curto dos quatro Vedas. Tem 1549 canções chamados Samans, das quais 1474 são de Rgveda, especialmente das mandalas 8 e 9, e apenas 75 do próprio Samaveda. Samaveda é dividido em duas partes, Archica e Gana.

Na parte Archica, as Riks de Rgveda selecionadas para Samaveda são listadas, o que resulta em dois fluxos de classificação: purvarchica e uttararchica. Purvarchica tem 650 Samans, classificados de acordo com as métricas dos mantras (chandas) e as divindades a que se referem. Uttararchica tem quase 900 Samans, classificados segundo sequências de ocorrências em yajnas.

Na parte Gana, os Samans não estão na sequência que aparece em Rgveda. As palavras são alongadas ou quebradas, de acordo com a necessidade da música melodiosa. Algumas mudanças e descansos foram adicionados para assistir Udgatr cantar melhor. Às vezes, algumas palavras sem significado são adicionadas quando a música precisa. Esse capítulo é o guia para cantar as Samans, ou seja, contém instruções de como os mantras podem ser cantados. Há uma variedade de estilos musicais para cantar as Samans, o que resulta em uma grande variedade de rendimentos de Samaveda, de acordo com a escola de música. Ainda que tinha muitas escolas, somente as três são mais populares que possuíam distintos estilos de rendição dos Samans; Kauthumiya, Ranayaniya e Jaiminiya. É uma festa para os ouvidos escutar Udgatr cantando as samans da Samaveda durante rituais védicos.

Gana também tem dois tipos de rendições: Grama Gana e Aranyaka Gana. O primeiro é usado em casas e assembleias nas grandes cidades para elogiar as divindades Agni, Indra, Soma e outras em cerimônias domésticas. O segundo, chamado de Aranyaka, tem como objetivo cantar na solitude das florestas pelos eremitas, executando as Soma e outras yajnas. Assim a mesma Saman pode ser cantado em diferentes melodias, produzindo diferentes Samas dependendo as ocasiões e yajnas.

Esta é a primeira obra a divulgar as regras de música. Samaveda representa a filosofia e a ciência do som e da música. As sementes da música clássica indiana estão na Samaveda. No início, havia apenas três notas musicais, chamadas Udatta, Anudatta e Svarita. A nota Udatta é produzida a partir do palato e o som é agudo e intenso. A anudatta é uma nota grave que se destaca e é produzida abaixo do palato. Svarita é a mistura dessas duas notas, sendo Udatta na primeira metade. No texto, essas notas são indicadas pelo sublinhado da sílaba para Anudatta, uma linha vertical sobre a sílaba para Svarita, sem nenhuma indicação para Udatta em Riks de Rgveda, e pelos números 3,2 e 1 de sânscrito, respectivamente, em Riks de Samaveda. Mais tarde, essas notas foram estendidas para 7 notas em música clássica indiana.

Como para Rgveda e Yajurveda, Samaveda também tem Brahmanas, Aranyakas e Upanishadas associados a ele. Existem 8 Brahmanas associados, mas somente três, Chandogya, Arsheya e Daivata são mais conhecidos. Dois Upanishadas importantes são embutidos em Samaveda, Chandogya Upanishada e Kena Upanishada. As ideias filosóficas de Chandogya Upanishada contribuíram muito na formação e desenvolvimento de filosofia indiana mais tarde.

4. Atharvaveda

O genro e a língua de Atharvaveda são diferentes dos outros três Vedas. Dessa forma, alguns sábios não incluem Atharvaveda no corpo védico, sendo os primeiros três Samhitas chamados de Trayis. Muitos sábios consideram o Atharvaveda pertencente a um período ligeiramente posterior aos outros Samhitas. Ainda que seja considerada parte de corpo dos Vedas, a língua de Atharvaveda não é tão arcaica como os outras. Rishi Atharvan é considerado um compilador de Atharvaveda. Ela consiste 730 hinos ou Suktas, com 5987 mantras, divididos em 20 livros ou Kandas. Quase 1200 mantras deste Veda são de Rgveda.

Atharvaveda não é um livro de louvores, mas de encantos, feitiços, cantos, dicas para melhorar a saúde, magia negra, rituais para tirar males, rituais e para curar problemas e muito mais. A maioria dos mantras são de encantamentos e exorcismos, mas também tratam outros assuntos, como várias doenças e suas curas. Este Veda apresenta uma variedade de plantas medicinais e ervas, que são consideradas a fonte de origem do Ayurveda, a medicina tradicional da Índia, que permanece em uso até os dias atuais. Diversos mantras enfatizam a relevância do Sol para a saúde em geral e a utilização dos raios solares no tratamento de enfermidades do coração e icterícia.

O uso de água como melhor remédio é indicado para cura de muitas doenças. Este Veda contém curas para mordidas de cobras e picadas de insetos, além de mantras de maldições para derrubar inimigos. Há feitiços e amuletos para atrair amantes e bruxarias para perturbar os adversários. Os encantos para aumentar a virilidade, tratamentos afrodisíacos, encantos para tirar a esterilidade e para gravidez são mencionados em muitos mantras. Os deveres dos Reis, os encantos para a vitória em guerras e as bênçãos para o êxito de sua administração também estão presentes em diversos mantras. Assim, a Atharvaveda é um Veda para povo em geral, enquanto outros Vedas servem somente para eruditos e sacerdotes devido a seus assuntos, bem como a língua utilizada.

Os assuntos de Atharvaveda são divididos nas seguintes categorias:

1. 1. Doenças, suas causas e curas;

2. Rogos para longevidade;

3. Bem-estar e progresso, em geral;

4. Destruição e injúria para inimigos;

5. Rituais de expiação

6. Sistema político;

7. Natureza do Brahman, o absoluto.

O Sukta 12 de Atharvaveda, também conhecido como Bhuma Sukta ou elogios à mãe terra, trata do uso de recursos naturais da terra e seus efeitos nocivos ao meio ambiente. Esse Sukta aconselha os humanos a deixarem de lado a ganância e usarem os recursos da mãe terra de forma útil, sem prejudicar a natureza no seu processo. Este Sukta exalta a compaixão e o amor de mãe terra, que trata igualmente as pessoas que ama e as que mal tratam, abusando do meio ambiente.

Atharvaveda também expõe algumas ideais filosóficas avançadas. A concepção de um Deus poderoso, criador e preservador do universo (Prajapati) e termos como Brahman, prana e manas, usados em muitos Upanishadas, podem ser encontrados neste Veda. Este Veda trata das alegrias e felicidades da vida, bem como da espiritualidade. Atharvaveda também fala sobre astronomia e lista os nomes das constelações e estrelas, começando com Krittika (Plêiades/Taurus). As referências ao equinócio indicam um período de aproximadamente 2500 a.C. para Atharvaveda.

Durante as yajnas, o sacerdote chamado Brahma, que supervisiona os ritos, deve ter conhecido Atharvaveda com outros Vedas. Assim como em outras Vedas, Atharvaveda também tem Brahmanas e Upanishadas. O famoso Brahmana, Gopatha Brahmana e Upanishadas, Mundaka Upanishada, Mandukyopanishada e Prasna Upanishadas são associadas com esse Veda.

Conhecimentos em vedas

Os Vedas, em geral, e Rgveda em particular , não foram bem compreendidos pelos tradutores europeus, que usaram métodos modernos, como filologia, mitologia comparativa e outros conhecimentos modernos, para compreender as ideias das antigas Rishis, que viveram milhares de anos atrás e viam os mantras como imagens vivas em suas mentes afinadas com a Consciência universal, durante uma profunda meditação. Com estes estudos modernos e suas próprias ideias superpostas, os europeus não conseguiram chegar às verdadeiras intenções das antigas Rishis. Dessa forma, os mantras parecem ser poemas primitivos e suas interpretações parecem pouco relevantes, se comparados ao que os Vedas realmente ensinam. Rgveda trata de assuntos que os indianos valorizam, como a cultura espiritual, yoga, Ayurveda, meditação, etc., e contém muitos conhecimentos, como filosofia, medicina, ciências, arte de guerra, administração do estado, etc. Os antigos Rishis anteciparam diversas ideias e elaboraram teorias em diversas áreas, como a análise de língua, as especulações na filosofia, a formação espiritual e outras, cujas teorias estão sendo testadas e endossadas atualmente por cientistas modernos.

Meuhlhauser (1910) diz que, quando Parmênides, Democritus, Sócrates, Platão e Aristóteles lançavam os alicerces para a filosofia ocidental na Grécia, os gênios da Índia produziram tratados de linguística, matemática, lógica, astronomia, filosofia e medicina. Nas construções dos altares do fogo para yajnas, a geometria e a álgebra foram desenvolvidas, ainda que não de forma moderna, pois o foco não era as provas das teorias, mas sim o uso prático. Existem três tipos de altares nas yajnas: um círculo, um retângulo e um de forma besta, todas com a mesma área. A geometria é empregada para delimitar a área do círculo e, consequentemente, determinar o valor de pi já conhecido. Para calcular áreas iguais, foi empregado um teorema, posteriormente conhecido como teorema Pitagórico, para calcular áreas iguais. A fim de determinar o tempo propício para realizar yajnas, a astronomia e a astrologia foram desenvolvidas. Diversos mantras descrevem a ciência da medicina e cirurgia utilizada pelos médicos Asvins. Há referências de conhecimentos que indicam que a ciência já era avançada e quase comparável à ciência moderna.

Brahmanas

Esses textos são predominantemente prosa, ao contrário das Samhitas, os quais são poesias. Dos 19 Brahmanas que estão disponíveis hoje, as mais importantes são Aitareya Brahmana de Rgveda, Satapatha Brahmana de Yajurveda Branca, Taittariya Brahmana de Yajurveda Escura, Tandya Brahmana de Samaveda e Gopatha Brahmana de Atharvaveda. Os assuntos tratados por alguns Brahmanas estão apresentados adiante.

Aitareya Brahmana

O autor desse Brahmana é Mahidasa Aitareya. Este Brahmana pertence a primeiro milênio aC. Este Brahmana é dividido em oito Panchikas e cada Panchika tem cinco capítulos. Os primeiros cinco Panchikas tratam da yajna, chamada Soma Yajna, e os últimos três tratam da coroação do rei, seus deveres e os deveres de purohita, o sacerdote da família do rei. Este Brahmana também aborda temas como astronomia e cosmologia, pronunciando de forma clara (2.7) que o Sol nunca se põe ou nasce.

Satapatha Brahmana

Satapatha Brahmana de Yajurveda tem duas diferentes edições: Kanva e Madhyandina. A Kanva, composta por 6806 mantras, está dividida em 104 Adhyayas (capítulos), sendo 17 kāndas ou secções. A versão madhyandina tem 7624 mantras, divididos em 100 Adhyayas, e 14 kāndas. Ambas as edições explicam os rituais védicos, como Agnihotra, Chaturmasya, Aswamedha, Rajasuya e Somayaga. Este Brahmana também aborda alguns Samskaras (rituais de purificação), como Upanayana (uma cerimônia de corda que autoriza o aluno a iniciar a vida religiosa), Brahmayajna (uma cerimônia que autoriza o aluno a estudar os vedas), rituais obsequiosos e outros fundamentos na vida de brâmanes. Ele aborda a geometria, com valor de pi e fundamentos de teorema, chamado posteriormente como teorema pitagoria. Este Brahmana também trata a astronomia pratica como as distâncias dos planetas e claramente descreve a terra como um globo.

Além de descrever e interpretar os rituais, Satapatha Brahmana também conta histórias dos períodos anteriores à criação de Brahmana. Ele descreve a geografia da região, incluindo vários rios, e menciona os reinados, conhecidos como janapadas, como Gandhara (atual Afeganistão), Kosala (parte leste de Uttar Pradesh), Panchala (parte oeste de Utter Pradesh), Kuru (parte Sudeste de Haryana), Videha (Janakpuri no Nepal) e Kekaha (Região de TobacTek Singh no Paquistão), entre outros. Outras lendas como a criação do ovo de ouro (Hiranyagarbha), o dilúvio e Manu também estão presentes em Satapatha Brahmana.

Taittareya Brahmana

Taittareya Brahmana é pertencente à Yajurveda Escura ou Taittareya Samhita e é dividido em três subdivisões (Ashtakas), que são divididas em diversas subdivisões (Prapathakas). O primeiro Ashtaka elogia diversas divindades, conta algumas histórias, trata de assuntos astronômicos e descreve os poderes das estrelas. Ashtaka descreve a construção de altares, especialmente em forma de ave. O segundo Ashtaka trata de certos ritos, como Agnihotra, Dashotra, entre outros. O terceiro Ashtaka também aborda outros rituais, como Nachiketa yajna, e sacrifícios mais complexos, como Asvamedha (Sacrifício do cavalo) e Naramedha (Sacrifício do homem). Esse Brahmana é anterior de Satapatha Brahmana.

Tandya Brahmana

Tandya Brahmana pertence a Samaveda. Ele é dividido em 25 livros chamados Prapathakas, com 347 capítulos, chamados khandas. Esse Brahmana descreve o procedimento de seleção dos sacerdotes para os sacrifícios e o tipo de remunerações. O Brahmana trata sobre os rituais de Agnistoma, Jyotistoma, outros rituais e sacrifícios. Aqui, stoma significa veneração e elogios. Este Brahmana também refere-se à extração de Soma de uma trepadeira especial, especialmente oferecida às divindades nas yajnas. Soma é um elixir que causa uma leve intoxicação e é a preferência de muitas divindades.

A Brahmana conta histórias, costumes e tradições de tempos passados. O sistema de castas é bem estabelecido até a formação do Brahmana, mas não era tão rígido, pois os Shudras também puderam ser emancipados, conhecer os Brahmanas e participar do canto dos Samans. O público tinha poder para derrubar e tirar um rei, se ele não fosse um bom administrador. Brahmana fala sobre lugares e rios, como Kurukshetra, Floresta Naimisaranya e o rio Yamuna.

Gopatha Brahmana

Este é o único Brahmana que pertence à Atharvaveda que apresenta um estilo e língua não arcaicos. Como outros Brahmanas, ele também é em prosa. Ele tem duas partes: Purva Gopatha e Uttara Gopatha. A primeira parte tem cinco capítulos divididos em 135 secções, ou khandikas. A segunda parte tem seis capítulos divididos em 123 secções ou khandikas. Em geral, o período dos Brahmanas e Upanishadas precede a literatura das Sutras, como o Srauta Sutra e o Guhya Sutra. O Gopatha Brahmana parece ser de um período posterior à divulgação de alguns Upanishadas e Sutras, pois o Brahmana usa algumas ideias das Upanishadas e Vaitānav Sutras, que pertencem à Atharvaveda.

O Brahmana começa com a descrição da criação do universo a partir da água primordial e Brahman, o único, seguindo com a criação dos outros Rishis, como Atharva, Bhrigu e outros. Eles são seguidos pela criação de Atharvaveda, Omkara (Om), os três domínios Bhuh (Terra), Bhuvah (o espaço intermediário), Suvah (o céu), Agni (fogo), Vayu (ar), Sol, os três Vedas (Rg, Yajus, Sama), oceanos, Varuna a divindade dos oceanos e água, entre outros. (Harshananda, Hindupedia). O Brahmana também menciona outras Vedas, como Sarpaveda (veda das cobras), Pisachaveda (a ciência dos duendes), Asuraveda (veda dos demônios).

O Brahmana descreve o procedimento de alguns rituais e sacrifícios, como Agnihotra, Rajasuya, Vajapey Aswamedha, Sarpamedha e outros. Gopatha Brahmana tem as regras de Brahmacharya, (regras do celibato) que o aluno dos vedas tem que obedecer; as regras dos brâmanes, que inclui a proibição de aprender música e dança; e a proibição de receber dádivas durante os yajnas.

Aranyakas

Os Livros dos Monges da Floresta

Aranyakas são o terceiro nível no corpo védico. Aranyaka vem da palavra raiz Aranya do sânscrito, que significa floresta. Esses são chamados de Aranyakas ou livros de floresta, porque são entendidos para serem lidos e seguidos pelos Rishis ou eruditos que renunciaram ao mundo e foram para as florestas para dedicarem suas vidas à contemplação e à meditação. Essas são obras que descrevem os rituais sob diferentes perspectivas e explicam a filosofia que está por trás dos sacrifícios e rituais apresentados em Brahmanas. Dessa forma, os Aranyakas são considerados obras de conclusão dos Brahmanas. São usados por poucas pessoas que se dedicam à contemplação da vida após a morte e à liberação total de ciclos de renascimentos. Essas obras contêm assuntos como a contemplação do Brahman, meditação, o poder do Om, a pranava, yoga e Moksha.

Os Aranyakas são uma parte dos textos védicos que funcionam como uma ponte entre os Brahmanas, que apenas tratam dos aspectos ritualísticos dos Vedas, são chamados Karma Kanda (parte práticos), e as Upanishadas, que tratam apenas dos aspectos mais profundos dos conhecimentos, Jnana Kanda (parte de conhecimentos). Eles permitem uma conexão entre os aspectos práticos e cerimoniais das tradições védicas com os ensinamentos mais elevados e contemplativos das Upanishadas.

Na verdade, Aranyakas não defendem os sacrifícios nos yajnas. Yajnas são para indivíduos e sociedades que estão interessadas em assuntos mundanos, e não para aqueles que têm objetivos mais elevados, como jnana e

Moksha, embora os yajnas ajudem a purificar a mente e a alma. Aranyakas tratam sobre valores morais. Aranyakas são importantes por tratarem os detalhes da geografia, cultura e história da época. As Aranyakas mencionam uma variedade de plantas utilizadas em diferentes yajnas, bem como a preparação de utensílios e colheres utilizados. Aranyakas dizem que a melhor época do ano para fazer yajna é na primavera (Vasanta). Eles também mencionam vários reinados e rios, e descrevem que Kurukshetra, atualmente no estado de Haryana, como um lugar agradável, pois as divindades Indra, Agni, Soma, Vishnu, entre outras, realizaram yajnas lá.

Há sete Aranyakas pertencendo aos três vedas, Rg, Yajur e Sama. Atharvaveda não tem Aranyakas.Aitareya Aranyaka está anexado a Aitareya Brahmana de Rgveda. Kausitaki Aranyaka é outro Aranyaka de Rgveda. Taittareya e Maitrayaniya Aranyakas pertencem ao Yajurveda Escuro (Krishna Yajurveda) e Madhyandina, Kanva e Brhadaranyaka Aranyakas são do Yajurveda Branca (Sweta Yajurveda). Samaveda só possui um Aranyaka Talvakara ou Jaiminiya upadisharanyaka. Os seguintes assuntos são tratados em importantes Aranyakas.

Aitareya Aranyaka

Aitareya Aranyaka de Rgveda mostra que as diferentes entidades mencionadas em Rg, Yajur e Sama Veda, na realidade, são uma só, assim estabelecendo o conceito de unidade de todos os vedas. A etimologia dos nomes de muitos Rishis também é explicada no Aranyaka.

A importância e a realização de uma yajna chamado Mahavrata é elaborada nesse Aranyaka. Como uma parte importante do yajna, a preparação do elixir Soma e seu efeito, com a recitação dos poderosos mantras de Mahavrata sobre Indra na conquista do demônio Vritra, são citados. Esses mantras são tão poderosos que mulheres grávidas são impedidas de ouvir esses mantras. Os capítulos 4 a 6 do segundo livro de Aranyaka constituem a Aitareya Upanishada.

Taittareya Aranyaka

As estações criadas pelo Sol, a veneração ao Sol e os mantras que serão recitados durante os exercícios de yoga, Surya Namaskar (Saudação ao Sol), para melhorar a saúde, estão ilustrados neste Aranyaka. A cerimônia de upanayana (cerimônia de corda) para iniciar o aluno nos Vedas e os mantras de Pitrmedha, os mantras a serem recitados nas cerimônias fúnebres, estão descritos em Taittareya Aranyaka, junto com os procedimentos para realização de alguns yajnas, como kushmanda yajna e Pravaragya yajna. A informação sobre o inferno pode ser obtida pela primeira vez neste Aranyaka. Uma parte deste Aranyaka também é conhecida como Narayana Upanishada e outra parte pertence ao Taittareya Upanishada.

Brhadaranyaka

Brhadaranyaka pertence a Satapatha Brahmana de Yajurveda Branca (Sukla ou Sweta Yajurveda). É também um conhecido Upanishada e trata de diversos temas filosóficos, além de rituais e sacrifícios. Esse Aranyaka se preocupa mais com Atman (alma) e Brahman, o supremo Deus, tratando de discussões espirituais entre Rishi Yajnyavalkya e suas esposas, Maitryi e Katyayani, ambas mulheres eruditas e com o rei erudito Janaka de Videha.

Outros Aranyakas também descrevem alguns yajnas e os apresentam às discussões espirituais.

Upanishadas
Os Livros de Conhecimentos Superiores

As Upanishadas são o quarto nível do corpo védico e denominadas finais dos vedas ou vedantas. Eles tratam dos aspectos filosóficos dos Vedas ao contrário dos Brahmanas, que tratam apenas dos aspectos ritualísticos. As Upanishadas são ensinadas aos alunos no final do ensino dos Vedas, por conterem discussões de problemas filosóficos muito complexos. Eles são chamados de final dos Vedas, uma vez que abordam a última meta dos Vedas, a Moksha, que significa a liberdade total do ciclo de morte e renascimento, e a felicidade completa.

Upanishada tem três sílabas: upa, ni e shada. Upa significa próximo, Shad significa sentar-se e ni significa devoção. Dessa forma, Upanishada significa sentar-se próximo a um guru ou professor com devoção para ouvir as suas palavras. Cada Veda tem uma ou mais Upanishadas anexados a ele. A tradição diz que existem 1180 Upanishadas, sendo os comentários de todas as versões das Vedas, mas apenas 200 delas estão disponíveis atualmente. Dentre estes, apenas 13 Upanishadas são relevantes, como Aitareya Upanishada e Kausitaki Upanishada de Rgveda, Brihadaranyaka Upanishada e Isavasya Upanishada de Yajurveda Branca, Taittariya Upanishada, Katha Upanishada, Svetaswetara Upanishada e Maitreyaniya Upanishada de Yajurveda Escura, Chandogya Upanishada e Kena Upanishada de Samaveda.

A comparação entre as Aranyakas e Upanishadas

Aranyakas faz a ponte entre os Brahmanas que tratam os rituais de sacrifício externos e os tratados filosóficos internalizados encontrados nos Upanishads.As Brahmanas são de Karma Kanda (parte prática), enquanto as Upanishadas são de Jnana Kanda (parte filosófica), a parte do conhecimento. As Aranyakas procuram elevar o nível de ação das yajnas para um nível mais elevado de pensamento esotérico. Dessa forma, as palavras associadas às ações nos Brahmanas são substituídas por termos como Atman, Brahman e outros em Aranyakas, as quais são mais comuns em Upanishadas.Os Aranyakas introduzem as palavras Om, Atman, ciclos de mortes e renascimentos, temas principais das Upanishadas. Assim, mesmo que Aranyakas mencionem yajnas, eles são descritos como simbolismos e misticismos que existem por trás de ações aparentes. Aranyakas são precursores dos Upanishadas.

A importância das Upanishadas

Apesar de os Vedas fornecerem os princípios fundamentais do Hinduísmo, eles são pouco estudados e usados pelos estudiosos devido à língua arcaica utilizada nos Vedas e à falta de esclarecimentos sobre os temas. As Upanishadas, que contêm todos os saberes dos Vedas, são amplamente estudadas, já que se encontram em uma língua mais popular. As Upanishadas são a base de todos os sistemas filosóficos indianos, como Sankhya, Vaiseshika, Nyaya, Yoga e Vedanta, que muitos hindus seguem. As Upanishadas são também fontes de Brahma Vidya, o sagrado conhecimento de Brahman, a última realidade. O yoga ensinado nas Upanishadas tem como base a prática da meditação, mas as Upanishadas também divulgam a filosofia subjacente a essa prática, que pode ser a base para o desenvolvimento futuro de outros tipos de yoga (Eshwaran, 2018)

Através de anedotas, parábolas e exemplos, eles demonstram que, para se atingir a Brahma Vidya, a casta não é limitada e que indivíduos de todas as castas, incluindo Brâmanes, Kshatrias e Shudras, incluindo mulheres, podem adquirir esse conhecimento, desde que possuam um grande desejo de obtê-lo. Sendo assim, toda filosofia desenvolvida na Índia há milhar de anos e o Hinduísmo como religião são fortemente influenciados pelas Upanishadas.

O conteúdo das Upanishadas

Todos as Upanishadas têm como conteúdo principal a filosofia. As 13 principais escolas da Upanishada falam sobre quatro coisas importantes para ensinar. Devido à sua complexidade, eles são explicados de diversas maneiras em diferentes Upanishadas.

Esses pontos são

1. A última conclusão é que Atman, o verdadeiro Eu, a alma, e Brahman são as mesmas coisas. O Atman está limitado ao corpo, enquanto Brahman, embora sem forma e atributos, é onipresente e abrange todo o cosmo.

2. Atman é eterno. Apesar de o corpo morrer, o Atman não morre, mas renasce com um novo corpo.

3. Samsara ou os ciclos de reencarnação dependem do princípio do Karma. Açõs e pensamentos que uma pessoa tem durante esta vida e em outras vidas, determinam o Karma que ela carrega e esse Karma determina o ciclo do renascimento.

4. Para se livrar dos repetidos ciclos de renascimentos, a conhecer o seu próprio Atman e sua identidade com a última realidade, o Brahman.

Todos as Upanishadas buscam ensinar técnicas para alcançar esse autoconhecimento, tais como estudar as escrituras, resistir a todos os anseios mundanos, contemplar o Brahman através da recitação de um nome de Deus ou um mantra, viver de forma modesta e meditar.

Quatro adágios famosos e poderosos que as Upanishadas dizem representar todos os seus ensinamentos filosóficos em poucas palavras. Estes são:

1. **Ayam Atma Brahma,** que significa meu Atman é Brahman.

2. **Tat Tvam Asi,** que significa Você é Ele. Sendo também o mesmo adágio.

3. **Prajnanam Brahma,** que significa Brahman o ultimato é a Consciência suprema.

4. **Aham Brahmasmi,** que significa eu sou Brahman.

Os mais importantes Upanishadas

Aqui há um breve sumário de alguns importantes Upanishadas.

Aitareya Upanishada:

Aitareya Upanishada pertence a Rgveda e é constituído pelos capítulos 4, 5 e 6 de Aitareya Aranyaka. Esse Upanishada explica a origem do universo, que foi criado por uma Consciência que existia antes de qualquer outra e que tinha o desejo de se multiplicar. Assim, criou o universo de si mesmo, primeiro a água primordial, depois o calor ou a luz e, finalmente, os mortais. Ele criou Purusha (homem), seus sentidos e seus guardiões. Depois, Ele entrou em Purusha e ficou no seu coração. O Upanishada explica que o homem tem três nascimentos: primeiro, quando coloca uma semente na barriga da mulher; segundo, quando a criança nasce e se alimenta; e o terceiro, quando morre e renasce.

A Upanishada também explica que todas as coisas que se movem ou não se movem no universo são guiadas pela Consciência universal ou inteligência universal, o qual é Brahman ou Prajapati, e é Ele quem deve ser adorado. Este Upanishada pronuncia o Maha Vakya, ou o grande adágio, **Prajnanam Brahma**, ou seja, o conhecimento ou a Consciência é Brahman.

Śankara, o erudito comentador dos Upanishadas, disse que, para se conhecer Brahman, é necessário primeiro conhecer Atman, e somente a autorrealização e a união de Atman com Brahman conduzem à liberdade total, e não a realização de rituais e sacrifícios.

Brihadaranyaka Upanishada:

Brihad significa maior. Esta é a última parte de Satapatha Brahmana em Yajurveda Branca. É um dos antigas Upanishadas e sua explicação sobre o Atman e Brahman constitui uma importante base filosófica da filosofia do Hinduísmo. A principal exposição de ideias filosóficas na Upanishada é realizada pelo Rishi Yajnyavalkya. Esse Upanishada visa explicar o absoluto auto luminescente Brahman, que é a causa da criação do universo. A Upanishada explica que, no início, o Brahman era único, sem nada mais. A solidão criou um desejo de multiplicar e, assim, todo o universo se manifestou.

Este Upanishada divulga as conversas de Yajnyavalkya com sua esposa erudita Maitreyi e diversos outros Rishis na corte do rei Janaka, revelando os segredos do Atman e Brahman. Ele explica: "o Atman não é isto, não é aquilo, não é palpável, porque não pode ser agarrado. Não é destrutivo, porque não pode ser distraído, desagrilhoado e independente, pois não pode se envolver com nada. Sendo solto e desagrilhoado, não sofre nem se machuca". Yajnyavalkya é reconhecido como o maior estudioso de Brahma Vidya, o conhecimento do Brahman. Ele respondeu todas as perguntas complicadas sobre Atman e Brahman na corte do rei. Yajnyavalkya também explica os segredos do sono e seus três estados, o despertar, o sono com sonhos e o sono profundo sem sonhos.

A Upanishada aborda alguns métodos de meditação, como Madhu Vidya, e também divulga um dos quatro Maha Vakyas ou maior adágio '**Aham Brahmosmi**' (Eu só Brahman). Brihadaranyaka Upanishada é a fonte do Pavamana Mantra ou Mantra de Purificação:

Asatoma Sadgamya, Tamasoma Jyotirgamaya, Mrityorma Amritam gamaya.

Conduza-me da ilusão (Asat) para a realidade (Sat), da escuridão (Tamas) para a luz (Jyoti), da mortalidade (Mrityu) para a imortalidade (Amritam). Mrityu ou mortalidade é o ciclo de renascimentos, enquanto Amritam ou imortalidade é a liberação total.

Isavasya Upanishada:

Isavasya ou Isha Upanishada, é o capítulo 40 de Yajurveda Branca. Esse Upanishada é menor em tamanho, com somente 18 mantras, mas muito importante pelos pensamentos filosóficos que ele divulga. A Upanishada começa com a declaração *"Isavasyam idam sarvam"* que significa "tudo que se move ou não se move no universo é cobrado, ou envolto pelo Brahman". Sendo assim o nome de Upanishada foi Isavasya.

Esse Upanishada trata a sabedoria espiritual. No início de Upanishada, o canto de paz afirma que Brahman é infinito e, quando o universo, que é infinito, é criado de Brahman, a quantidade de Brahman não diminui e permanece infinita. O primeiro mantra diz que o Universo e Brahman não são diferentes e Brahman está em todas as entidades do universo. Brahman é o universo e o universo é Brahman. Isso significa que devemos enxergar Brahman em todas as coisas, ou seja, a Consciência Suprema está presente em todos os lugares e, consequentemente, no Atman. Quando percebemos que todos estão em seu Atman, e seu Atman está em todas as coisas, não haverá lugar de ódio para os outros.

A Upanishada pronuncia o conhecimento, ou jnana, que leva aos devas após a morte e às ações que levam aos ancestrais. As ações devem ser de caridade e altruísmo, magnânimas e sem egoísmo, sem o desejo de retorno do fruto e também sem o envolvimento do Atman. O conhecimento espiritual conduz à autorrealização, a liberdade de Samsara, os ciclos de morte e renascimento. O caminho dos ancestrais leva ao renascer.

Isavasya Upanishada demonstra cautela em relação à cobiça pela riqueza dos outros e defende ou apela para a renúncia de desejos e egoísmo, bem como o desejo de liberdade total. A renúncia leva a autorrealização. Só então você se torna Ele. O procurador de Brahman torna-se Brahman. Assim, somente pela renúncia de todos os desejos, que se atinge a liberação. A Upanishada descreve Brahman de duas maneiras: manifestado e não manifestado, mas ambos são idênticos, como duas faces de uma moeda.

Chandogya Upanishada:

Chandogya Upanishada (ChU) pertence a Samaveda. Ele é considerado um texto mais antigo, provavelmente datado da época anterior ao budismo. A Upanishada trata da filosofia vedanta, considerada a principal filosofia do Hinduísmo. Ele usa histórias e conversas. No oitavo capítulo, a Upanishada trata, sobretudo, de três temas: a sílaba primordial Om, de onde surgiu o universo e qual é sua origem, e questões metafísicas, como Atman, Brahman e "Quem sou eu?".

ChU descreve diversos upasanas ou métodos de pensamento que tratam do universo, da mente e da espiritualidade.

A sílaba primordial Om, também conhecida como Pranava, Omkara ou Udgita, surgiu quando o universo foi criado. Om é a essência de todos os Vedas. Em todos os yajnas, Om é cantado quando o procedimento começa. Om é um poderoso mantra em si mesma. Uma lenda é que as divindades com medo da morte esconderam-se atrás de Riks de Rgveda, Samas de Samaveda e Yajus de Yajurveda, respectivamente, mas a morte descobriu. As divindades, saindo dos Riks, Samas e Yajus, entraram em Udgita, a sílaba

Om, e não tiveram medo da morte. Isso quer dizer que, ao cantar somente Riks, Samas e Yajus, não se está protegido, mas somente cantando Udgita ou Om, se está protegido.

Em um episódio, Rishi Uddalaka ensina ao filho Swetaketu como Atman se une a todos os seres vivos e não-humanos. Ele explica que a essência que é a base de todas as entidades do universo é a mesma, a Atman, e ensina que você é essa essência. "Tat Tvam Asi" significa "Isto é Você". Ele ensinou que todos os seres são compostos por três elementos: ar, água e alimento, e, tendo conhecimento disso, é possível conhecer todas as entidades. Usando exemplos de argila, ouro e ferro, disse que, sabendo que uma coisa é feita de um material, podemos conhecer outras coisas pelo mesmo material, pois todas as coisas são feitas de um metal de mesma natureza.

Assim como um pedaço de sal dissolvido em água está em qualquer parte da água, mas não é notado, Brahman é a essência de tudo, que está em todos os lugares, mas não é percebida, mesmo que a base de tudo seja Brahman. Assim, sabendo que Brahman é a essência de tudo, você saberá todas as coisas e essa essência é você "**Tat Tvam Asi**".

Em outro episódio de Satyakama Jabali, o Upanishada demonstra que, para se obter o Brahma Jnana, ou o conhecimento do Brahman, não é relevante a casta. Até uma pessoa que não sabe quem é seu pai, como Jabali, pode ter esse conhecimento quando tem o intenso desejo de obtê-lo.

Utilizando o diálogo entre Rishi Narada e Rishi Sanat Kumara, o Upanishada ensina a sutil sabedoria do Atman. Narada disse a Sanat Kumara que tem conhecimento de todos os assuntos mundanos, mas não tem o verdadeiro conhecimento do que é autoconhecimento. Sanat Kumara explica, dando exemplos desde o mais grosso até o mais sutil, que a meditação é a mais sutil maneira de se ter autoconhecimento. Sanat Kumara instrui Narada a meditar sobre diversos aspectos do Brahman, cada um melhor que o outro, até chegar à verdade. A verdade somente será compreendida quando houver uma profunda contemplação, dedicação à busca da verdade, e uma reflexão correta e racional. A verdade e a sabedoria são idênticas. Se há sabedoria profunda, sabe-se a verdade.

Dessa forma, Chandogya Upanishada ensina de forma mais aprofundada temas de filosofia que fazem parte do Hinduísmo, citando vários exemplos e anedotas.

Katha Upanishada:

Katha Upanishada é o mais conhecido Upanishada, que envolve um diálogo entre a divindade da morte, Yama, e um jovem brâmane chamado Nachiketas. Uma vez pai de Nachiketas ficou bravo com ele e falou que ele doaria o filho para Yama de morte. Nachiketas foi até a casa de Yama, mas como ainda não tinha chegado a hora da morte de Nachiketas, Yama quis que ele voltasse para casa e prometeu cumprir três dos seus desejos. Assim sendo, como primeira benção, Nachiketas desejava que seu pai não ficasse furioso com ele. Como uma segunda benção, ele desejava obter informações sobre um yajna que o leva ao paraíso onde Yama (morte) não pode entrar. Como terceira benção, ele queria saber o segredo da morte e a situação após a morte. Yama concedeu as primeiras duas benesses, no entanto, tentou inibir Nachiketas de insistirem sobre o conhecimento sobre a morte, oferecendo-lhes muitas riquezas e uma longa vida. No entanto, Nachiketas estava inflexível e insistiu em conhecer o segredo da morte.

Yama, então, teve que ensinar o conhecimento e o segredo, primeiro descrevendo a diferença entre as coisas boas e as agradáveis, que quem escolhe boas coisas com critério será um homem melhor, e elogiou Nachiketas por escolherem boas coisas em detrimento das coisas agradáveis e temporárias, como riquezas. Yama instruiu Nachiketas sobre a essência do Atman, o Purusha, que tem o tamanho de um polegar, e está localizado no centro do corpo e no coração de todos os seres vivos, como o detentor do passado e do futuro. Isso é verdadeiramente Aquele, o Brahman. Aqueles que conhecem o Brahman, estão livres de todos os grilhões de alegrias e tristezas. Quem tem esse conhecimento, não tem medo. O Atman é mais sutil que sutil, maior que maior e menor que menor. Yama disse à Nachiketas que o Atman não pode ser alcançado pelos argumentos. O Atman é realizado somente quando orientado por um especialista em seu campo de conhecimento. Aqueles que estão livres de desejos e tristezas, têm tranquilidade mental e nos sentidos, perceberão a glória de Atman. O Atman nunca é nascido, e nunca morre. Não surgiu de nenhuma coisa e nenhuma coisa surgiu dele. É muito antigo, é nascitura, eterno, perpétuo. No corpo humano, o Atman está presente para que o corpo sofra as consequências de seu karma passado, uma vez que o Atman lembra as ações de vidas anteriores e não será morto, mesmo que o corpo morra.

Yama ensinou aos Nachiketas um método prático para determinar se um homem deseja alcançar o Superior Atman. Yama explicou que cada ser humano tem dois caminhos para seguir, um para o mundo espiritual e outro para o mundo físico perecível. A essência é Om ou AUM para alcançar o mundo espiritual. Essa sílaba mesma é Brahman. Essa palavra é suprema. Quem conhece essa palavra, alcançará tudo que deseja. Isso é a melhor ajuda. Isso é o maior suporte. Quem conhece essa palavra é exaltado no mundo do Brahman. Quem meditar Om será livre do medo da morte.

Yama explicou Nachiketas que a fala representa todos os sentidos, sendo que a fala deve ser controlada pela mente, que tem a capacidade de descriminar, ou seja, a mente deve ser separada de todos os objetos externos. Essa capacidade de descriminação deve ser controlada pelo Atman ou alta inteligência individual, e deve ser controlada pela inteligência Suprema, que é Brahman. Conhecendo Aquele sem som, sem toque, sem forma e sem decadência, também sem paladar, sem cheiro e eterno, sem início, sem fim, imutável, além da não manifestado (sabendo Ele) se escapará da morte. Sendo assim, Yama, o preceptor, conduz o aluno de forma gradual até a compreensão do segredo da morte.

Yama disse: Nachiketas, vou revelar a você o segredo do Brahman eterno e o que acontece com o Atman após a morte. Aqui, Yama fala sobre o que é mais íntimo em nós, o Atman. Sendo mais sutil que o sutil, Ele não pode ser tocado, não pode ser cheirado, não tem forma, não tem início e nem fim e não se muda. Conhecendo Ele assim, o aspirante será livre do círculo da morte e renascimento. Após a morte, alguns Atmans entram no útero para serem incorporados, enquanto outros Atmans entram em formas imóveis, dependendo das suas ações e conhecimentos. Quando o coração é livre de todos os desejos, o mortal será imortal, e alcançará o Brahman aqui.

A condição de imortalidade é a renúncia de todos os desejos e vínculos aqui na terra. A renúncia aos desejos mundanos só pode ser alcançada quando os vínculos se rompem e o conhecimento verdadeiro de Atman é alcançado. Quando uma pessoa alcança a imortalidade durante a vida pelo verdadeiro conhecimento, ele se torna Brahman, ainda vivendo com seu corpo.

Nachiketas, por adquirir o conhecimento de Atman e Yoga, alcançou o Brahman, sendo livre de impurezas e morte. Assim acontece para todos que conhecem a natureza de Atman.

Mandukya Upanishada:

Mandukya Upanishada, que pertence a Atharvaveda, é a menor de todas as Upanishadas, mas é extremamente difícil de interpretar, pois somente em doze mantras elabora toda a gama da Consciência humana, desde o estado acordado até o estado absoluto supremo da super Consciência, onde todas as relações objetivas e percepções de dualidade são completamente negadas. A dificuldade de interpretação motivou Goudapada, o Guru de Govinda Bhagavatpada, que era Guru de Śankara, a compor uma obra explicativa de quatro capítulos, chamada Mandukya Karika, que é tão famosa, que geralmente o próprio Upanishada é considerada uma parte de Karika.

O Upanishada elabora o significado da sílaba Om e explica que a prática da meditação da sílaba sincroniza o Atman com a última realidade de Brahman, levando o indivíduo à liberdade total. O Upanishada também trata dos estados psicológicos do despertar (jagrad), do sono com sonhos (Swapna) e do sono profundo sem sonhos (sushupti), além de um quarto estado, Turiya, um estado de transcendente iluminação. Os primeiros três estados correspondem aos três corpos, grosso, sutil, causal que a pessoa possui. O estado de despertar, no qual o corpo está consciente do mundo exterior, corresponde ao corpo grosso (sthula saíra). O segundo estado do sono, onde há sonhos, o Atman tem conhecimento interno, corresponde ao corpo sutil. No terceiro estado do sono profundo, sem sonhos e onde a Consciência não está perturbado, corresponde ao corpo causal, onde todas as experiências são armazenadas. O quarto estado, Turiya, é a Consciência pura. Esse estado é o fundamento de todos os outros três e transcende todos. Ele é um estado puro, em que não há consciência da natureza dualística de Brahman. Isto é, nesse estado não há diferença entre Saguna Brahman (Brahman com atributos) e Nirguna Brahman (Brahman sem atributos). Isto é, o estado de Advaita (não dualista). Nesse estado o Atman é mais perto de Brahman.

As outros Upanishadas:

As outras Upanishadas também tratam de temas relacionados a Atman e Brahman, autoconhecimento e técnicas para reconhecer a identidade de Atman e Brahman. Mundaka Upanishada é particularmente direcionado às pessoas que renunciam ao mundo e adotam a Sanyasa Ashrama, ou mendicância espiritual, e trata sobre métodos de meditação. Kena Upanishada trata a singularidade da criação e sobre o poder que controla o universo. Em Prasna Upanishada, o guru Pippalada responde a seis perguntas de seis estudantes sobre a natureza do Brahman, a origem da vida e o seu objetivo.

CAPITULO 3

OS SMRITIS

Os Textos Lembrados

Outras obras que têm maior influência sobre o Hinduísmo são Smritis, que significam lembrados (o oposto do que foram ouvidos, Vedas) que incluem Vedangas, Upavedas, Smritis, Darshanas, Puranas e Itihasas. Esses são obras das Rishis e sábios conhecidos na história. Os Smritis são tratados como auxiliares dos Vedas e como obras que guiam a sociedade pelas leis do Direito, da Moral e das Leis dos Deveres. É apresentado a seguir uma breve descrição destas obras dos Smritis.

Vedangas

Os Textos que Auxiliam entender Vedas

Os vedangas, também conhecidos como órgãos dos Vedas, são ferramentas que auxiliam no estudo e compreensão dos Vedas que estão na língua antiga do sânscrito e que são difíceis de interpretar sem a ajuda dos vedangas. Esses vedangas são seis em número e são:

Nirukta: Nirukta trata da etimologia das palavras, fornecendo uma explicação sobre a origem e o desenvolvimento das mesmas, sendo indispensável para compreender os Vedas. Nirukta é uma obra de Yaskacharia que viveu no século V a.C. De acordo com a interpretação de Yaskacharia, cada palavra tem um significado e um sentido próprio. Sendo arcaicos, os sentidos das palavras mudam conforme a explicação etimológica das palavras. Em Nirukta, as palavras dos Vedas são explicadas e estão divididas em quatro classes: Nama (nome), Akhyata (verbo), Nipata (partícula) e Upasarg (preposição). Apesar de ser uma obra que remonta a uma época posterior à época dos Vedas, ele baseia em outros textos antigos perdidos devido às devastações do tempo e à destruição pelas forças invasoras.

Vyakarana: Vyakarana significa gramática. Vyakarana aborda as normas gramaticais e a análise linguística para determinar a forma correta das palavras e sentenças, bem como explicar claramente as ideias. Vyakarana ensina como usar o tom e o pichei das palavras védicas e como pronunciá-las de forma correta. Ashtadhyayi de Paanini do século IV a.C. é a obra principal no estudo de Vyakarana, sendo até hoje estudado no ensino do sânscrito. Ashtadhyayi de Paanini apresenta regras e definições para a elaboração formal da gramática do sânscrito. Com menos de 4000 sutras (aforismos), ele construiu praticamente toda estrutura do sânscrito.

Chandas: Chandas trata as regras métricas da poesia. O conhecimento dos chandas é importante para construir as sentenças com ritmo certo e pronúncia correta dos mantras da Veda. Nos Vedas cada Sukta tem a seu próprio chandas definido. Chandas Sastra de Pingalacharya do século V a.C. é uma obra fundamental nesse ramo. Chandas Sastra trata tanto as chandas védicas quanto as modernas. Poetas na Índia dos tempos modernos também utilizam os chandas. Todos os mantras utilizados para venerar as diferentes divindades pelos hindus têm diferentes chandas, sendo os mais populares Gayatri chandas e Anushtup chandas.

Siksha: Siksha trata da fonética, fonologia e acento das palavras, ou seja, o estudo da combinação da melodia das palavras durante a recitação do Veda. Siksha elabora a qualidade da expressão nos Vedas. Siksha trata do estudo do som com foco no alfabeto, como pronunciar com ênfase as sílabas tônicas, melodia e regras de combinação eufórica das palavras durante a recitação dos mantras. Paniniya Siksha e Naradiya Siksha são as obras mais famosas neste campo. Siksha faz um importante parte nas recitações dos mantras durante Pooja (veneração).

Jyotisha: Jyotisha trata sobre astrologia e astronomia. A astrologia foi desenvolvida na Índia durante o período dos Vedas, com o objetivo de solucionar problemas práticos nos rituais védicos. A obra Jyotisha vedanga de 1350 a.C. de Rishi Garga é a mais conhecida no discurso da astronomia antiga. Os calendários elaborados com base em informações astronômicas são empregados para estabelecer os horários auspícios para diversas cerimônias em templos e casas de hindus. Muitos hindus acreditam na astrologia, e as posições das estrelas e dos planetas no momento do nascimento de uma pessoa são usadas para elaborar horóscopos para determinar períodos bons e ruins na vida, e, então, alguns rituais são realizados para acalmar as divindades dos planetas e evitar os efeitos negativos deles.

Kalpa: A Kalpa é uma coleção de regras que descrevem com clareza a conduta de diversas atividades e cerimônias védicas, como rituais e sacrifícios védicos, ou yajnas, casamentos e outras cerimônias da vida pessoal. Kalpa é descrito na forma de aforismos ou sutras. Cada Veda tem seu grupo de kalpa sutras. Há quatro tipos de kalpa sutras: Srouta Sutras, Grihya Sutras, Dharma Sutras e Sulba Sutras.

Os srouta sutras contêm as regras de diversos rituais védicos, mencionados em Brahmanas, e também observados nas diversas oblações ou oferendas no fogo sagrado. Esses são os manuais usados pelos sacerdotes nas grandes yajnas, onde três altares do fogo e muitos sacerdotes especializados estão envolvidos. As sutras descrevem diversas tarefas, tais como acender fogo nos altares de fogo, realizar rituais de Lua Nova e Lua cheia, sacrifícios de animais, preparar o elixir de Soma, entre outras.

Grihya Sutras são manuais que descrevem os rituais domésticos ou as atividades diárias do proprietário da casa, como a purificação, os rituais diários, a veneração de diversas divindades, os rituais nas datas de nascimento, casamento e morte.

Os Dharma Sutras são textos que fornecem orientações para viver de forma correta em uma sociedade hindu. Dharma significa o modo de vida certo e justo e dharma sutras significa o código de viver de forma judiciosa. Essas são as escrituras que estabelecem as leis dos hindus que tratam das regras que regem as castas, os governos e as relações entre as pessoas, entre cidadãos e o governo, bem como as regras económicas. Esses são os códigos de Dharma que regulam a religião e a vida social dos hindus. Também tratam os valores éticos nos quatro estados de vida chamados Ashramas: aprendizagem (Brahmacharya), dono de casa (Grihastha), preparação para a renúncia (Vanaprastha) e renúncia (sanyasa).

Sulba Sutras são manuais de construção dos altares do fogo para yajnas. Existem dois tipos de Yajnas: um para o público, chamado srouta yajnas, e outro para grupos pequenos ou domésticos, chamado Grihya yajnas. Esses dois tipos de yajnas necessitam de vários tipos de altares do fogo construídos com difeentes formas, diferentes quantidades de tijolos e em diferentes camadas. Além disso, as construções deles exigem dimensões e geometrias exatas. Dessa forma, a precisão matemática é crucial e, assim sendo, as regras matemáticas e geométricas foram desenvolvidas. Os Sulba Sutras são auxiliares dos Vedas, e todas as informações matemáticas dos Vedas estão neles. As mais importantes obras dos Sulba Sutras são Boudhayana Sulba Sutras de 800 a.C. e Apasthambha Sulba Sutras de 600 a.C.

Upavedas

Os Textos Técnicos Baseados nos Conhecimentos dos Vedas

Enquanto os Vedangas auxiliam na compreensão e interpretação dos Vedas, upavedas são obras que dependem da sabedoria dos Vedas e fornecem explicações sobre temas científicos e tecnológicos relacionados diretamente ou indiretamente aos Vedas. São essenciais para a sabedoria e cultura indianas. São quatro Upavedas: Ayurveda, Dhanurveda, Gandharvaveda e Artha Sastra. Alguns incluem Sthapatyaveda também nos Upavedas.

Ayurveda:

Ayurveda, associada a Atharvaveda, é a ciência da saúde e vida. Ayurveda é a medicina preventiva mais antiga para tratar diversas enfermidades, sendo amplamente utilizada na Índia e em outros países. Apesar de a Atharvaveda mencionar diversas doenças e suas curas, a Rgveda também apresenta curas e cirurgias para diversas doenças. Os gêmeos Aswins eram médicos famosos da época de Rgveda que acreditavam para curar cegueira, problemas mentais, colocar órgãos metálicos em soldados que tiveram os órgãos amputados e tratar rejuvenescimento.

Ayurveda é praticado pelos hindus há milhares de anos. O governo da Índia patrocina Ayurveda e tem muitos colégios onde ela é ensinada como um curso regular. Além dos médicos qualificados em Ayurveda, existem muitos médicos tradicionais nas áreas rurais, patrocinados pelo povo, que aprenderam Ayurveda de pai para filho ou de guru para aluno. Ayurveda utiliza ervas, plantas aromáticas, especiarias, mel, manteiga derretida (ghee) e metais de diversas maneiras para o tratamento integrado de diversas doenças, promovendo o bem-estar e o equilíbrio geral. Ayurveda é uma parte da vida dos hindus. As donas de casa ainda utilizam diversas especiarias de cozinha, como a cúrcuma, o fenegrego, cuminho e outros ingredientes para tratar pequenos problemas de saúde. Antigos médicos, como Sushruta,

Charaka e Nagarjuna, descreveram em suas obras com clareza os métodos de fabricação de medicamentos de ouro, prata, ferro, mica e cobre. A doença pode ser corporal ou mental. Ayurveda trata o ser humano de forma holística e cuida do corpo, da mente e do espírito. A doença surge, inicialmente, como uma perturbação mental. Após esta perturbação, o sistema nervoso também fica perturbado. Com essas perturbações, o corpo fica abalado e a doença aparece. Dessa forma, de acordo com Ayurveda, não adianta tratar somente o corpo e a doença, mas os três (corpo, mente e espírito) precisam ser tratados juntos.

De acordo com Ayurveda, a mente tem três qualidades naturais ou características (gunas): satva (pura ou calma), rajas (agitado ou ativo) e tamas (violento ou quente). A saúde mental depende do balanceamento desses três gunas. Além de serem parte integrante da essência do indivíduo, as gunas também dependem da alimentação. A dieta satvica é uma dieta que prioriza alimentos regionais, como nozes, laticínios, sementes, óleos, vegetais, legumes, cereais integrais, proteínas vegetais, produtos lácteos e dieta vegetariana sem cebola e alho. A dieta rajas é composta por pimentas, especiarias, frituras e alimentos bem cozidos. A dieta tamas é composta por alimentos fortes, mal cozidos ou crus, carnes e bebidas alcoólicas.

O corpo é governado por três fluidos: vata, pitta e kafa. Esses três correspondem ao hálito, fleuma e bílis respectivamente. Eles representam ar, fogo e água. Quando os três estão balanceados, o corpo fica saudável e quando o equilíbrio é perturbado a doença toma conta do corpo. Uma pessoa que conhece bem a Ayurveda pode perceber o desequilíbrio das características (gunas) pelo toque do pulso e perceber a doença. Já aqueles que não conhecem tão bem sobre Ayurveda podem perceber o desequilíbrio através dos sintomas das doenças. Charaka (300 d.C.) era o principal contribuinte para a medicina Ayurveda, e a obra de Charaka Samhita trata a etiologia, sintomatologia e terapia de várias doenças, e também a dieta e os cuidados dos pacientes.

Susruta Samhita de Rishi Susruta é uma obra bastante conhecida como um guia de cirurgia, e apresenta tratamentos para diversas doenças, como doze tipos de problemas dos ossos, 26 tipos de problemas dos olhos, 28 tipos de problemas de orelhas e outros. Susruta descreveu mais de 300 tipos de cirurgia, incluindo cirurgia plástica e cesariana. São descritos 121 tipos de instrumentos cirúrgicos, como fórceps, alicates, pinças, entre outros, até os instrumentos para tratar os dentes. O historiador A.L.

Basham (1959) disse que a cirurgia indiana foi superior à cirurgia europeia até o século XVIII, quando os médicos da Companhia do Leste da Índia (East India Company) deixaram de se sentir constrangidos para aprender rinoplastia (cirurgia plástica de nariz) dos médicos indianos. Atualmente, a cirurgia Ayurveda não tem sido muito utilizada, com a ênfase sendo mais no tratamento terapêutico.

Dhanurveda: Dhanurveda que pertence a Yajurveda trata a ciência da guerra. A palavra Dhanu significa besta ou arco. Dado que, em guerras antigas, o arco (dhanu) era usado com frequência, a ciência e arte de guerra é conhecida como Dhanurveda, mas este conhecimento abrange a preparação e o uso de outras armas, como armas de fogo e outros tipos. Os textos também tratam da estratégia de guerra, do treinamento dos cavalos e elefantes, do destacamento das forças armadas, dos métodos de ataque e defesa, etc. Alguns mísseis, como Brahmastra e Pasupatastra, são invocados pelas divindades que os regem. Além disso, a arte de preparar as charretes (carruagens), a metalurgia para a fabricação de diversas armas e a mecânica para a propulsão de vários mísseis, necessitavam de muita tecnologia científica, que foi desenvolvida nessa época e está descrita em diversas obras preservadas.

Gandharva Veda: Gandharva Veda pertence a Samaveda e trata todos os aspectos das estéticas, inclusive música, dança, poesia, escultura, erótico, etc. Essa é uma ciência védica sobre a influência do som e música no corpo e na alma. Ao longo do tempo, a música foi utilizada para cura de diversas perturbações mentais e doenças. Gandharva Veda é usado de forma efetiva durante a meditação, onde a música suave e os ritmos agradáveis ajudam a atingir os mais profundos níveis de Consciência.

Gandharva Veda é associado com os ritmos musicais e descreve como os diferentes ritmos afetam a mente e as emoções. Existem diferentes ritmos que estão relacionados às diferentes horas do dia e às diferentes estações do ano. A Raga Malkhaus ou Bilhari, por exemplo, é extremamente agradável após a meia-noite. A Raga Bhupala de música carnataka (música do Sul da Índia) e a Raga Bhairav ou Ahi Bharat de música Hindustâni (música do Norte da Índia) são também conhecidas como Ragas da Madrugada. Raga Hindole é boa na primavera e Raga Megh durante as chuvas.

Um Painel do Templo Mostrando
Danças e Instrumentos

Música, dança e poesia formam parte integral da cultura hindu. Todos os templos hindus têm esculturas de instrumentos musicais e figurinhas de dançarinas. Nos templos a música e a poesia na forma das Bhajans (canções devocionários) são oferecidas como veneração às divindades. Durante os festivais, concertos musicais e programas de dança são muito comuns. Nos vilarejos, vários tipos de teatros e dance-dramas orientadas a Deus são patrocinados em festivais.

Sthapatya Veda, que trata arquitetura, construção de templos e iconografia, é uma parte de Gandharva Veda. A construção dos templos envolve a sabedoria de mitologia, escultura, as qualidades dos diferentes tipos de pedras, metalurgia, etc. Os templos das diversas divindades são uma parte importante do Hinduísmo e, assim, Gandharva Veda e Sthapatya Veda são bastante relevantes.

Artha Sastra: Artha Sastra que pertence a Atharvaveda, trata aquisição das riquezas, administração pública, governança, economia, política e judiciário. Esta faz parte de uma vida íntima de qualquer pessoa e a vida de um hindu não é exceção. Artha Sastra de Chanakya ou Kautilha do século III a.C. é uma famosa obra nesse ramo.

Dharma Sastras

Textos de Códigos de Conduta

As obras de Dharma Sastras são textos que apresentam os códigos de conduta e princípios morais, bem como as regras de Dharma. Os Dharma Sastras se baseiam nos Dharma Sutras dos Rishis, como Jaimini, Apasthambha, Gautama, Vasishta e outros da época dos Vedas. Cerca de cem obras são conhecidas, sendo que 18 delas estão em circulação e as mais populares são Manu Smriti, Yajnyavalkya Smriti, Narada Smriti e Parasara Smriti. Elas tratam dos códigos de conduta, casos que envolvem civis e criminais, e da punição e da expiação. Elas apresentam comentários sobre as responsabilidades, deveres e éticas dos indivíduos, para a família e para a sociedade. O foco destas obras são os três principais objetivos do povo, ou seja, Dharma (as leis, as regras justas), Artha (riquezas, prosperidade, lucro) e Kama (prazer, desejo, paixão). Dharma Sastras tem uma grande influência sobre o Hinduísmo, sua cultura e jurisdição. Até o século XIX, Dharma Sastras era citado em casos de contratos legais. Essas obras oferecem muitas informações sobre a vida religiosa, social, econômica e política, da época.

Manu Smriti:O mais antigo e mais importante Dharma Sastra é Manu Smriti. As regras religiosas e sociais que foram criadas durante os Vedas e que foram modificadas de acordo com os costumes atuais, foram codificadas em Manu Smriti em cerca de 600 a.C. A área geográfica onde este Smriti era na realidade chamava-se Aryavarta, uma área entre as montanhas Himalaias e Vindhyas, e entre os oceanos do leste e do oeste. O Manu Smriti define o modo de vida do hindu. Manu Smriti retrata de forma realista a estrutura política e social do dia a dia. A sociedade era dividida em arianos e não-arianos. Os não-arianos, como Dasyus, Mlechas e outras tribos que não aceitavam os Vedas, foram obrigados a morar nas periferias das aldeias e cidades dos Arianos. Os Arianos foram divididos em quatro grupos: Brâmanes, Kshatrias, Vyshyas e Shudras. A sociedade era governada pelas regras de Varnasrama Dharma (sistema de classificação do acordo do trabalho). Os Brâmanes ocupavam um alto posto na sociedade devido à sua espiritualidade, ocupando cargos de sacerdotes, conselheiros, juízes e nos ministérios, mas tinham que ter uma vida simples, sem a aquisição de grandes bens. Os Kshatrias tinham como função defender e administrar o estado e os Vyshyas, cuidar das lavouras, criar os animais e fazer comércio, inclusive o exterior, sob o patrocínio do estado. Os Shudras representam a maioria da sociedade e suas responsabilidades eram auxiliar as outras três classes, auxiliando na agricultura e nos artesanatos. Havia guildas de vários artesanatos. Apesar de Smriti enfatizar Varnasrama Dharma, ele claramente afirma que a divisão dos Varnas é determinada pelos méritos individuais e não pelas circunstâncias de nascimento. Os chefes dos estados não deveriam estabelecer leis, mas sim fazer com que as leis estabelecidas em Smritis fossem cumpridas, tendo um conselho para supervisioná-los. Pessoas viviam em puras, gramas (aldeias) e nagaras. As casas eram de barro, tijolos e pedras, e casas com dois ou três andares também eram construídas. Estado tinha o direito de coletar uma taxa de 1/8 parte ou 1/4 parte do lucro dos comerciantes e agricultores.

Manu Smriti não tinha um lugar de destaque para as mulheres. Elas ficavam sempre sob a guarda de alguém, sob a guarda do pai até o casamento e depôs sob a guarda do marido. É necessário que a mãe viúva fique responsável pela guarda dos filhos. Elas não tinham direito de propriedade.

Manu Smriti também menciona os quatro estados, ou ashramas da vida, Brahmacharya, Grihastha, Vanaprastha e Sanyasa Ashramas. O Brahmacharya Ashrama começa quando as crianças têm entre 8 e 12 anos, dependendo do Varna, depois de uma cerimônia de iniciação, e pode durar 10 ou 12 anos de estudos. Este é um período de aprendizagem e o aluno deve permanecer na gurukula ou escola de residência administrada por um guru. O guru é o responsável pelo desenvolvimento físico e espiritual do aluno. O dever do aluno é servir ao guru e estudar com dedicação. Os alunos podem se especializar em Vedas ou Sastras com estendidos períodos em gurukulas.

Grihasta Ashram, no hinduísmo, refere-se à fase da vida em que a pessoa é chefe de família, com foco na família, na carreira e nas responsabilidades sociais. Esta fase pode durar entre 25 e 50 ou 60 anos. Os deveres das Grihastas são:

1. Praticar o Dharma (retidão) através da adesão a princípios morais e éticos.

2. Suprir as necessidades materiais da família, incluindo alimentação, abrigo e vestuário.

3. Realização de rituais e cerimônias, como orações diárias e oferendas aos antepassados.

4. Envolver-se em trabalho ou negócios produtivos para sustentar a família.

5. Defender as responsabilidades sociais, contribuindo para o bem-estar da comunidade.

6. Manter a harmonia e o respeito mútuo na família.

7. Apoiar a educação e a educação das crianças.

8. Respeitar os mais velhos e procurar a sua orientação.

Esses deveres são considerados essenciais para levar uma vida plena e significativa como chefe de família na tradição hindu.

Vanaprastha Ashram é o terceiro estágio do tradicional ciclo de vida hindu de quatro estágios. É a fase da semi-aposentadoria, quando os indivíduos se concentram em atividades espirituais, transmitindo sabedoria às gerações mais jovens e afastando-se gradualmente das responsabilidades mundanas.

O Sanyas Ashram é a última fase da vida onde os indivíduos buscam uma vida de renúncia, meditação e autorrealização de acordo com os princípios do Hinduísmo. É um período em que as pessoas podem se desligar dos assuntos mundanos e focar em sua jornada espiritual, pensando apenas em Brahman e Moksha.

Narada Smriti: Narada Smriti foi divulgado depois de Manu Smriti. Eles tinham muitas coisas em comum, mas houve algumas mudanças. Em Narada Smriti, a viúva poderia se casar novamente, desde que não tivesse o direito de propriedade do falecido marido. Em Smriti, havia algumas regras de aprendizagem para os alunos após a conclusão dos estudos e uma severa punição para aqueles que violassem essas normas. Narada Smriti permitiu que negócios fossem feitos em parceria, dividindo os lucros de acordo com o investimento. O dever do rei era supervisionar essas regras.

Yajnyavalkya Smriti: Yajnyavalkya Smriti é mais organizado em relação aos outros Smritis. Esse Smriti tinha mais influência sobre o sistema judiciário nos tempos medievais do que Manu Smriti. Provavelmente este Smriti foi divulgado no primeiro ou segundo século da presente época. Este Smriti trata de forma sistemática de diversos tópicos relacionados ao Dharma, jurisdição e costumes, bem como deveres das diferentes castas e jatis. Os diferentes samskaras (atos religiosos de purificação) na vida do indivíduo, as regras e os tipos de casamentos, os deveres do dono da casa na realização dos atos religiosos são tratados em detalhes. Diversos temas do judiciário, das disputas diárias, de terras e propriedades, das disputas sobre salários, jogos de azar, do comércio e suas disputas, foram tratados neste Smriti e influenciaram as vidas dos hindus. Este Smriti também menciona diversas sociedades e cooperativas de artesãos (jatis) e suas regras e funções, o que indica haver um conflito entre as regras de Dharma Sastra e as de Artha Sastra, sendo que a Dharma Sastra é a preferida.

Outros Smritis: Há outros Smritis que regulam a economia, o social e os aspectos religiosos dos hindus, seguidos até hoje em várias partes da Índia, como Gautama Smriti, Vasishta Smriti, Vishnu Smriti, etc.

Puranas

As Cronologias e Histórias Antigas

A palavra purana significa velho, antigo e primitivo. Também significa um antigo conto, lenda ou história antiga. Puranas ocupam um importante lugar no Hinduísmo. Puranas são a essência dos Vedas. Os Vedas são em uma língua difícil de serem compreendidos pelo público comum, e os Puranas pretendem difundir os ensinamentos dos Vedas em uma linguagem popular, através de mitos, histórias, anedotas, lendas e narração dos grandes eventos, a fim de que pessoas não muito inteligentes possam se beneficiar. Puranas também servem como uma cronologia das diversas dinastias. Puranas eram mencionadas muito antigamente, ainda em Upanishadas, como Chandogya e Brihadaranyaka, onde foram elogiados como o quinto Veda. Durante a realização das yajnas de longa duração e nos intervalos, os bardos foram utilizados para divertir os participantes com a rendição dos Puranas. Os Puranas apresentam cinco características fundamentais: história, cosmologia, além de princípios filosóficos, como a história da criação, a genealogia dos Reis e Rishis e Manvantaras (os períodos de governo dos Manus que compreendem 71 yugas terrestres ou 308.448.000 anos (veja no Capítulo 5). Às vezes, as Puranas também tratam de astronomia, medicina, climatologia, peregrinação, austeridade e muito mais.

Antigamente, os registros dos Puranas eram guardados pelos bardos chamados Sutas e Magadhas. Apesar de terem os registros das várias dinastias desde o início do período védico, era impossível manter os imensos registros transmitidos oralmente por milhares de anos e essa tradição foi interrompida mais tarde. As Puranas foram, supostamente, compostas por Vyasa em cada período da criação e, atualmente, o compositor é Krishna Dvaipayana Vyasa, filho de Rishi Parasara. Ele ensinou os Puranas ao bardo Rishi Romaharshana, e junto com seu filho Suta, ele espalhou os Puranas por todo o mundo, recitando as histórias em assembleias das yajnas, assembleias dos eruditos Rishis e em cortes dos Reis. Atualmente, os Puranas ainda são muito populares e há muitos pouranikas (pessoas que narram os Puranas, lendas, mitos e a história das divindades e seus Avataras) ministrando palestras em templos, festivais e assembleias dos povos, divulgando os difíceis assuntos do Dharma, os ensinamentos valiosos dos Upanishadas, filosofia e crenças e deveres do Hinduísmo de uma maneira simples, em uma linguagem simples e interessante para o público em geral. Os Puranas atuais parecem ter sido revistos entre 500 e 100 a.C., e as cronologias das dinastias envolvidas na batalha de Mahabharata (3000 a.C.) até a dinastia Gupta nos séculos IV e V d.C. estão disponíveis nesses puranas.

As Importantes Puranas

Existem 18 Mahapuranas, ou Puranas principais, mas também existem muitas outras puranas, como upa-Puranas e Sthala Puranas, que são crônicas de lugares e lugares famosos, que compõem um amplo conjunto de literatura puranica. Os Mahapuranas foram compostos em forma de versos e os 18 Mahapuranas são: 1) Agni Prana (15.400 versos); 2) Bhavishya Purana (14.500 versos); 3) Brahma Purana (24.000 versos); 4) Brahmanda Purana (12.000 versos); 5) Brahma Vaivarta Purana (18.000 versos); 6) Garuda Purana (19.000 versos); 7) Kurma Purana (17.000 versos); 8) Linga Purana (11.000 versos); 9)Markandeya Purana (9.000 versos); 10) Matsya Purana (14.000 versos); 11) Narada Purana (25.000 versos); 12) Padma Purana (55.000 versos); 13) Siva Purana (25.000 versos); 14) Skanda Purana (81.100 verso); 15) Vamana Purana (10.000 versos); 16) Varaha Purana (10.000 versos); 17) Vishnu Purana (23.000 versos); 18) Bhagavata Purana (18,000 versos).

Esses 18 Puranas são divididos em três grupos de acordo com as divindades que as pessoas seguem. Os Puranas Vishnu, Bhagavata, Narada, Garuda, Padma e Varaha formando sátvicos, ou Vishnu Puranas, as Puranas Brahma,

Brahmanda, Brahma Vaivarta, Markandeya, Bhavishya e Vamana formando rajás, ou Brahma Puranas, e os Puranas Vayu, Linga, Skanda, Agni, Matsya e Kurma formando tamas, ou Siva Puranas. As pessoas que seguem Shiva classificam o primeiro grupo como tamasika e último grupo como sátvicos.

Os Puranas mais populares são Bhagavata Purana, Vishnu Purana e Siva Purana. Bhagavata Purana é um texto venerado pelos Vaishnavas, seguidores do Vishnu, e Siva Purana é um texto venerado pelos Saivas, seguidores de Shiva. O principal objetivo de todos os Puranas é inculcar Bhakti, ou devoção a Deus, de diferentes maneiras.

Bhagavata Purana é dedicada a Deus Vishnu e suas várias encarnações, ou Avataras. O texto tem várias histórias bem conhecidas pelos hindus. A segunda parte do texto, particularmente, conta as brincadeiras e as aventuras de Krishna, quando era criança e adolescente.

Puranas e Suas Classificação

Vishnu Purana também é dedicado a Vishnu e contém histórias da criação do universo, agitação do mar pelo Devas e Asuras (Danavas) para obter o néctar da imortalidade, origem e genealogias de várias dinastias, detalhes dos Manvantaras e kalpas, o nascimento de Krishna, avento de Kali-yuga, religião e condições em Kaliyuga, e mais. Muitas dessas histórias são contadas para as crianças pelos seus avós para que elas tenham sentimentos religiosos ainda na tenra idade. Esses costumes estão sendo gradualmente desaparecendo atualmente, devido à ruptura do sistema familiar conjunto e à intensa agenda que os pais têm para cumprir.

Siva Purana é um evangelho para aqueles que veneram Shiva. Este Purana exalta Shiva como o Deus supremo e descreve a cosmologia e a mitologia centradas em Shiva. Ele trata da disputa entre Brahma e Vishnu e da aparência de Shiva, representada por um cilindro ou Linga (fálica), venerada como se fosse a própria Shiva. Este Purana conta a história de Sati, a primeira esposa de Shiva, sua briga com o pai Daksha, a morte de Sati e a criação dos templos de Sakti. Há uma narrativa sobre o segundo casamento de Shiva com Parvati, a filha de Himavant, e o nascimento dos filhos Kartikeya e Vinayaka. Há mais histórias sobre Shiva e sua filosofia, que também é explicada nesta Purana.

Na Markandeya Purana, a deusa Chandi é venerada e a Deusa é considerada Divino Mãe e altíssima Deusa. Outra Purana Devi Bhagavata também tem o mesmo tema. O Padma Purana, o mais extenso do mundo, abrange diversos tópicos e histórias das divindades e Reis, bem como as lendas dos lugares sagrados para peregrinação, a origem do rio Ganges, além de muitas venerações e votos, particularmente de mulheres, para uma longa vida do marido e bem-estar de família. A Índia, conhecida como Aryavarta, é descrita como parte do continente Jambudvipa e, na geografia do Jambudvipa e Aryavarta, suas montanhas e rios são descritos no Purana. A história do Rama e a guerra entre Rama e seus filhos Lava e Kusa são apresentadas entre outros episódios muito mais interessantes.

Junto com esses Mahapuranas, também tem 18 Upa-Puranas: Sanatkumara, Narasimha, Brihannaradiya, Sivarahasya, Durvasa, Kapila, Vamana, Bhargava, Varuna, Kalika, Samba, Nandi, Surya, Parasara, Vasishtha, Devi-Bhagavata, Ganesa e Hamsa. Esses também têm muitas histórias gloriosas, lendas dos locais, genealogias de algumas dinastias e mais.

Os Puranas contêm uma grande quantidade de informações sobre a história antiga, incluindo nomes de diversos Reis e genealogias das dinastias. Os historiadores não consideram Puranas como um texto de história, pois, apesar de conterem muita informação, eles não tratam da cronologia exata e não mencionam os períodos e datas exatas, e nenhuma data precisa poder ser atribuída a um evento. Além disso, qualquer informação antiga em literatura védica e Purana é vista com desconfiança e considerada ficção pelos historiadores ocidentais. Os recordes devem ser estudados com cautela, evitando conflitos entre datas para que possamos ter uma cronologia histórica coerente. Pargiter (1922) dedicou a maior parte de sua vida ao estudo dos Puranas com o objetivo de reconstruir a antiga tradição histórica indiana. Após a independência da Índia, alguns historiadores estão tentando estabelecer as cronologias exatas usando as informações disponíveis em vedas, Aranyakas e Puranas (Arya, 2019; Pandey, 2021).

Itihasas

As HistóriasAntigas Vistas por Autores.

Itihasas são histórias. As Itihasas também podem ser agrupados com os Puranas, mas há uma diferença significativa entre eles. Puranas, por definição, é a história de um evento que ocorreu em tempos passados. Imhasa, que significa 'assim aconteceu', é a descrição de um evento quando o autor do texto é a testemunha do evento. Tem duas obras nessa categoria, Ramayana e Mahabharata. Ambas são importantes obras do

Hinduísmo que servem como guias para Dharma, ética e vida digna. Ambas são épicas e tiveram uma grande influência na vida social e religiosa dos hindus, sendo as principais condutas para popularizar os temas religiosos e morais para o público. Ambas as obras são supostas narrativas reais que ocorreram há muito tempo.

Ramayana:

O autor de Ramayana é Rishi Valmiki. Ele estava, aparentemente, vivo quando os eventos de épica estavam ocorrendo e também está presente no final dessa história.

Ramayana é um conto sobre Rama, o filho mais velho do Rei Dasaratha de Ayodhya. Rama casou-se com Sita, a filha de Janaka de Videha, após um contesto do valor de outros príncipes. Rama estava prestes a ser coroado, mas foi exilado para a floresta por 14 anos devido às intrigas da madrasta Kaikeya, que queria que seu filho Bharata fosse o Rei. Rama foi para as florestas acompanhado da esposa Sita e de um irmão, Laxmana. Bharata, que é devoto do irmão Rama, não desejava ser o Rei e optou por governar como um representante do irmão enquanto Rama não estava presente.

Rama e seus companheiros foram para as florestas no Sul da Índia e lá ficaram sabendo das atrocidades e terrores que os Rakshasas (uma tribo de classe demônios) estavam cometendo contra as Rishis e cidadãos. Rama resolveu combater e eliminá-los. Este episódio causou irritação ao rei dos Rakshasas, Ravana, que governava a ilha Lanka (Sri Lanka atual). Ravana era extremamente poderoso e possuía bênções do Brahma, o que o tornava invencível até mesmo para divindades. Ele tinha um avião Pushpaka, que levava ele para qualquer lugar com um comando de desejo. Ele fez um plano para afastar Rama e Laxmana do seu lar temporário e deixar Sita sozinha. Ele a sequestrou e a levou para a ilha Lanka pelo Pushpaka. Rama voltou para casa e não encontrou sua esposa. Em sua busca, eles encontraram uma tribo chamada Vanaras. Vanara é uma palavra que significa macaco. Os Vanaras, uma tribo de moradores da floresta, tinham traços faciais de macacos. Sendo assim, os maiores intérpretes consideram os Vanaras como macacos ou uma tribo de macacos. Os Vanaras tinham um reinado chamado Kishkindha e o rei deles era Vaali, um poderoso rei. Ele tinha um desentendimento com seu irmão Sugreeva, e levou sua esposa com força e ameaçou matá-la. Sugreeva escapou de suas ameaças e se abrigou em uma montanha que Vaali não podia alcançar devido a uma maldição imposta por Rishi Matanga. Aqui Rama conheceu Sugreeva e fez amizades com ele. Ele ficou sabendo que Sita, sua esposa, deixou cair seus ornamentos na montanha enquanto Ravana estava voando sobre o local em seu avião com ela. Rama, convencido de que Vaali cometeu um grande erro ao roubar a esposa do Sugreeva, prometeu matar Vaali e instalar Sugreeva como rei de Kishkindha. Sugreeva, em troca, prometeu procurar sita quando fosse chefe e se tornasse rei.

Rama sugeriu que Sugreeva deveria desafiar Vaali e, durante a batalha, ele mataria Vaali. O plano foi bem-sucedido e Rama matou Vaali com uma flecha e, em seguida, instalou Sugreeva como rei de Kishkindha. Sugreeva, como havia prometido, enviou suas tropas para diversos locais em busca da esposa do Rama. Ele escolheu Hanuman, um líder poderoso dos Vanaras, que se tornou devoto de Rama, para liderar as tropas que se dirigiam ao sul. A tropa chegou à costa do oceano ao sul, do outro lado da ilha de Lanka, a uma distância de aproximadamente 100 yojanas (cerca de 1200 km). Com o auxílio de seus poderes de yoga, Hanuman conseguiu saltar o mar e encontrou Sita presa num jardim sob a guarda das Rakshasas mulheres. Após transmitir a mensagem de Rama para ela, informando que ele estava planejando invadir Lanka e libertá-la, Hanuman destruiu o jardim, que era muito amado por Ravana, e matou os guardas. Eventualmente, foi capturado e levado para Ravana, mas também entregou a mensagem de Rama para libertar Sita, pois, caso contrário, Rama iria invadir Lanka e matar Ravana. Ravana, furioso e apavorado, ordenou que o rabo de vanara fosse queimado. Hanuman escapou das guardas, pulou em vários lugares, ateou fogo em toda a cidade e voltou para Rama para contar sobre Sita.

Com a ajuda do rei Sugreeva, Rama organizou o exército dos Vanaras e partiu em direção à ilha de Lanka. Ao chegar ao mar, Vanaras Nala e Nila ergueram uma ponte para atravessar o oceano utilizando pedras flutuantes. Quando Rama e seu exército chegaram à ilha, Vibhishana, um irmão do Ravana que havia abandonado Ravana, solicitou refúgio ao Rama. Durante a guerra, Laxmana, irmão do Rama, foi gravemente ferido e entrou em coma pelas flechas de veneno poderosos de Indrajit, o filho de Ravana. Hanuman foi mandado, pelo médico de Sugreeva, para os Himalaias para trazer Sanjivani, ervas que salvam vida, para tratar Laxmana. Hanuman, que voou para Himalaias, achou difícil identificar as ervas e, então, arrancou uma montanha com todas elas e trouxe para o campo de batalha. Laxmana recuperou-se e matou Indrajit na guerra. Rama matou Ravana em uma batalha feroz e fez Vibhishana o rei de Lanka. Depois, voltou para Ayodhya com Sita, Laxmana e outros, assim que completou os 14 anos de exílio, como foi ordenado. O irmão dele, Bharata, que governava em nome dele, se afastou e Rama foi coroado rei verdadeiro.

Lord Ram é uma das figuras mais respeitadas do hinduísmo e é amplamente adorado por suas qualidades. Ele é conhecido como o epítome da justiça, compaixão e dever.

Rama era um rei justo e querido pelo povo, mas, durante uma discussão doméstica, um cidadão acusou Rama de não ter moral, ao aceitar uma mulher que esteve sob o domínio de outro homem por muito tempo. Ao tomar conhecimento da acusação, Rama ficou triste e, para evitar críticas posteriores, enviou seu irmão, Laxmana, para levar e deixar sua esposa Sita, que estava grávida, na floresta. Rishi Valmiki, que a encontrou na floresta, levou-a para sua Ermida e cuidou dela. Nasceram dois filhos, que foram nomeados Lava e Kusa. Na Ermida, eles aprenderam a arte de combate, juntanente os Vedas e Sastras. Rama, que estava com muita depressão, realizou a Aswamedha yajna por meio dos conselhos dos ministros. Como parte do procedimento, o cavalo sacrificial foi solto para contestar por aqueles que não aceitavam Rama como rei soberano. Lava e Kusa, que não tinham consciência de que Rama era seu pai, capturaram o cavalo e desafiaram os acompanhantes irmãos do Rama, que os derrubaram. Rama defendeu o cavalo e Rishi Valmiki contou a verdade para Rama e Rama aceitou os filhos. Mas Sita que estava abalada com tudo isso, decidiu a abandonar a vida.

A época de Ramayana:

Não se tem certeza da época de Ramayana, porque não se tem evidências concretas da época. Há anos, as pessoas têm procurado estabelecer a época usando as referências astronômicas na obra de Valmiki, como as estrelas e constelações no momento do nascimento de Rama, as posições dos planetas e estrelas quando Rama partiu de Kishkindha para Lanka e muito mais. Ainda assim, os pesquisadores diferem na data. Valmiki, autor do Ramayana, disse que Rama existia em Treta Yuga. Isso significa que a data do nascimento depende da definição de Yuga.

Segundo uma das definições, Kaliyuga tem 432.000 anos, Dwapara Yuga tem 864.000 anos, Treta Yuga tem 1.296.000 anos e Krita Yuga tem 1.728.000

anos. Considerando os quase 5.000 anos que Kaliyuga já passou e Rama nasceu no final de Treta Yuga, a data é de pelo menos 864k + 5k = 869.000 anos. A definição de Yuga foi alterada ao longo do tempo (conversada posteriormente no capítulo 5) e, dessa forma, essa época não foi aprovada pela maioria dos pesquisadores. Algumas pesquisas indicam um período entre 17.500 e 11.500 a.C. (Oak, 2014), 12.209 a.C. (Prabhakara Kumar, 2020) e 5.677 a 5.577 a.C. (Arya, 2019). Muitos pesquisadores acreditam que a narrativa ocorreu cerca de 6.000 a.C. A narrativa de Rama é amplamente difundida não somente na Índia, mas também em diversos países do sudeste da Ásia, como Indonésia, Tailândia, Malásia, Japão e China. Há diversas versões da história, apresentadas em diferentes línguas, e com muitas variações de detalhamento, mas mantendo o tema principal, sem alterações. A obra original, em sânscrito clássico, foi traduzida em muitas línguas da Índia e de outros países. A história de Ramayana é apresentada em povoados, cidades, templos e cortes de Reis, em palestras, dança, poesia, pinturas, teatro, espetáculos de marinetes, etc. Nos templos, cenas de Ramayana são apresentadas em esculturas e peças de arte.

A influência de Ramayana no Hinduísmo:

Ramayana está intimamente ligado à vida do hindu. Esta épica foi narrada há milhares de anos e transmitida oralmente por muitos séculos antes de ser escrita. Ramayana é chamado Adikavya ou a primeira obra poesia. Ele tem 24000 versos distribuídos em sete cantos. Este é um guia de Dharma para o mundo. O Dharma significa muito mais do que uma vida justa para um hindu. Dharma significa deveres e obrigações de um ser humano para outros membros da sociedade, como sua irmã, irmão, parentes, amigos, de um rei para seu povo, de um devoto para seu mestre e muitos outros laços. Ramayana mostra como manter esses deveres em situações difíceis, quando há conflitos entre diferentes deveres. Além disso, esta obra demonstra, no caso de Ravana, que, apesar de ainda ser uma pessoa extremamente poderosa e erudita, se ela não seguir as regras de uma vida justa e de Dharma, será derrubada miseravelmente. Esta obra mostra que ninguém pode evitar as consequências do Karma, mesmo com muitos poderes divinos.

Os valores culturais mantidos por milhares de anos na Índia são devido a épicas, como Ramayana, que fizeram parte da vida de cada um desde cedo. Ramayana nos ensina muito sobre o comportamento humano em família, as relações entre parentes e crianças, entre marido e mulher, entre os irmãos e outros membros da família. Este assunto é muito importante porque na

Índia as famílias vivem juntas há muitos anos e é importante que as pessoas se deem bem entre si. Ramayana define o casamento na Índia como um sistema sagrado e a relação entre marido e mulher vai muito além de uma vida, e quase todos os indianos acreditam nisso.

As qualidades do Rama apresentadas em Ramayana demonstram seu charme físico, mental e moral, além de um comportamento exemplar contra adversários e amigos. Ele é apresentado com muitas qualidades nobres e, durante a sua existência, foi considerado a encarnação ou Avatara do Deus Vishnu.

Muitos autores acham que Ramayana é muito importante em diferentes níveis simbólicos. Essa obra mostra a vulnerabilidade da vida humana que ainda o Deus, quando se torna humano, como um Avatara, ou encarnação, tem que enfrentar. Rama é considerado, de forma simbólica, o Paramatma, o Ser supremo que veio à Terra, como humano, para procurar o Eu individual, Jivatma (Sita), que é devoto dele, tendo sido afastado dele no momento da criação. Ravana representa o Egoísmo, com dez cabeças de maldade que desafiam Deus para afirmar a sua individualidade, por ignorância. Lanka é o corpo governado pelo egoísmo (Ravana) que tem a Jivatma (Sita) em seu corpo (Lanka). Com a ajuda da inteligência (Laxmana, irmão de Rama) e da respiração, ou Yoga (Hanuman), e do exército dos sentidos (as vanaras, os quais são naturalmente inconstantes, mas, devido à devoção a Rama, são controladas), Rama constrói uma ponte através do mar de Consciência (a mente) para entrar no corpo (Lanka) e encontrar a Jivatma (Sita). Ele destrói o egoísmo (Ravana) e, finalmente, encontra Jivatma. Após encontrar, Ele usa a austeridade (teste do fogo) para purificar o Eu indivíduo (Sita) das impurezas acumuladas durante o cativeiro. Depois da união do Paramatma e Jivatma, eles partem para o paraíso (Ayodhya) assim, a história de Ramayana é interpretada espiritualmente.

Hanuman

Hanuman: Hanuman é um personagem importante na história de Ramayana. Ele é um devoto fiel do Rama. Ele é o ministro de Sugreeva, o rei de Kishkindha. Ele encontrou Rama quando ele chegou ao campo de Sugreeva em busca da sua esposa sequestrada pelo Ravana. Assim que o encontro ocorreu, Hanuman reconheceu Rama como uma encarnação de Deus e se tornou um devoto fiel de Rama. Hanuman é filho de Anjana, uma ninfa amaldiçoada. Seu pai chamava-se Kesari. Ele foi concebido graças às bênçãos de Shiva e com a ajuda de Vayu, a divindade do vento. Por isso Hanuman é chamado Vayuputra, ou filho do vento. Quando criança, confundindo o vermelho do Sol com fruta, pulou para pegá-lo. Indra, imaginando que algum demônio estava atacando o Sol, usou o seu raio e machucou Hanuman. Ele caiu de forma violenta, desmaiado e quebrou a mandíbula, o que é conhecido como Hanu em Sânscrito. Vayu, ao ver o filho ferido e desmaiado, ficou furioso e parou. Dessa forma, todo o cosmo ficou abalado sem vento. Para pacificar Vayu, todas as divindades, inclusive Brahma, ofereceram diversas benesses à criança, inclusive a imortalidade, e o nomearam Hanuman, uma pessoa com a mandíbula quebrada. Surya, a divindade do Sol, prometeu a ensinar toda a sabedoria dos Vedas. Quando criança, ele era bastante travesso e brincava e atrapalhava os Rishis e outros. Os Rishis, cansados dessas travessuras, amaldiçoaram Hanuman para que ele esquecesse todos os seus poderes até que alguém se lembre dele.

Hanuman é um yogi perfeito que possui os oito sidhis, ou poderes de yoga, que incluem Anima, a habilidade de ser o menor dos menores; Mahima, a habilidade de se tornar infinitamente grande; Laghima, a habilidade de se tornar mais leve que o ar; Prapti, a habilidade de viajar instantaneamente em qualquer lugar à vontade; Pratânia, a habilidade de atingir o que se deseja; Isitva, a habilidade de criar ou destruir qualquer coisa à vontade; Vasitva, a habilidade de controlar os elementos da natureza material; Kamavasayita, a habilidade de assumir qualquer forma que se deseja.

Embora tenha esses poderes, que são subprodutos do objetivo final da yoga, a união com o divino, nunca os utilizou para fins pessoais, mas sim para servir ao seu mestre Rama. Ao ser enviado para procurar Sita no sul, junto com outros, ao chegar à beira do mar, ficou apavorado, assim como outros, contemplando o imenso oceano. Quando Hanuman foi lembrado de suas habilidades por Jambavan, ele alcançou sua capacidade e, assumindo um tamanho considerável e usando o nome de seu mestre Jai Sri Ram, saltou o oceano para chegar a Lanka. Lá se tornou novamente em forma diminutiva para procurar Sita em palácios e jardins de Ravana. Dessa forma, sua verdadeira capacidade só foi usada para humildade, servir a Deus. Hanuman é representado pela fala correta, veracidade, renúncia, devoção, lealdade, valor, força, humildade e disciplina.

Hanuman é venerado como um símbolo de devoção sem limite. Ele é conhecido por diversos nomes, como Anjaneya ou Anjani Putra (filho de Anjana), Pavan Putra ou Vayu Putra (filho de Vayu), Kesari Putra (filho de Kesari) e Bajrang Bali (pessoa extremamente forte cujos membros são tão fortes quanto Vajra ou diamantes). Templos dedicados a Hanuman estão espalhados por toda a Índia e, em quase todas as aldeias, há pelo menos uma estátua dele para veneração. Em diversas partes da Índia, é possível avistar uma estátua gigantesca dele. Ele é um suposto inimigo forte dos Rakshasas (demônios) e dos maus elementos, e a crença é que quem venera Hanuman está protegido das maldições e espíritos malignos. O aniversário de Hanuman é comemorado com muita devoção em abril ou maio de cada ano, especialmente nas academias, em toda a Índia.

Hanuman é uma divindade importante do Hinduísmo.

Mahabharata:

Mahabharata é da autoria de Veda Vyasa. Veda Vyasa não é apenas o autor, mas também participa ativamente do episódio. A história ocorreu no final de Dwapara Yuga. Apesar de existir muita controvérsia sobre o período exato da história, a maioria dos historiadores acredita que seja 3100 a.C. Essa é uma história de briga entre os primos de uma dinastia famosa, Kuru, que se espalhou para um grande número de reinados e se tornou uma guerra de grande escala que envolveu praticamente todos os reinados da época, durante 18 dias e matando milhares de pessoas. Muitas gerações sofreram as consequências desta guerra.

Dhritarashtra, rei Kuru de Hastinapura, era cego e seu irmão Pandu o ajudava. Pandu ampliou o domínio conquistando os pequenos reinos da vizinhança. Ele se considerava um bom administrador. O guerreiro Bhishma, o grande celibato, era o grande protetor da dinastia Kuru. Pandu, por algum motivo, deixou o irmão e foi morar na floresta com suas duas esposas, Kunti e Madri. Kunti deu à luz um menino, Yudhishtara, graças às bênçãos da divindade da morte e justiça Yama. Ao mesmo tempo, Gandhari, a esposa de Dhritarashtra, estava grávida, mas o parto demorou bastante. Frustrada por sua cunhada ter tido um filho primeiro, ela bateu na barriga e o feto caiu no chão. Veda Vyasa, o grande erudito e benfeitor da família, chegou e fez 101 pedaços do feto. Colocou em 101 potes diferentes, com uma mistura de manteiga derretida e alguns químicos, e deixou para incubar. Após um período de incubação, os fetos foram incubados e nasceram 100 meninos e uma menina. O primeiro nascido foi nomeado Duryodhana. Ao mesmo tempo, Kunti deu à luz seu segundo filho, Bhima, graças às bênçãos de Vayu, a divindade do vento. Ela teve outro filho, Arjuna, graças às bênçãos do líder das divindades, Indra. Em seguida, Madri também teve dois filhos gêmeos, Nakula e Sahadeva, graças às bênçãos dos gêmeos médicos divinos, Asvins. Após algum tempo, amaldiçoado por um Rishi, Pandu morreu e Madri, a segunda esposa de Pandu, fez sati, um ato de imolação, junto com o fogo funerário do marido, deixando os filhos sob os cuidados de Kunti. Ao tomar conhecimento do desastre, Dhritarashtra convidou Kunti e seus cinco filhos para Hastinapura, a fim de que seus cinco filhos pudessem crescer junto com seus 100 filhos. Os 100 filhos do rei Dhritarashtra chamava se Kauravas e os cinco filhos de Pandu chamava-se Pandavas.

Os Pandavas eram inteligentes, justos e bem comportados, e os Kauravas eram o oposto em caráter. A todos os 105 filhos eram ensinados as artes marciais e a arte de atirar setas com bestas, por Dronacharya.Duryodhana demonstrava ciúmes, particularmente, em relação a Yudhishtara e Bhima. Yudhishtara era o mais velho e, por ser o mais velho, era destinado a ser príncipe. Já Bhima era o mais forte de todos e sempre desafiava Duryodhana. Duryodhana, por ciúmes, até tentou matar Bhima, mas ele sobreviveu a diversos ataques. Dhritarashtra, o rei, era muito apegado ao seu filho Duryodhana e ignorava os avisos dos conselheiros sobre as más intenções do filho.

Bhima ficou o melhor em combates e Arjuna o melhor arqueiro. Duryodhana planejou matar todos Pandavas de uma só vez, mandou construir uma casa de cera em um lugar de peregrinação e obrigou o pai a mandar os Pandavas para peregrinação. Com a mãe Kunti, os Pandavas chegaram à casa de cera. Sri Krishna, o primo dos Pandavas, ficou sabendo da má intenção de Duryodhana e avisou os Pandavas que escaparam por um túnel. Quando a casa de cera foi queimada, seis outros hóspedes que estavam na residência foram mortos e todos pensaram que os Pandavas haviam morrido. Após algumas aventuras na floresta, os Pandavas chegaram ao reino de Panchala disfarçados como brâmanes. Drupada, o rei de Panchala, estava planejando 'Swayamvara', a escolha do noivo pela noiva, para sua filha Draupadi. A condição é que a noiva escolhe o arqueiro que quebrar o alvo, o olho de um peixe mecânico em movimento, olhando para sua reflexão na água abaixo. Todos os Kshatria príncipes e Reis convidados não poderiam atingir o alvo. Arjuna, sob a aparência de brâmane, quebrou o alvo e foi escolhido como o vencedor da disputa. Logo, Pandavas levaram Draupadi para casa e, antes de entrar, avisaram à mãe Kunti que traziam uma fruta. Sem ter ideia de qual era a fruta, Kunti, como de costume, disse que os cinco irmãos poderiam dividir a fruta de forma igual. Como sempre obedeceram à mãe, isso trouxe uma dificuldade para eles, já que eles não podiam dividir uma única mulher. Veda Vyasa apareceu e afirmou que Draupadi estava solteira na vida passada e não conseguiu encontrar um companheiro por um longo tempo. Ela fez austerdades e escolheu um Deus. Quando ele apareceu e perguntou o que ela queria, ela ficou muito ansiosa e pediu um marido cinco vezes. A divindade disse-lhe que, na próxima vida, ela terá cinco maridos. Dessa forma, Veda Vyasa explicou e também disse que Draupadi nasceu devido a um yajna que Drupada fez. Ela é pura e qualquer pecado não a afetará. Os cinco Pandavas aceitaram Draupadi como sua esposa, com um pacto para o período em que ela está com um, outros respeitam-na como se fosse mulher de outro.

Sabendo que os Pandavas não morreram na casa de cera, e pelos conselhos de Bhishma e Dronacharya e outros, Dhritarashtra mandou voltar os Pandavas e para resolver o problema de quem ficaria o Rei, criou um pequeno reino dentro de seu território, com Indraprastha como capital e mandou Yudhishtara a reinar. Yudhishtara, com a ajuda de quatro irmãos, governava justo e era querido pelo povo. Ele queria realizar Rajasuya Yajna e convidou todos os Reis e príncipes para participarem. Para o yajna, o engenheiro divino Maya construiu uma sala repleta de ingenuidades. A porta na parede não era porta, e no lugar quando não parecia porta, estava camuflada. A piscina de água aparente era apenas um chão e, quando parece pleno, apareceu uma piscina. Dessa forma, havia diversas coisas insanas na sala. Duryodhana foi visitar a sala sozinho e, ao tentar entrar numa porta, bateu cabeça, pois não havia nenhuma. Enquanto isso, Draupadi também estava visitando a sala com amigas e, ao ver Duryodhana cair em uma piscina, pensando que não havia água, riu-se dele e disse: 'tal pai, tal filho', sugerindo que o pai dele, Dhritarashtra, era cego. Duryodhana ficou furioso e prometeu a si mesmo que iria se vingar dela.

Após chegar a Hastinapura, ele se aconselhou com o tio Sakuni, o amigo Karna e o irmão Dussasana. Sakuni era irmão de Gandhari, mãe de Duryodhana. Karna era filho de Kunti, que ela teve antes do casamento com Pandu, graças às bênçãos de Surya, a divindade do Sol. Ela abandonou o filho no rio, deixando-o em uma caixa, com medo dos insultos e do mau nome. Ele foi colhido por uma pessoa de baixa casta chamada Suta e entregue para sua esposa Radha, que o criou. Por ser o filho de Surya, ele naturalmente exibia uma bainha no corpo e um par de brincos nas orelhas. Dessa forma, foi nomeado Karna. Apesar de receber diversos insultos por ter sido criado por pessoas de baixa casta, ele foi treinando com extrema habilidade, inclusive pelo guerreiro brâmane Parasurama, e se tornou o melhor arqueiro da época. Durante uma competição de tiro com arco, ele mostrou ser igual a Arjuna, mas foi insultado por ser de baixa casta. Duryodhana, arquirrival dos Pandavas, declarou Karna seu amigo íntimo e o nomeou como um rei de uma região chamada Anga, protegendo sua honra. Sendo assim, Karna se tornou um conselheiro para Duryodhana, seja para bem ou para mal. Após conselhos dos amigos, Duryodhana convenceu o pai Dhritarashtra a convidar Yudhishtara para um jogo de dados. Yudhishtara ficou muito entusiasmado devido à sua habilidade como jogador, e aceitou o convite para jogar em Hastinapura. Sakuni era experiente em manipular os dados, e Yudhishtara começou a perder os jogos e apostas. Nessa consequência ele apostou seu reino e o perdeu.

Depois, ele apostava em seus irmãos um a um, mas perdeu todos eles. Instigado por Duryodhana e seus amigos, ele apostou finalmente a mulher Draupadi e também a perdeu. Duryodhana, como parte de sua vingança, mandou buscar Draupadi para a assembleia e a insultou. Ninguém na corte protestou por medo de Duryodhana e até os bravos e fortes maridos, que agora estão escravos de Duryodhana, não tinham outra opção senão prometer vingança em uma futura guerra. Após alguns apelos de Draupadi, Bhishma e outros tomaram a coragem e avisaram o rei Dhritarashtra sobre os acontecimentos na corte, pedindo para parar com o crime hediondo e fazer justiça. Dhritarashtra mandou o filho parar de vingança e libertou todos da escravidão. Ele ainda deu Yudhishtara o reino dele e o mandou embora.

Duryodhana, magoado pelo ato do pai, desejava vingar Yudhishtara mais, e apelou ao pai para que ele o convidasse novamente para o jogo. Apesar de ter consciência da má intenção do filho, devido ao seu amor cego pelo filho, ele enviou o convite a Yudhishtara. Yudhishtara, para não desobedecer ao tio, foi para o jogo novamente. A aposta era que quem perdesse teria que se afastar do reino e ficar em florestas por doze anos e um ano sem que seja descoberto. Durante esse último ano, se eles foram descobertos de sua identidade, terão que repetir o castigo novamente. Desta vez também Yudhishtara perdeu aposta e foram mandados para floresta.

Após algumas aventuras na floresta, ficaram incógnitos em um reino distante, evitando os atentados de Duryodhana para descobri-los e completaram as condições da aposta. Com os conselhos de muitos amigos que ganharam neste período, mandaram seu amigo e primo Sri Krishna, uma suposta encarnação do Vishnu, para negociar o retorno do reino deles. Duryodhana não quis devolver o reinado, nem mesmo cinco cidades para cinco irmãos. Duryodhana optou pela guerra.

A guerra conhecida como guerra de Mahabharata, que era composta por quase todos os Reis do dia de Índia (Bharat) que participaram da guerra, de um ou de outro lado, durou 18 dias e milhares de soldados e heróis da época morreram na guerra. Sri Krishna escolheu ser cocheiro de Arjuna, seu amigo.

Viswaroopa

Bhagavad Gita:

Antes da guerra começar, Arjuna pediu a Sri Krishna para colocar a charrete em um lugar neutro entre os dois exércitos para ver como estavam se formando. Ao perceber que havia em ambos os lados irmãos, primos, amigos, parentes e gurus em formação, prontos para morrer na guerra, ficou apavorado e disse a Sri Krishna que não queria mais lutar e que não queria matar os parentes em nome de um reinado ou fama. Ele não quer cometer o pecado de matar os seus próprios amigos e parentes. Ele ficou muito triste e fraco. Deixou a arma e sentou-se somente em lágrimas. Sri Krishna admoestou Arjuna e disse que está se comportando como um tolo e se lamentando para os que não precisam se lamentar. "Todos aqueles parentes que você cuida não são seus. O que você perdeu, pelo que está chorando? Qual foi o que você trouxe e o que você perdeu? O que você criou e destruiu? Você chegou de mãos vazias e vai voltar de mãos vazias. O que é seu hoje é de outra pessoa ontem e será de outra pessoa amanhã. Você é inteligente e precisa saber se este corpo é do Atman ou Brahman. Ninguém consegue destruir esse Atman. Esse não é sujeito do nascimento ou morte. Este é eterna. Este não é nascido em alguma hora. Este é antigo, inalterável e inesgotável. Este não morre quando o corpo falece. Este não se mata nem falece. As armas não podem cortá-lo, a chama não o queima, a água não o molha e o ar não o pode secar. Este é não manifesto, impensável e sem alterações. Da mesma forma que um homem descarta a roupa desgastada e veste outra, a Alma encarnada remove o corpo desgastado e assume um novo corpo".

Sri Krishna pediu que Arjuna cumprisse o seu dever. O Kshatria precisa lutar.Este é o seu dever.Nada mais é relevante para um Kshatria que luta por uma guerra justa. Ele deve ter uma mente equilibrada. Se ele não se importar com o prazer ou a dor, com o ganho ou a perda, com a vitória ou a derrota, não está cometendo nenhum pecado e continua cortando os laços das ações". Krishna afirmou que o foco de sua atenção deve ser apenas o cumprimento do dever e não o fruto da ação. Não deve ficar parado com inação apenas pensando no último resultado.Krishna disse: Segure-se firme na Yoga, sem apego, mantendo o equilíbrio entre o sucesso e o fracasso. Equilíbrio da mente é yoga. Uma pessoa sem amarras, sem apego ou medo, indiferente aos prazeres sensuais, que não se exalta com sucesso, que tem um controle perfeito da mente e dos sentidos, que está desligada de todos os assuntos externos e concentrada na alma, é um yogi perfeito, também conhecido como "Sthita Prajnya" ou "um homem perfeito".

Sri Krishna explicou a Arjuna várias formas do yoga, como Jnana yoga, ou yoga do conhecimento de Sankhya, e Karma yoga dos yogis, do acordo de qual, ninguém poder ficar sem ação no mundo e somente aquele que realiza ações sem apego alcançará seu último objetivo. Uma pessoa cega pelo egoísmo pensa ele que estrealizando as ações, mas, na verdade, é a natureza e os gunas que são os responsáveis pelas ações. A pessoa que vê a ação na inação e a inação na ação é uma verdadeira yogi. Uma pessoa não será amarrada ao Karma se renunciar ao apego e ao fruto das suas ações, ficar contente com qualquer ganho sem esforço, livre das dualidades, ganhos e perdas, prazeres e dores, e também equilibrada em sucessos e falhas. Sri Krishna disse que o Karma yoga e a renunciação, ambos levam a um alto nível de espiritualidade, mas o Karma yoga é melhor que a renunciação. Ele explicou a Arjuna a relação entre o Atman, a Jiva amarrada ao corpo, o Eu pessoal, e a Brahman, a Paramatma, a Consciência universal, os diversos níveis de Consciência e a realidade do mundo fenomenal. Krishna disse a Arjuna que, quando a justiça está em declínio e a injustiça aumenta no mundo, ele se manifesta para restabelecer a justiça. Ele disse que, em várias épocas, se manifestou para a destruição dos perversos, proteção do bem e estabelecer o Dharma. Ele apresentou Arjuna, sua forma cósmica, a Viswaroopa, com o brilho dos mil sóis, com milhares de cabeças, milhares de olhos, milhares de mãos e pés, com formas pacíficas e ferozes, contendo todas as divindades, infinito em forma sem início e sem fim, segurando muitas armas, devorando todos os exércitos dos Pandavas e Kauravas, consumindo e emitindo os universos ao mesmo tempo. Arjuna, desnorteado, pediu para tirar a forma e revelar a sua suave e adorável figura. Sri Krishna, assumindo a figura normal, disse que já viu que eles foram mortos por Ele, Arjuna agora pode lutar sem ter nenhuma culpa e ganhar vitória e glória. Arjuna, agora livre do desespero, lutou com determinação na batalha que durou 18 dias e quase todos os jovens da sua idade que lutaram, em ambos os lados, morreram. Pandavas ficaram vitoriosos com a aniquilação de todas os Kauravas e seus associados.

Significado de Mahabharata para Hinduísmo:

Mahabharata é uma épica maravilhosa. Essa é uma fonte infalível e duradoura de espiritualidade. De acordo com K.M.Munshi, de Bharatiya Vidya Bhavan sobre Mahabharata (Rajagopalachary, C, 1998) "Mahabharata não é apenas uma história, mas um romance que conta as histórias de homens e mulheres heroicas e alguns divinos: é uma literatura que contem um código de vida, uma filosofia das relações sociais e éticas, um pensamento especulativo sobre os problemas humanos que é difícil de rivalizar, acima de tudo, ele tem Bhagavad Gita como núcleo, que é, como o mundo está começando a descobrir, a mais nobre das escrituras e saga mais grandiosa, em que o clímax é alcançado em apocalipse maravilhosa no capítulo onze". Há um ditado sobre Mahabharata. "O que não está nele, não está em lugar nenhum". Nele, estão presentes quase todas as emoções humanas possíveis, como o amor e o ódio, o perdão e a vingança, o celibato e a promiscuidade, o compromisso e a traição, a magnanimidade e a ambição, de uma forma breve e dramática. Mahabharata está profundamente entrelaçada à história sociocultural da Índia. Ela apresenta os principais conceitos de Dharma e enfatiza a relevância do caráter e da conduta correta para a ordem e regularidade do mundo. O principal objetivo do Mahabharata é mostrar a lei de Karma e suas consequências. Ele mostra, sobretudo, que as decisões tomadas pelas autoridades sob o egoísmo, luxúria, orgulho, raiva e inveja têm consequências que podem afetar várias gerações futuras.

Todas as crianças na Índia são contadas nas histórias de Mahabharata desde a idade tenra e, dessa forma, fazem parte das histórias de sua vida. Algumas escolas também incluem as histórias das épicas em seu currículo.

Parentes e os mais velhos usaram os épicos para transmitir sabedoria e caráter moral para a geração mais jovem, criando uma impressão indelével nas mentes deles. Esse esforço é repetido ao longo da vida através de diversas formas, como teatro ao ar livre, palestras e recitações em templos e festivais, danças e outros. Muitas histórias do Mahabharata são exibidas na tela de cinema como cinemas populares e de sucesso.

Mahabharata tem alguns ensinamentos que ajudam a melhorar a qualidade de vida. Eles nos ensinam o que devemos e não devemos fazer na vida. Alguns são: "É inaceitável insultar uma pessoa com deficiência", "Não apoiar os filhos nos seus desejos errados", "O instinto vingativo só pode conduzir à perdição".

Mahabharata tem Bhagavad Gita como núcleo de épica que define o código de conduta ética e moral de cada um. O Bhagavad Gita, embora faça parte do Mahabharata, tornou-se muito importante por si só. O Bhagavad Gita apresenta a essência da filosofia de vida. Essa é uma obra importante, traduzida em quase todas as línguas, com milhares de traduções e comentários em inglês. Bhagavad Gita não é um livro de religião. Este é um guia de vida. Este documento apresenta uma visão geral da filosofia, mostrando os diferentes caminhos para chegar à cimeira, bem como a indicação do caminho certo para seguir e o que não devemos seguir. Gita, como é conhecida a obra, responde às questões não somente filosóficas e místicas, mas como se pode viver em um mundo de desafios. Gita apresenta as verdades eternas da vida que atormentam a mente de todos, de uma forma inteligível para qualquer nível de compreensão. Gita aborda os conflitos internos de cada um, a luta que todos têm que enfrentar para ter sucesso na vida. Arjuna questiona Sri Krishna, não como filósofo, mas como um homem comum que tem dúvidas sobre a existência e morte, o Atman e Brahman, e como o ser humano pode se tornar um homem perfeito. Dessa forma, Gita é uma conversa para esclarecer dúvidas de um indivíduo que busca as respostas que todos têm, independentemente de sua crença religiosa.

Bhagavad Gita tem um profundo impacto no Hinduísmo. Todos os hindus acreditam no efeito do Karma. Os diversos métodos de yoga descritos na Gita são seguidos por muitos hindus. Em geral, todas as residências possuem uma cópia de Gita, o estudo que pode indicar as soluções para diversos problemas da vida. Este é como uma Bíblia para qualquer pessoa comum.

No Hinduísmo, as obras Ramayana, Mahabharata e Bhagavad Gita possuem grande relevância. Essas são obras universais. Elas não se limitam ao intelecto, mas também ao coração. Ramayana ensina-nos os nossos deveres na vida e o que devemos fazer em nossa vida. Mahabharata ensina o que não podemos fazer na vida e Bhagavad Gita ensina a nós como podemos viver melhor na vida.

CAPÍTULO 4

A FILOSOFIA VÉDICA

A Busca de Realidade

Outro fator que tem grande influência sobre o Hinduísmo é a filosofia. A filosofia desenvolveu-se na Índia como um método de estudo da vida e da existência. O Veda é considerado uma fonte autoritária de toda a sabedoria, e as Upanishadas são o fundamento da filosofia védica. Na antiguidade, diversos Rishis tentaram revelar a essência dos vedas de diversas maneiras em diferentes Upanishadas. A tradição indiana considera a filosofia como uma sabedoria muito alta, chamada Para-Vidya, a sabedoria pela qual a verdade imperecível pode ser alcançada. Enquanto isso, outros conhecimentos, como Apara-Vidya, só contribuem para o progresso materialista. A filosofia indiana pode ser dividida em duas partes distintas: a Astika e a Nastika. A filosofia Astika, em sua maioria, reconhece a autoridade dos Vedas e Upanishadas. A filosofia Nastika refere-se a escolas de pensamento não-teístas ou heterodoxas na filosofia indiana, que não aceitam a autoridade dos Vedas ou a existência de um ser supremo. O sistema de filosofia Nastika abrange as filosofiasi de Charvaka, ou Lokayata, Budismo e Jainismo. Na Índia, há alguns seguidores do Budismo e Jainismo, sendo 0,71% e 0,37% da população respetivamente, de acordo com o censo de 2022, sendo que os Lokayatas são ainda em menor número. Quase 80% da população indiana segue o Hinduísmo Astika.

A filosofia Astika na Índia, fundamentada nos ensinamentos dos Vedas e Upanishadas, tem como base o reconhecimento de Atman e os efeitos do Karma, e Moksha, a liberdade absoluta do círculo de morte e renascimento. Os objetivos de cada hindu, em geral, são ter riquezas (Artha), prazer (Kama), um estilo de vida correto, baseado na ética correta (Dharma) e desenvolvimento espiritual, e, por fim, liberdade (Moksha). Esses objetivos são denominados de quatro Purushardhas, ou objetivos nobres de vida, que cada hindu deseja alcançar. A filosofia Astika se concentra no último objetivo, o Moksha. A filosofia indiana é integrada e inclui a ética de vida, bem como a religião.

Às Fontes de Filosofia Indiana

Apesar de a filosofia Astika ser única, diversos pensadores tentaram explicá-la de diferentes maneiras. Dessa forma, há seis principais ramos, com algumas variações em cada sistema. Esses ramos são denominados Darshanas, ou pontos de vista, ou formas de explicar os princípios básicos. Os sábios desenvolveram estes pontos de vistas baseados em três antigas obras: Upanishadas, Bhagavad Gita e Brahma Sutras. O conjunto dessas três obras é conhecido como Prasthana Trayi, ou princípios de partida triplos. Os primeiros dois já foram abordados em capítulos anteriores.

Brahma Sutras:

Sutras são aforismos concisos, nos quais o pensamento máximo é comprimido ou condensado em um mínimo de palavras. Eles precisam de um comentário sábio para serem entendidos. Mas são voltados para a memorização fácil. As diversas Upanishadas não apresentam um sistema coerente de pensamento. Às vezes, as diferentes Upanishadas parecem ser contraditórias. Veda Vyasa, também conhecido como Badarayana, tentou codificar a filosofia e ideias espirituais dos Upanishadas e de Bhagavad Gita em Brahma Sutras. Mas, devido à brevidade das sutras, poderiam ser interpretados de diferentes maneiras.

No primeiro capítulo, ele tenta integrar diversos pensamentos filosóficos dos Upanishadas e Gita. Neste capítulo, Jivatma (o Atman individual) e Brahman são descritos e estabelecidos como idênticos, mas não como iguais. Brahman é descrito como sendo menor do que o menor, maior do que o maior e habitando uma pequena cavidade no coração. Brahman é o responsável por todo o universo, tanto consciente quanto não-consensual, criando o universo sem motivo aparente.

No segundo capítulo, outros sistemas de filosofia, que se opõem ao Brahman, são discutidos, refutados e assentados que as explicações do Brahman pelo vedanta são consistentes com todos os textos de Shriti. O universo está escondido no Brahman e surge na hora certa, como uma árvore que está escondida em sua semente e surge na hora certa.

O terceiro capítulo trata dos métodos para alcançar o conhecimento espiritual. Descreve o processo pelo qual a última liberdade pode ser alcançada. Quando todos os desejos nascidos do ego são completamente erradicados, o Atman se funde de imediato com Paramatman nessa mesma vida, depois da morte.

O quarto capítulo enfatiza a importância do autoconhecimento e seus benefícios, assim como o que é essencial para ter autoconhecimento e alcançar a emancipação antes da morte.

Os Tratados de Filosofia - As Darshanas

Darshanas são tratados filosóficos e elaborações de filosofia dada em Prasthana Trayi, por diferentes acharyas (gurus) e de diversas maneiras. Eles explicam sistematicamente a existência e o conhecimento da realidade. Cada Darshana oferece uma perspectiva única sobre metafísica, epistemologia e ética. Há seis Darshanas principais, mas Madhavacharya menciona 16 Darshanas, o que inclui algumas variações na filosofia do Budismo. Os principais Darshanas são Nyaya de Gautama, Vaiseshika de Kaṇaada, Sankhya de Kapila, Yoga de Patanjali, Purva Mimamsa de Jaimini e Uttara Mimamsa, ou Vedanta de Śankara. Nestes Darshanas, Nyaya e Vaiseshika são denominados de raciocínios, Sankhya e Yoga são denominados numéricos e os outros dois são de investigação (Mimamsa)

Todos esses Darshanas têm os seguintes pontos em comum:

1. Atman, ou Eu individual, difere da mente (manas), do intelecto (Budhi) e natureza (Prakriti).

2. Atman é eterno.

3. A ligação do Atman com o corpo é causada pela ignorância e a Realização essa ligação é a liberação.

4. Todos os Darshanas reconhecem a lei do karma, que postula que as ações têm consequências que afetam a existência futura da pessoa. Este princípio sublinha a dimensão ética da filosofia indiana.

5. Todos os sistemas enfatizam a conduta ética e o cultivo de virtudes como essenciais para o progresso espiritual.

Embora cada Darshana ofereça uma perspectiva e metodologia únicas, estes pontos comuns destacam a sua herança filosófica partilhada e a busca abrangente pela compreensão e libertação que caracteriza o pensamento filosófico indiano. Cada Darshana é científico em sua abordagem, com sua doutrina fundamentada em raciocínio lógico e argumentos críticos. Cada Darshana mostra um caminho diferente para chegar ao mesmo objetivo. O objetivo de todos os Darshanas é a eliminação da ignorância e seus efeitos, da dor e do sofrimento, e a realização da liberdade e felicidade eterna através da união de Jivatma, ou Atman individual, com Paramatma, o Brahman, a consciência universal. Eles diferem nos detalhes de como é a ligação do Atman com o corpo, e de como é a liberação e quais são os métodos para atingir isso. Há divergências quanto à aceitação dos Vedas como a autoridade suprema sobre a realidade. Também alguns Darshanas não aceitam a existência e natureza de Iswara (Brahman) e da divindade única. Darshanas são tratados filosóficos voltados para estudiosos dotados de perspicácia e raciocínio lógico, enquanto os Puranas e Itihasas são voltados para pessoas comuns. Os seis Darshanas são agrupados em três pares: Nyaya e Vaiseshika, Sankhya e Yoga e Purva e Uttara Mimamsas.

A seguir, estão descritos os principais Darshanas:

Nyaya Darshana:

As sutras de Nyaya Darshana foram codificadas por Gautama. Nyaya significa regra, lei e justiça certa. Nyaya acredita que o mundo existe, não pelo fato de acreditarmos que ele existe, mas sim porque ele tem uma existência independente da própria existência dos seres humanos, que pode ser verificada através de um inquérito lógico e com critérios de verdade. Dessa forma, este Darshana tem como objetivo estabelecer a verdade sobre o mundo e seus diversos aspectos através de métodos lógicos e racionais.

Nyaya e Vaiseshika são muito parecidos. Os dois insistem em ter os conhecimentos corretos sobre o tema, sem distorções da mente e dos sentidos, para estabelecer a verdade sobre o tema. Nyaya diz que o sofrimento é causado pela ignorância ou conhecimentos errados, que causam ilusão, em que as noções erradas são desenvolvidas sobre as realidades da existência. Nyaya apresenta diversas formas de debate, tais como tarka (verídico), vitanda (crítica destrutiva), chala (resposta injusta), jalapa (argumento somente para vencer) e outras. Nyaya defende que, apesar de haver evidências de validade, como percepção, inferência, dúvida, argumentos lógicos, comparação e testemunho verbal, é preferível seguir a intuição, a razão que não depende de conhecimentos ou lógica.

A teoria da criação de Nyaya segue as terias do Vaiseshika. A teoria diz que o mundo físico é formado dos quatro fundamentos (átomos) de Terra, água, fogo e ar. A substância física, o espaço (Akasa), e as entidades não físicas, o tempo e as direções (dik), também estão envolvidas na criação. A existência de Deus, ou criador, é determinada pela concordância inquestionável entre a ordem, o arranjo e a existência de Deus. Isto é, a ordem cósmica e a obediência às leis cósmicas indicam a presença de Deus. Nyaya Darshana acredita que Deus é o responsável pela criação (Srishti), manutenção (Sthiti) e última destruição do universo (laya). Ele não cria o universo do nada, mas sim com os átomos eternos mencionados acima, ou seja, da terra, da água, do fogo (energia), do ar, do espaço, da mente e do Atman. A criação, nesse sentido, é o arranjo dos átomos eternos que convivem com Deus para formar o universo moral, de acordo com o Karma dos Atmans (Adastas) dos indivíduos. As outras coisas físicas têm como objetivo moral e fiscal as vidas que se formam. A liberação do Jiva, ou Atman, pode ser alcançada quando a ignorância é superada e o conhecimento correto é adquirido. Moksha é descrito como a destruição da miséria (Duhkha). Jiva, o Atman individual é distinto do Paramatma. As Jivas são múltiplas devido à existência de múltiplos corpos. Mas Paramatma é único.

Vaiseshika Darshana:

As sutras de Vaiseshika Darshana foram codificadas por Kaṇaada. Como já foi dito, Nyaya e Vaiseshika têm muitos pontos em comum entre si, mas poucas diferenças. Vaiseshika é uma palavra que deriva da palavra Visesha, que significa particularidade ou especialidade. Vaiseshika sustenta que, em todas as substâncias, existe uma qualidade inerente e irredutível (Visesha) que as diferença de outras substâncias. Dessa forma, Vaiseshika analisa as particularidades dos objetos para saber as verdades a respeito deles. O Darshana utiliza métodos racionais e de análise lógica na sua abordagem do tema, bem como os métodos científicos modernos.

Vaiseshika considera que todas as coisas que existem são matérias da realidade, inclusive o espaço (Akasa), o Karma (ação), os atributos (gunas) e até o Atman (Eu individual). Para chegar à verdade, Vaiseshika utiliza dois métodos, ou Pramanas: observação direta e inferência, ou hipótese. Neste caso, vaiseshika é diferente de Nyaya Darshana. Enquanto Vaiseshika considera apenas dois métodos, Nyaya considera quatro métodos, ou seja, a observação direta, a inferência, a comparação e o testemunho.

Outro ponto que os diferencia é que, enquanto Nyaya considera que a natureza completa ou todas as realidades da matéria são compreendidas pelas 16 categorias (Padarthas), Vaiseshika depende apenas de sete categorias, ou Padarthas, para compreender todas as realidades. As sete categorias são: substância (Dravya), qualidade (guna), ação (karma), generalidade (Samanta), singularidade ou particularidade (Visesha), herança (samavaya) e inexistência. Vaiseshika também identifica que todas as substâncias apresentam um dos 24 atributos, ou gunas. A categoria significa que um objeto é definido por um nome, ou palavra, e, segundo Vaiseshika, todos os objetos que podem ser definidos por uma palavra são divididos em duas partes: o que existe e o que não existe.

Outro assunto que Vaiseshika trata é a teoria atômica. De acordo com o Darshana, todas as substâncias são constituídas por partículas minúsculas, ou átomos, de diferentes espécies, que são indivisíveis e indestrutíveis. Esses átomos são chamados de Paramanus. Somente as entidades eternas e infinitas, como Atmans e espaço, não são feitos de átomos.

A concepção de Deus em Vaiseshika:

Na Vaiseshika, não havia a necessidade de Deus nos sutras originais de Kaṇaada. Mais tarde, os seguidores de Kaṇaada introduziram Deus, ou Ísvara, na Vaiseshika para explicar a origem do universo. De acordo com essa teoria, Isvara é o responsável por criar, manter e destruir o universo (Srishti, Sthiti e Laya) de forma cíclica. Isvara é a causa da criação do universo e de todas as coisas físicas, onde os seres vivos interagem uns com os outros. A vida e o destino de todos os seres são guiados pelo código moral e lei universal do Karma.

Sankhya Darshana:

Sankhya Darshana é a mais antiga entre todas as darshanas. As sutras fundamentais da doutrina foram elaboradas pelo Kapilamuni, ou Kpila e, posteriormente, por Ísvarakrishna em sua obra Sankhya Karika, no século III d.C.,

Sankhya e Yoga são muito parecidas. Sankhya também é chamado de Sankhya Yoga. Sankhya significa número. A Darshana trata vários números das realidades ou tattvas que existem, então a Darshana foi nomeada Sankhya.

Sankhya Darshana reconhece três dos seis métodos de prova como sendo provas de confiança para adquirir a sabedoria verdadeira. Essas são a percepção direta, a inferência e as palavras autorizadas. De acordo com Sankhya Darshana, existem apenas duas realidades: a Purusha, o Atman individual ou Jivatma, e a Prakriti, a natureza ou a matéria. Jivatmas ou Purushas são múltiplos em número, cada Purusha é perene e indivisível. Prakriti é eterno, mas tem 23 aspectos ou divisões, chamados Tattvas, como inteligência (Buddhi), egoísmo (Ahamkara), mente, cinco órgãos de percepção, cinco órgãos de ação, cinco tattvas como som, tato, cor, sabor e odor, cinco eternidades ou Pancha Bhootas, espaço, ar, fogo (energia), água e terra. De acordo com Sankhya, esses 23 tattvas, juntamente com Purusha, formam os blocos fundamentais de toda existência ou do universo. Ao unir as 23 tattvas com Jivatma ou o espírito individual, as entidades se tornam realidade e resultam na amarração forçada do Atman ao corpo no mundo mortal. Dessa forma, Sankhya não propôs a existência de um Deus único ou Brahman como a causa do universo. Em vez disso, Sankhya sustenta que a manifestação e criação são um processo automático devido às causas inerentes que existem nas tattvas ou realidades, pois todos os efeitos são escondidos nas tattvas e aparecem quando elas estão ativadas.

Purusha não tem forma, é onipresente, onisciente, imóvel, não tem atributos e não tem desejos. Os resultados da evolução são conseqüências da interação entre Purusha (o Atman) e Prakriti (a natureza). Purusha providencia a Consciência para a matéria ou Prakriti e para todos os seus elementos. A Prakriti, de uma forma inexplicável (avyakta), é composta por três gunas (qualidades), Satva, Rajás e Tamas. Essas são atividades que se manifestam no mundo de diversas maneiras, como prazer e dor, ilusão ou iluminação, ação e restrição ou flutuabilidade, mobilidade e inércia. Purusha é intocável por criação ou ação, mas o efeito de Prakriti sobre Purusha cria uma ilusão que o aprisiona no mundo, causando dor, tristeza ou prazer. Essa Ilusão e medo, do accordo de Sankhya, assim como outras Darshanas, é devido ao efeito de Karma. Prakriti prende Purusha com suas forças rajasica e tamasica gunas, mas a força da satvica guna liberta Purusha das amarrações de Prakriti. A tristeza e prazer que Purusha experimenta são resultado da falta de conhecimento e do apego que ela tem ao Prakriti. A distinção entre Purusha e Prakriti pode levar à Moksha, ou libertação do ciclo de vida e morte. A libertação do Purusha desta amarração é possível somente com o conhecimento correto da realidade de que Purusha e Prakriti, ou Atman e corpo, são separados.

Yoga Darshana:

A yoga é conhecida há milhares de anos na Índia.Os selos encontrados em Harappa e em outras áreas de civilização de cinco mil anos atrás indicam que a yoga é praticada desde então. A Yoga era praticada no passado como uma prática espiritual e meditativa pela comunidade ascética, mas atualmente é praticada como uma fonte de saúde e bem-estar em todo o mundo. Apesar de Yoga ser conhecida há milênios, as regras e métodos foram codificados pelo Patanjali mais tarde, provavelmente em 400 d.C.

Yoga é a ciência da mente. Este é um treinamento psicológico que ensina a mente a se manter calma e tranquila, controla as ondas de pensamento (vrittis) e aumenta a concentração em uma parte do cérebro. Yoga é uma técnica de cura psicossomática que compreende problemas físicos e mentais, mantendo um equilíbrio entre o corpo e a mente. Esse é uma ciência de autorrealização. A Yoga é definida como a união entre Atman e Brahman, um método que busca a tranquilidade mental e o conhecimento de Atman, além de ser um método único para manter o equilíbrio entre o corpo e a mente.

Tem vários tipos de Yoga. A Yoga que Patanjali apresentou em seus Sutras é chamada Yoga Real (Raja yoga) e foi apresentada acima. Outros tipos de Yoga que se baseiam no conceito da união de Atman com Paramatma ou Brahman foram explicados em Bhagavad Gita, em um discurso de Krishna, uma encarnação de Deus, para seu amigo e discípulo Arjuna, durante uma batalha entre Arjuna e seus primos. São a Jnana Yoga (conhecimento puro), a Bhakti Yoga (a prática espiritual de amor e devoção a uma divindade pessoal) e a Karma Yoga (a prática espiritual de serviço altruístico para a sociedade em benefício dos outros). Mas, hoje em dia, ninguém pratica esse tipo de yoga de verdade. A prática, hoje em dia, que se baseia nos exercícios e nas asanas (posturas do corpo), é chamada Hatha Yoga.

Os Oito órgãos de Yoga-Ashtanga Yoga

Para praticar Hatha Yoga ou outras Yogas, é necessária uma purificação moral e mental adequada. Sem essa purificação, é difícil alcançar o objetivo. A purificação é alcançada por Yama e niyama, através da integridade e da autodisciplina. Yama e Niyama consiste numa disciplina décupla. Estas são (Pandit, M.P. 1975),

I. Ahimsa, a abstinência de lesões e violência contra outras pessoas em pensamento, fala ou ação.

II. Satya, seja verdadeiro em seu pensamento, em sua fala e em sua ação.

III. Asteya, não tomar o que pertence a outros.

IV. Brahmacharya, continência, retenção de energia sexual sem desperdiçá-la de qualquer forma.

V. Aparigraha é a renúncia à ganância para qualquer coisa para o seu próprio uso.

VI. Saucha, a pureza de todo ser, seja mental, vital ou físico.

VII. Santosha o estado de contentamento ou alegria que mantém o sistema livre de estresse.

VIII. Tapas, a austeridade, reunindo forças para executar a tarefa.

IX. Swadhyaya, o estudo das escrituras;

X. Iswarapranidha, a adoração e submissão completa a Deus.

Na Hatha Yoga, a Asana, posição do corpo que deixa o corpo relaxante é relevante. Há diversas Asanas no yoga que auxiliam o corpo a ficar mais relaxado e saudável durante a prática.

A segunda etapa da Yoga é a regulação da respiração, chamada de Pranayama. O corpo, a mente e a força vital estão interconectados e a respiração é a responsável pelo controle da força vital. O regulamento da respiração permite um controle mais efetivo sobre o corpo e a mente. Pranayama é uma técnica no qual a inalação, retenção e exalação da respiração são controladas e estabilizadas. O Pranayama promove a estabilidade corporal, relaxando a mente agitada, proporcionando uma sensação de paz interior. Pranayama também afeta a purificação dos nervos sutis, o qual são os responsáveis pelo fluxo da força vital. Todos os movimentos desordenados e correntes irregulares no sistema são, gradativamente, harmonizados.

Padmassana   Sukhasana

Antes de praticar o Pranayama, é importante sentar-se de forma confortável e relaxar o corpo para que o Pranayama seja praticado sem desconforto. A postura ideal é aquela que deixa o corpo à vontade e estável por muito tempo, sem desconforto, até mesmo se tivesse esquecido de si mesmo. Padmássana (posição de lótus) e Sukhasana são posturas comuns para sentar de maneira confortável para Pranayama.

Com a prática regular do Pranayama, a mente é treinada para afastar as preocupações externas dos objetos e eventos. A retirada das faculdades mentais de movimentos habituais de fora e a volta do olhar para dentro é chamada de Pratyahara. As cinco etapas Yama, Niyama, Asana, Pranayama e Ptatyahara são os órgãos externos da Yoga. Esse processo, quando é praticado com frequência e se torna um hábito, é chamado de meditação, Dhyana. Esse processo é mais estendido que Dharana, a etapa seguida. Neste processo, diferença entre o sujeito e o objeto, ou a pessoa que vê e o objeto visto, tende a diminuir e a Consciência da pessoa que está praticando se fundirá com o objeto sendo meditado. O resultado desse foco constante da Consciência meditativa no alvo, seja ele uma forma ou ideia, é chamado de Dharana. Dhyana é um estado de espírito onde o foco é mantido ou absorvido no ponto de foco. Dharana é o foco ativo e a concentração em um ponto.

O estágio mais elevado da meditação é Samadhi. A pessoa chega a Samadhi quando está bem preparada com Dhyana e Dharana. Durante uma longa prática de Dharana, enquanto se concentra em um único objeto, como um mantra ou uma oração, se uma calma descer sobre a pessoa e um estado mental perfeitamente tranquilo for alcançado, Samadhi surge nela.

As três etapas, Dhyana, Dharana e Samadhi, constituem os órgãos internos do Yoga. Dessa forma, Ashtanga Yoga é composta por oito etapas, sendo os cinco órgãos externos -Yama, Niyama, Asanas, Pranayama e Pratyahara - e os três internos - Dhyana, Dharana e Samadhi.

Ashta Sidhis:

Kundalini é um ponto ou chakra de energia psíquica que está atrás dos órgãos genitais e, geralmente, em estado de quietude. Ao ser despertado pelos poderes de Yoga, ele sobe pelo nervo Sushumna (um nervo que corre ao longo da medula espinhal no centro, através dos sete chakras). e se junta a outro ponto, o chakra Sahasrara, representado por um lótus de mil pétalas, no topo desse nervo. Esse processo pode trazer poderes espirituais, chamados Sidhis, para a praticante vigorosa de Yoga. Muitos yogis praticam a yoga para adquirir poderes espirituais, ao invés do objetivo final da Yoga, a liberdade absoluta.

Ao praticar o Yoga por longos anos, com perseverança e dedicação, o yogi pode atingir alguns dos Sidhis mais avançados, denominados Ashta Sidhis. Eles são:

1. Anima: capacidade de assumir uma forma menor que o menor, reduzindo seu corpo ao tamanho de um átomo, ou desaparecendo.

2. Mahima: habilidade para se tornar infinitamente grande, expandindo seu corpo e ficando grande.

3. Lághima é a habilidade de se tornar mais leve, mais leve do que o ar.

4. Garima: a capacidade de tornar-se pesado ou denso

5. Prāpti: a capacidade de viajar de forma instantânea ou estar em qualquer lugar à vontade.

6. Prākāmya: capacidade de atingir ou realizar qualquer desejo.

7. Īśiṭva: capacidade de controlar a natureza, as pessoas e os organismos.Supremacia sobre a natureza e capacidade de influenciar qualquer um.

8. Váśiṭvá: capacidade de controlar todos os elementos materiais e forças naturais

A obtenção de todos esses Sidhis avançados é quase impossível, a não ser que o indivíduo possua o suficiente efeito de suas vidas passadas.

Liberdade Absoluta:

A Yoga Darshana segue de perto o Sankhya Darshana na sua filosofia e reconhece as duas realidades, Purusha e Prakriti. Além disso, acredita na existência do Deus absoluto. Yoga sugere os caminhos para liberar o Purusha aprisionado no corpo (Prakriti), que está sujeito a ciclos de mortes e renascimentos, até atingir o seu estado puro, pela meditação profunda (Samadhi) e pelos conhecimentos de verdade.

Mimamsa Darshana:

Mimamsa significa 'reflexão', inquérito', 'investigação'. Há dois sistemas filosóficos védicos, um chamado "purva mimamsa", ou karma mimamsa, ou simplesmente "mimamsa", e outro chamado "Uttara mimamsa", ou jnana mimamsa, ou vedanta. Os seguidores de Purva mimamsa acreditam que os rituais dos Brahmanas, kalpasutras, srauta-sutras e smarta-sutras é a verdadeira tradição dos Vedas. Enquanto isso, os vedantins, que seguem a tradição uttara mimamsa, não dão importância à tradição sacerdotal dos rituais, e dependem dos valores universais válidos, a maior tradição do conhecimento do Brahman.

Purva Mimamsa: A importância dos Rituais.

Jaimini, que viveu 500 a.C., codificou e elaborou as sutras de Purva Mimamsa. Sabará Swamy e Kumarila Bhatta, mais tarde, escreveram comentários sobre Mimamsa. Os Vedas são compostos por duas partes distintas: o Veda Samhita e o Brahmana, ou o mantra e a ritualística. O mantra é o que define o propósito ou a razão do ritual, enquanto o Brahmana é a descrição do ritual. A Purva-mimamsa está relacionada à parte Brahmana. A parte Brahmana se concentra nos menores e maiores yajnas e indica os mantras que serão cantados durante o ritual particular. O objetivo principal do Purva mimamsa é examinar a natureza do Dharma. Para isso, projeta seus argumentos filosóficos atrelados ao propósito ritualístico e afirma que a Veda trata o Dharma como uma obrigação, dentre as quais os principais são os sacrifícios. De acordo com mimamsa, o Dharma é a obrigação de realizar os rituais védicos. Ele também argumenta que os rituais são ferramentas úteis para o conhecimento do Brahman transcendente.

Os mimamsakas, seguidores de Purvamimamsa, confiam na parte Brahmana para prosperidade material e bem-estar. Os rituais, se executados de forma correta, ajudam a manter a ordem do mundo e, consequentemente, a atingir os objetivos pessoais de quem os executa. Dessa maneira, mimamsa também fornece uma explicação materialista dos rituais védicos para aqueles que apenas desejam os benefícios materiais, e não os espirituais.

Som e os mantras

Purva Mimamsa também se dedica ao estudo da ciência do som e do mantra. O som é considerado eterno. De acordo com a mimamsa, o momento em que o som é percebido não é o mesmo em que foi produzido. Mimamsa considera o som ainda quando ele está em forma de pensamento. Som começa com pensamento. O Vak Sakti, ou força ou poder de fala, transforma os pensamentos em sons através da articulação por quatro etapas: transcendente (pará), quando o som ainda está no pensamento; padrões dos pensamentos concentrados (pasyanti), quando o som ainda está em formação; padrões dos pensamentos formados pela expressão (má Dhyana), estágio em que o som em formação estimula as cordas vocais; e, por meio da ajuda das palavras (vaikhari), momento em que o som é articulado.

Os Rishis consideram os mantras não somente como um conjunto de palavras, mas também como um conjunto de 'som-corpos', e vibrações percebidas pelos seus sentidos. Geralmente, o poder do mantra está em estado de sono, a menos que esteja despertado. A grande força do mantra é oculta e difusa, sendo necessário despertar para usar essa força. O segredo para despertar e usar o poder do mantra é cantar o mantra repetidamente, com as vibrações e ritmos próprios. A mimamsa sustenta que aqueles que governam o universo, exercendo o poder cósmico e mantendo a ordem global, são representados pelos sons dos mantras. As divindades, deuses e deusas invocados são representações encarnadas dos padrões das vibrações dos mantras. Para o sábio de mimamsa, um mantra representa o mesmo que uma equação matemática representa para um físico.

Mimamsa não considera as divindades de uma forma física ou imaginária. São considerados 'sons corpos' dotados de um êxtase perfeito, além de todas as experiências mundanas. A divindade e o mantra não são diferentes, sendo a divindade uma forma grossa do mantra e o mantra uma forma sutil da divindade. Quando as sequências de sons de um mantra se concretizam de uma maneira particular, tornam-se divindade. Há algumas regras para se ter essas transformações do mantra para a divindade e da divindade para o mantra. Isso é a transformação de energia para matéria e matéria para energia física, na linguagem moderna. Em qualquer ritual que seja realizado, utilizando os mantras de forma própria, a divindade que corresponde aos mantras estará presente no local. Sendo assim, segundo mimamsa, isso não é a graça da divindade para estar presente no local do ritual, mas é obrigatório que a divindade aparece quando o mantra é cantado com o som das vibrações. A divindade tem que vir e outorgar os objetos pelo que o mantra significa.

Deus e a Mimamsa

Purva Mimamsa diz que Deus não existe. As divindades são apenas as entidades virtuais que fazem os rituais e mantras significativos. As formas das divindades são decorrentes das descrições dos mantras. A criação não é causada por Deus, mas sempre existiu e existirá. Mais tarde, os novos seguidores de Purva Mimamsa, como Prabhakara, aceitaram a presença de Deus para explicar a criação. De acordo com as teorias divergentes, o Atman é eterno e a Consciência não é uma característica inerente a ele. A Consciência do Atman surge somente pelo contato do Atman com o corpo e somente quando um objeto é apresentado aos órgãos de sabedoria (órgãos dos sentidos)

De acordo com a primeira escola, a realização dos ritos obrigatórios prescritos pelas Vedas, sem envolvimento e sem desejos, destrói gradualmente o Karma e promove a liberdade total após a morte. De acordo com essa escola, a liberdade total é a felicidade completa, que pode ser alcançada por meio da sabedoria e autocontrole. A segunda escola definiu liberdade absoluta de forma negativa, ou seja, a ausência de dor e tristeza.

Uttara Mimamsa ou Vedanta: A Filosofia Védica

Apesar de toda filosofia ástica indiana ser chamada de vedanta, Uttara Mimamsa Darshana é mais conhecida como Vedanta. Vedanta têm duas palavras, Veda e anta. Anta significa fim. Sendo assim, Vedanta significa o fim dos Vedas, ou seja, a essência dos Vedas, ou sabedoria védica, também conhecida como Jnana Kanda, ou a parte do conhecimento. O objetivo de Vedanta é compreender o Brahman, ou Deus supremo, e Atman, a essência divina que habita em cada um. Vedanta é o ensino da autorrealização. Essa é uma forma de investigação onde o indivíduo descobre o verdadeiro 'Eu' que não muda desde a infância até a morte. É a sabedoria da realidade, que transcende os limites do tempo, do espaço, da religião ou da filosofia. Vedanta trata das leis da espiritualidade, cujos princípios fundamentais são eternos. Assim como as leis da gravidade já existiam antes de serem descobertas por Newton e continuam existindo mesmo que toda humanidade as esqueça, as leis da espiritualidade são eternas e sempre existiram e existirão eternamente. Vedanta traz a paz interna. A Vedanta é uma parte fundamental do Hinduísmo. No entanto, enquanto o hinduísmo incorpora elementos da cultura indiana, o Vedanta é universal em sua aplicação e é relevante para todos os países, culturas e práticas religiosas. Entretanto, o Vedanta não é uma filosofia nem uma religião, mas sim um método de ensino da metafísica. A Vedanta é uma ciência completa e perfeita que ensina a iluminação espiritual. Vedanta é a sabedoria da realidade. A realidade é única e não pode ser modificada. Vedanta é o conhecimento que culmina a investigação sobre o significado de vida.

Vedanta, como é conhecido hoje, é baseado nos ensinamentos dos Upanishadas e, particularmente, no Brahma Sutras, de Badarayana, que também é chamado de Veda Vyasa. Esses ensinamentos direcionam o Atman para a liberdade absoluta. Os conhecimentos e a prática dos rituais, como Purva Mimamsa ensina, podem ser benéficos, mas não têm potencial para a liberdade do Atman. Vedanta reconhece Brahman como o superior de todos, o supremo Eu, e não somente o criador do universo, mas também o sustentador e o destruidor. Brahman é eterno, não pode ser destruído, não tem limites e é fonte de tudo. Ele está presente em todos os seres como um Atman. Ele é uma felicidade infinita sem limites. Brahman é considerado em dois aspectos, um com atributos (Saguna Brahman) e outro sem nenhum atributo (Nirguna Brahman).

Advaita Vedanta A Não-Dualidade

Até o final da era dos Brahmanas, a realização de yajnas com sacrifícios de animais tornou-se bastante comum com a autoridade dos sacerdotes, tornando-se cada vez mais relevante. Nessa situação, as religiões do

Budismo e do Jainismo se destacaram e, com suas doutrinas de não agressão, se tornaram-se mais populares, levantando bandeiras de protesto contra a prática dos yajnas, Vedas e, consequentemente, contra o Hinduísmo. Com o aumento do patrocínio dos Reis, o Budismo foi a religião dominante por alguns séculos e o Hinduísmo, que segue os Vedas e Upanishadas, praticamente esquecido. Nessa situação, Śankara, o gênio do Kaladi, no Sul da Índia, que renunciou ao mundo e adotou Sanyasa Ashrama aos tenros onze anos de idade, tendo sido treinado em Vedas e Upanishadas, empreendeu a tarefa de revivificar o sistema védico. Ele percorreu todo o país, de norte a sul e de oeste a leste, embatendo com budistas, jainistas e mimamsakas, que seguiam os sacrifícios nos yajnas, vencendo em debates. Ele desenvolveu sua filosofia ástica, conhecida como Advaita Vedanta, com base nos Vedas.

Esta filosofia é conhecida como não-dualismo ou Advaita. Alguns filósofos definem o monismo, mas este não é o termo correto. O termo "não dualismo" significa "não existe outro". Ou seja, a filosofia Advaita é fundamentada no princípio de que não há outra realidade além de Brahman. A pessoa que acredita em Advaita acredita que o Atman não é diferente do Brahman.

Maya ou Ilusão

O Advaita vedanta pode ser descrito nas seguintes palavras:
Brahman é a única verdade, o mundo é falso. O Atman individual não é diferente do Brahman. Atman e Brahman são termos sinônimos. Atmans individuais, devido à ignorância inerente, pensam ser diferentes do Brahman e, consequentemente, acreditam que esse mundo é diferente do Brahman. A ignorância é dissipada com o conhecimento da verdade. O mundo é criado pela ilusão (Maya).

De acordo com Advaita Vedanta, o Brahman é a última realidade, uma vez que é imutável, impessoal, sem forma e sem atributos. Brahman é uma Consciência infinita que não pode ser descrita em termos de categorias finitas. Mas Upanishadas afirmam que Brahman é a responsável pela manifestação do mundo com pluralidade, ou variedade, e que sempre há mudanças. A principal dificuldade de filosofia do Śankara era explicar como um Absoluto impessoal se manifesta como um mundo fenomenal e os Atmans individuais, além de estabelecer que a realidade de Atman e Brahman não é diferente. Para solucionar o impasse de como Brahman, que é invariável e eterno, tem uma conexão causal com o universo, que é uma entidade completamente diferente e incompatível, sempre em movimento e em constante mudança, Śankara propôs que a realidade pudesse ser dividida em dois níveis: uma realidade absoluta em que Brahman se encaixa e outra realidade empírica, ou relativa, na qual o mundo se encaixa. Mas como se pode ter duas realidades? O mundo que vemos com nossos sentidos e instrumentos é real. Mas, de acordo com os ensinamentos dos Upanishadas, somente Brahman é real e todas as outras coisas são irreais. Dessa forma, o mundo ou o universo parece ser real e irreal ao mesmo tempo, o que não é aceitável. Os vedantins, então, concluíram que o mundo é de uma categoria diferente, real-irreal especial. Os Vedantins denominaram esse acontecimento de "mithya", que é frequentemente visto como uma mentira ou falsidade, mas em Advaita significa "mistério". A palavra Maya foi usada por Śankara para explicar a não-dualidade do Brahman. Os advaitins dizem que o Brahman revela o mistério do mundo usando uma ilusão chamada 'Maya'. O conceito de 'Maya', ou um princípio cósmico negativo, ou conceito de ilusão, ou ignorância, foi introduzido por Śankara para explicar a origem do universo e a existência de dualidades no mundo fenomenal, sem contradizer a não dualidade do Brahman. O ditado popular dos Advaitins é: '*Brahma Satyam, Jagam mithya*'. Isto significa que o Brahman é real e o mundo é uma ilusão.

Liberação e Moksha:

O Atman está preso ao corpo devido à falta de descriminação entre ele e Brahman e à ignorância. Esta amarra faz com que o Atman passe por vários reciclos de existência. Quando se conhece a verdadeira natureza do Atman, a ignorância é dissipada, a união natural entre Jivatma (Atman) e Paramatma (Brahman) é realizada e a liberdade é alcançada. Até que a reunião seja concluída, o mundo é real. Mas, quando a reunião é realizada, o mundo se torna uma Mithya, uma ilusão. Moksha é o momento em que Atman é liberado para adentrar o mundo do Brahman e permanecer livre de Sansara, o ciclo de repetidos nascimentos e morte, para sempre.

Outras variações de Vedanta:

A filosofia Advaita Vedanta é a mais amplamente difundida e foi a corrente dominante no Hinduísmo nas épocas medievais e posteriores. A maioria dos indianos segue essa filosofia, na qual Atman e Paramatma

(Brahman) são idênticos, embora a ignorância os difere. Atman é afetado pelos efeitos do Karma, ficando preso aos ciclos de morte e renascimento, até chegar ao conhecimento verdadeiro de que Brahman é a única verdade e que o universo é uma ilusão.

Apesar de Śankara ser um forte votante da filosofia ástica e proponente da Advaita Vedanta, ele foi acusado de influência do Budismo em seus pensamentos e declarações. Essas acusações, bem como as diversas interpretações e comentários das escrituras védicas, particularmente do Brahma Sutras, levaram à divisão da escola Vedanta em diferentes sistemas. Apesar de o objetivo final de todos esses sistemas ser o mesmo, a reunião do Atman com Paramatma para atingir Moksha, as interpretações e os caminhos adotados são diferentes. Esses sistemas são: Dvaita (Dualismo) do Madhavacharya, Visishtadvaita (Não diferenciação qualificada) do Ramanujacharya, Sudha Advaita (Advaita purificada) do Vishnuswamy e Dvaita-Advaita (Dualidade e Não dualidade) do Nimbarka.

Na filosofia de Dvaita de Madhavacharya, o Atman individual é distinto do Brahman. Vishnu, o Deus pessoal com atributos, é a mais alta entidade do mundo universal. O mundo é real, e não uma ilusão. Essa filosofia, que tem influência de Nyaya Darshana, parece ser dualista, uma vez que defende a diferença entre Atman e Paramatma.

Na filosofia Visishtadvaita, de Ramanujacharya,Deus existe, mas admite pluralidade de almas. Está a meio caminho entre as filosofias Advaita e Dvaita. Deus e as almas individuais são inseparáveis, mas distintos.Nesse sistema, Atman e o corpo (matéria) são dependentes de Brahman para sua existência, assim como Atman é dependente do corpo para sua existência. Na liberação, o Jivatma (Atman ou alma) compreende o Paramatma, mas não se funde no Paramatma.Visishtadvaita, também é chamado de filosofia do Vaishnavismo, porque nesse sistema o Deus é uma Personalidade Transcendente e pessoal que possui todos os melhores atributos e qualidades, chamado Vishnu ou Narayana. Em termos de teologia, Ramanujacharya apresenta a visão de que tanto a Deusa Suprema Lakshmi quanto o Deus Supremo Vishnu juntos constituem Brahman - o Absoluto.

De acordo com Ramanujacharya, refugiar-se aos pés de Deus (Saranagati) é a única condição necessária para alcançar a liberdade total, abrindo um caminho simples para obter Moksha para qualquer pessoa, independentemente da casta, do jnana ou do conhecimento das escrituras. Este é o caminho de Bhakti, ou devoção a Vishnu, inclusive a veneração nos templos de Vishnu e suas outras encarnações. Este sistema exerce grande influência no movimento Bhakti do Sul da Índia, que começou com Álvars, seguidores de Vishnu e Nayanars, que seguem Shiva. Ramanujacharya estabeleceu as normas e os sistemas de adoração em diversos templos importantes de Vishnu, no sul da Índia. Por esse motivo, depois do Vedanta de Śankara, Visishtadvaita é a segunda filosofia mais difundida no Hinduísmo no sul da Índia.Os seguidores deste sistema são chamados Vaishnavas.

Outra variação do vedanta, com base nos ensinamentos dos Upanishadas e do Brahma Sutras, é conhecida como Bhedabheda, ou seja, diferença e não-diferença do Bhaskara. Com esse sistema, Brahman se transforma em criador, mas mantém sua identidade própria. Dessa forma, Brahman é diferente e não é diferente da criação e do indivíduo Jivatma.Bhedābheda reconcilia as posições de duas escolas importantes do Vedānta, o Advaita Vedānta que afirma que o eu individual é completamente idêntico a Brahman, e o Dvaita (Dualista) Vedānta que ensina a diferença completa entre o eu individual e Brahman. Ao contrário do sistema Advaita do Śankara, que prega a renúncia total e a retirada das ações, como rituais, para atingir a liberdade completa (Moksha) e livrar-se das reencarnações, este sistema considera que jnana (conhecimentos) e karma (os actos ritualísticos) não são mutuamente exclusivos, mas reforçam-se mutuamente. Nesse sistema, só se pode renunciar depois de cumprir todas as tarefas da vida, como cumprir as obrigações religiosas, como os yajnas e outros deveres religiosos. O sistema ficou popular nas sociedades dos brâmanes e sacerdotes, mas, com o tempo, perdeu sua influência.

Vallabhacharya propôs uma outra variação chamada Sudha Advaita, ou Não dualismo puro (Monismo puro), também chamado de caminho da graça. Ao contrário do Advaita, Vallabhacharya não admite o conceito de Maya, uma vez que Maya nada mais é do que um poder de Ishvara e acredita que todo o mundo da matéria e das almas é real e é apenas uma forma sutil de Deus. Na sua opinião, os que trazem Maya para a explicação do mundo não são Advaitins puros, porque admitem um segundo para Brahman.

Sudha Advaita dá ênfase à devoção de Krishna como supremo Deus. Nesse sistema, Krishna, o supremo, é idêntico de Sat Chit Ananda, a existência, consciência e felicidade absoluta.Vallabha dá grande ênfase a uma vida de amor e devoção incondicional ao Deus, que é Krishna.Como é habitual no Vaishnavismo, bhakti é o meio de salvação, embora Jnana também seja útil.O objetivo mais elevado não é Moksha ou liberação, mas sim o serviço eterno a Krishna e a participação junto com Suas atividades em Sua morada Divina de Vrindavana.

Em todas as tradições filosóficas, é prática comum descrever como a Entidade Suprema Brahman se relaciona conosco e com o que nos rodeia. No Sudha Advaita, o Único, a Realidade Última e sem segundo, é Sat Chit Ananda (a existência, a consciência e a felicidade absoluta).De acordo com esse sistema, a vida surgiu de Sat, ou existência. O Atman surgiu de Chit, ou Consciência, e as divindades surgiram de Ananda, ou felicidade absoluta. A alma individual não é o Supremo (Satcitananda) obscurecido pela força de avidya (ignorância), mas ela mesma é própria Brahman, com um atributo (ananda) tornado imperceptível.

O principal ensino de Vallabhacharya é: "Uma boa pessoa deveria ser religiosa, não é um homem que teme a Deus, mas um homem que ama a Deus. Fale a verdade. Seja justo e honesto com todos. Trate todos com respeito. Tenha fé no Senhor Krishna e se entregue inteiramente a Ele, sem reserva. Seja caridoso e nunca machuque o fraco e faminto. O serviço ao homem e aos animais é um serviço a Deus".

Yoga-Vasishta

Outra obra que tem um grande impacto na filosofia do Hinduísmo é Yoga Vasishta, um tratado filosófico de elevado nível, mas que é pouco estudado por iniciantes. Os ensinos são populares. Os ensinamentos desta obra estão baseados nas declarações dos Upanishadas, que combinam filosofia com psicologia elevada para explicar a criação, evolução e involução do ponto de vista da espiritualidade. Dessa forma, ele tenta explicar todas as coisas, através de uma Consciência infinita, que se manifesta como objetos de experiência e, ao mesmo tempo, sujeitos que têm experiência.

Yoga Vasishta diz que as tristezas são tentadoras, mas transitórias. O senso é enganoso e somente a ignorância o leva a buscar a felicidade nos objetos que parecem agradáveis até que o desejo neles persista. A mente inquieta não encontra a paz em nada mundano. Os desejos não têm um objetivo fixo e pulam para diversos objetos em busca de prazeres, mas nunca encontrarão em nenhum objeto fora de si. Esta situação desagradável é causada pela falta de compreensão da essência verdadeira do prazer. O caminho ideal para alcançar esse prazer é a busca pelo conhecimento verdadeiro.

A forma como o mundo é percebido pelo indivíduo depende da constituição da mente. Dessa forma, há um mundo objetivo criado pela mente universal do Brahman, enquanto outros mundos subjetivos são criados pelas mentes individuais. De acordo com Yoga Vasishta, o espaço e o tempo não têm um significado absoluto, uma vez que são relativos, dependendo dos centros das observações e dos conteúdos percentuais. O espaço é a relação entre os ideais e o tempo é a sucessão desses ideais. Quando a mente inquieta é acalmada, o espaço e o tempo não serão mais experimentados. A existência do mundo não é possível sem a existência da mente. A espacialidade, a temporalidade e a objetividade do mundo são tão reais quanto aqueles observados nos mundos dos sonhos. Assim como o mundo dos sonhos desaparece quando se acorda, o mundo real também desaparece quando o absoluto é alcançado.

A filosofia e o Hinduísmo

Para um hindu, a filosofia não está separada da existência. A filosofia é sua vida. Desde o nascimento até a morte, uma pessoa que segue o Hinduísmo é envolvida com a filosofia em cada momento de sua existência. Filosofia e Hinduísmo estão intimamente ligados. A filosofia, que permeia todos os aspectos da vida, promove uma sociedade coesa, orientada pela ética e espiritualmente enriquecida. As crenças filosóficas moldam rituais, festivais e práticas diárias de adoração. Os conceitos filosóficos promovem uma tradição diversificada e rica que impacta vidas individuais, estruturas sociais e práticas espirituais nas comunidades hindus. Os problemas e dificuldades encontrados na vida são tolerados pelas pessoas atribuindo-os aos efeitos do Karma de vidas anteriores, que tornam os sofrimentos tão suportáveis. A nomeação do bebê, a educação, a conduta do indivíduo na sociedade, o casamento e a morte estão intimamente ligados à religiosidade. A religião estimula uma pessoa a ter uma mente aberta, amigável, caridosa e divina. A filosofia é o fundamento da religião.

Dharma a Missão de Vida

Os ensinamentos do Hinduísmo compreendem os objetivos de vida e as virtudes dos indivíduos que praticam o Hinduísmo. O propósito de um praticante hindu é atingir quatro metas, conhecidas como Purushardhas, que são Dharma, Artha, Kama e Moksha. Esses quatro objetivos auxiliam um hindu a agir moralmente e de forma ética e ter uma vida satisfatória.

Dharma é sobre os deveres individuais e ações para uma vida justa. Os hindus querem atingir Moksha e acabar com os ciclos de mortes e renascimentos. A Sanatana Dharma, que é uma coleção de códigos de conduta, ajuda a tomar as decisões certas e corretas para ter um bom Karma nesta vida, o que ajuda a atingir Moksha. Os Smritis apresentam os códigos de conduta para um homem como um indivíduo e como membro da sociedade. Os códigos de conduta são parte integrante da vida religiosa de um hindu. Bhagavad Gita enfatiza a importância de cumprir os deveres prescritos, explicando que "É muito melhor cumprir os seus deveres, ainda que com erros e defeitos, do que os deveres dos outros, ainda que com perfeição". Tomar riscos e enfrentar destruição em cumprir seu dever é melhor que cumprir os deveres dos outros, porque seguir os caminhos dos outros é perigoso.

As cinco dívidas de vida:

Dharma também tem outros aspectos. A crença do Hinduísmo é que todos os indivíduos nascem com cinco tipos de dívidas morais e éticas e devem ser recompensados por essas dívidas ao longo de suas vidas. Essas dívidas são reconhecimentos dos diversos presentes que a vida nos deu e, geralmente, as recebemos como se fossem nossos por direito. Se não pagarmos essas dívidas, ficaremos em dívida Karmica. Essas dívidas são: dívidas a Deus, dívidas a parentes, dívidas a líderes espirituais (Rishis), dívidas à humanidade e dívidas à natureza. Deus concedeu muitas coisas materiais e divinas, como ar, água, luz e outros, e nossa existência é sustentada pela interação dessas forças desde o nascimento. Essas forças são dotadas de Consciência e guiadas pelas divindades. Para reembolsar essa dívida divina, é necessário realizar algumas tarefas, como realizar yajnas, visitar templos, venerar as diversas divindades e dedicar uma parte do tempo com espírito de sacrifício, trabalhando de forma altruísta para aliviar os sofrimentos dos outros.

A dívida com parentes e antepassados é decorrente da linhagem que gerou o indivíduo. A dívida com os parentes pode ser reembolsada através da continuidade da linhagem, tendo filhos e os criando para serem cidadãos de bem, cumprindo as aspirações dos ancestrais. A sabedoria espiritual que temos atualmente é fruto dos esforços dos antigos sábios e suas divulgações sem interesse pessoal. A dívida com os líderes religiosos pode ser reembolsada mediante o estudo das escrituras, seguindo os ensinamentos e praticando a espiritualidade. A presença das gerações anteriores pode ser percebida pela contribuição para o bem-estar da geração de hoje, através das suas descobertas na ciência, medicina, ciências da saúde e outros ramos da sabedoria para a melhoria do mundo. Sendo assim, estamos em dívida com eles. A dívida da humanidade passada pode ser reembolsada pelo patrocínio da sabedoria de diversos ramos e honorários aos sábios.

A contribuição da natureza para o nosso bem-estar é inestimável e estamos muito endividados com ela. A dívida pode ser reembolsada pelo uso responsável da natureza, como a preservação das águas dos rios limpos, a criação de florestas, a redução da poluição do ar, a preservação da fauna e da flora. Além disso, é dever de todos os indivíduos plantar, pelo menos, uma árvore por ano. Com essas iniciativas benéficas, podemos reembolsar nossas dívidas, pelo menos em parte. Há um ditado popular chamado *"Dharmo Rakshati Rakshitah"*: você protege o Dharma e o Dharma te protege.

Artha:

Artha é o processo de obtenção de riquezas. De acordo com Sanatana Dharma, obter riquezas legalmente de forma justa não é um pecado. Luxuria e afeto pelas riquezas não podem ser permitidos. Você é apenas um administrador das riquezas que você ganha. A melhor maneira de usar os ganhos é ajudando os necessitados.

Kama:

Kama é o prazer dos sentidos. Segundo Sanatana Dharma e Hinduísmo, gozar dos prazeres dos sentidos é permitido quando está sob as regras da moralidade. Kama Sastra, ou ciência do amor, é uma das 64 ciências que foram desenvolvidas com base nos princípios de Atharvaveda. Em alguns templos, são exibidas esculturas que retratam algumas posturas eróticas. O templo de Khajoraho em Madhya Pradesh é famoso por suas esculturas eróticas. Esse é permitido porque Kama e amor é parte de vida.

Moksha:

Moksha é o último objetivo de todos os hindus, que liberta Jivatma do corpo e os leva à Brahman para que possam desfrutar da última e eterna felicidade. Apesar de ser difícil atingir Moksha em uma ou duas vidas, cada um deve se esforçar para melhorar em cada vida com boas ações, austeridade, estudo das escrituras, meditação e outros atos prescritos para esse fim.

Karma

Os ensinamentos de Vedanta, populares nos vários níveis de população hindu, ajudam a aceitar o sofrimento como parte da vida pelas consequências de Karma, ou seja, os efeitos das ações nas vidas anteriores. A existência humana é, supostamente, o resultado das boas ações realizadas nas vidas passadas e o motivo para fazer ainda mais boas ações nesta vida para alcançar a liberdade total, o Moksha. Somente a vida humana pode levar o Atman para a liberdade, não as outras espécies. Dessa forma, as escrituras e os gurus avisam para não abusar dessa vida. O Hinduísmo insiste em uma existência pura, com amor, sem afeto às riquezas, com humildade, de bondade e ajudando os outros, trazendo um bom Karma nesta vida e em outras.

A religião determina alguns objetivos para atingir na vida e, sem essa perspectiva, a vida fica sem sentido. A fé na religião é essencial para ter essa objetividade. A religião não é para capricho do homem, medo ou necessidade social, mas sim uma resposta ao desejo natural da consciência (Krishnananda, 1994). Bhagavad Gita é uma importante obra na divulgação do Hinduísmo. Sua linguagem apela à mente e ensina a ver significado em prazer e dor, recompensas e punições, progresso e evolução, endividamento e liberdade. Essa é uma obra que conecta o homem com Deus, esclarece a relação que existe entre o mundo e o Absoluto e o consola, mostrando que há um caminho entre o finito e o infinito.

Alguns séculos atrás, os Upanishadas estabeleceram a necessidade de Deus com um significado e propósito. Para um hindu que segue os Upanishadas, é impossível tirar o conceito de Deus dos assuntos cotidianos, que se transformou em um Deus pessoal, que preside em cada assunto. A veneração desse Deus pessoal domina o Hinduísmo hoje.

CAPÍTULO 5

YUGAS, AS QUATRO ÉPOCAS DO TEMPO

A medição do Tempo por Hindu

A ciência moderna diz que o universo foi criado por uma grande explosão há 13,7 bilhões de anos. Nesse momento, todo o universo foi comprimido em um único ponto, chamado singularidade, sob uma alta pressão e uma alta temperatura. Naquele momento, não havia espaço e nem tempo para considerar. Em determinado ponto, houve um grande estorno (Big Bang) e o universo e o tempo começaram a surgir com a expansão do ponto de singularidade.

De acordo com o Hinduísmo, não há um ponto de início do tempo, ele é infinito. O Deus não-manifestado manifestou-se na forma do Brahma ou Prajapati, o criador do universo. A Brahma, por sua vez, foi a responsável pela criação do universo. Em contraponto ao conceito ocidental de um tempo linear, Vedas descreve que o universo é criado e aniquilado para ser criado novamente em ciclos infinitos.

A verdadeira natureza do tempo não tem explicação lógica. A escala de tempo é definida pela ciência moderna como o eixo do tempo no sistema de coordenadas espaço-tempo de quatro dimensões. O Comitê Consultivo de Rádio Internacional (CCRI) define a escala de tempo como "Um conjunto ordenado de marcadores de escala com uma numeração associada" (Recomendação do CCRI, 1990). (Claudine THOMAS·, PeterWOLF+- and Parísia TAVELLA, 1994, bipm.org). Yoga Vasishta define o tempo como uma construção relativa e mental, uma sucessão das ideas e eventos.

O tempo e suas medidas

Nesse universo, os diferentes eventos ocorrem em períodos de duração diferentes. Há, por exemplo, alguns fenômenos observados em experimentos físicos modernos, que são extremamente curtos. Enquanto isso, a vida de algumas bactérias e insetos é muito curta em relação à vida humana, e alguns fenômenos no universo são extremamente longos, como a existência das estrelas.

A fim de analisar esses diferentes períodos do tempo, o Hinduísmo dividiu o tempo em três níveis: micro, meso e macro tempos. Geralmente, o micro tempo não é encontrado nos eventos do dia a dia. A ciência moderna define o tempo mais curto como sendo $0,5 \times 10^{-43}$ seg., sendo o intervalo necessário para um fóton viajando à velocidade da luz cobrir o comprimento de Planck, cerca de $1,6 \times 10^{-35}$m.

O meso tempo é o intervalo de tempo que temos no dia a dia que podemos medir usando alguns aparelhos. O macro tempo, cujo intervalo é bastante extenso, só pode ser extraído de fenômenos observados ao longo do tempo.

Aqui estão algumas unidades de cada categoria que os hindus empregaram ao longo de vários séculos.

Micro Tempo:

1 lava = o tempo necessário para perfurar uma folha do lótus.

1 Matra==256 lavas.

1 Bindu = 1/2 Matra = 128 lavas.

1 Ardhachandra = 1/4Matra = 64lavas.

1 Rodhini =1/8 Matra = 32lavas1 Nãdas = 1/16Matra = 16 lavas.

1 Nãdãnta = 1/32 Matra =8 lavas.

1 Sakti = 1/64 Matra =4 lavas1 Vyãpika = 1/128 Matra = 2 lavas.

O meso tempo também é definido na seguinte forma.

Meso Tempo: (Gupta, 2010)

Truti. Unidade básica do tempo. =0,30 micro seg.

Renu = 60 Truti. = 18 micro seg.

Lava = 60 Renu. = 1080 micro seg.

Likshaka = 60 Lava. = 64,8 milli seg.

Lipta= Vipala = 6 Likshaka.= 0,3888 seg.

Prana = 10 Lipta. = 3,88 seg.

Pala = Vighati =Vinaadi. = 60 Lipta = 6 Prana = 24 seg.

Ghati= Naadi -Danda. = 60 Vighati= 24 min

Muhurta = 2 Ghati.= 48 min

Nakshatra Ahoratram.= 60 Ghati.   = 30 Muhurta = 24 horas. = 1 Dia sideral

Tem outro sistema do meso tempo em uso em alguns lugares.

Meso Tempo:

1 Nimesha. = um pisca do olho. = 17,78 milli seg.

15 Nimesha =1 Kãsta. = 0,26667 seg. = 266,67 milli seg.

30 Kãstas = 1 Kalã.   = 8 seg.

30 Kalãs = 1 Kshana = 4 minutos

12 Kshanas. = 1 Muhūrta = 48 minutos

30 Muhūrtas = 1 Ahoratra = 1 Dia = 24 horas

15 Ahoratras = 1 Paksha = 1 quinzena

2 Pakshas. = 1 Masa.   = 1 mês

6 Masas. = 1 Ayana

2 Ayanas. = 1 Manushya Varsha = 1 ano humano. Esse é o tempo tomado para a Terra girar uma vez em torno do Sol.

Macro Tempo:

1 ano terrestre (365 dias) =1 Ahoratra(Dia) das divindades ou devas

360 anos de devas.=1 deva mana = 1 deva varsha (1 ano das

devas) = 131400 anos terrestres.

12000 deva varshas.= 1 Chaturyuga (1 Maha Yuga) = 4.320.000 anos terrestre

71/72 Chaturyuga = 1 Manvantara (Vida de um Manu)

14 Manvantaras/ 1000 Chaturyuga.= 1 Kalpa (1/2 dia de Brahma) = 4.320.000.000 anos terrestre

2 Kalpas = 1 Ahoratra. = 1 dia do Brahma

360 dias do Brahma.=1 ano de Brahma = 3.110.400.000.000 anos terrestre

100 anos de Brahma= Vida do Brahma = 311.040.000.000.000 anos terrestre.

As Chaturyugas

Yuga, o que isso significa

Há uma crença de que a humanidade vive em um ciclo repetitivo de criação e destruição, com cada ciclo tendo duração de milhares de anos. Esses ciclos são conhecidos como Yugas.

Embora o termo yuga seja usado desde o período védico, há uma confusão quanto à duração de yuga. Em Vedas, o termo Yuga foi usado não como uma época de duração muito longa, mas no sentido geral de qualquer período recorrente. Yuga, como um período de tempo, foi definido mais tarde, devido aos avanços nos conhecimentos de astronomia. A duração de yuga foi alterada periodicamente. Na época védica, parece que yuga se constituía de cinco anos, de acordo com Vedanga Jyotisha, do astrônomo Lagadha de 1350 aC. O sol leva 365,25 dias para se mover de uma estrela e à chegar a mesma estrela que perfaz um ano. Mas a lua termina esta rodada em 354 dias por ano. A diferença entre as dois é de 11,25 dias. Desta forma, a lua termina um mês extra de 28,125 dias a cada dois anos e meio. Este mês extra é conhecido como Adhika Masa (mês adicional). Uma rodada de mês adicional juntamente com outra rodada de mês adicional, torna-o um Yuga. Este é o Yuga de 5 anos usado na cultura, conhecido como "Pancha varshatmaka Yuga (Yuga de cinco anos)". Este é Yuga identificada por Vedanga Jyotisha, para fixar o horario para realização de rituais.

Do acordo com Arya (2019), parece que Brahma I, o primeiro astrônomo indiano, desenvolveu o primeiro Siddhānta astronômico (Tratado Astronômico) e introduziu o calendário lunisolar, começando o ciclo Yuga de 5 anos no dia primeiro de quinzena brilha de Lua de mês Māgha (aprox. fevereiro). Este Siddhānta veio a ser conhecido como Paitāmaha Siddhānta. A cada cinco anos, ocorria uma conjunção entre o Sol e a Lua no asterismo Dhaniṣṭhā (Beta Delphinum), no signo zodiacal de Capricórnio, durante a lua nova, quando o Sol também estava em Capricórnio. Esse fato também foi considerado como base para determinar o início do ciclo de cinco anos. Mesmo que os indianos védicos registravam a Yuga de cinco anos, o uso de um ciclo de 20 anos (quatro Yugas) tornou-se popular durante os Brāhmaṇas e Upanishadas, devido a um método de intercalação modificado. A duração média do ano sideral védico foi de 365,25625 dias, enquanto cada ciclo de 20 anos teve 7.309 ou 7.308 dias.

Nos anos entre 7500 e 6800 a.C., os astrônomos indianos podem ter revisado e corrigido dados astronômicos tradicionais com base em novas observações astronômicas. O Planeta Júpiter leva 1 ano para cobrir um signo zodiacal e, consequentemente, 12 anos para completar sua jornada por todos os 12 signos do zodíaco. Perceberam a importância do ciclo joviano de 12 anos e ampliaram o ciclo Yuga de 5 anos para 60 anos (em múltiplos de 12) por volta de 6800 aC. Aryabhata, um astrônomo que nasceu em 3173 – 3172 a.C., menciona que a sistema de 60 anos de yuga foi introduzido em 6773 a.C.

A conjunção do Sol e da Lua em Dhaniṣṭhā (Beta Delphinum) e Júpiter em Capricórnio ocorre a cada 60 anos. Essa é a base para contar uma yuga de 60 anos. Sūrya Siddhānta introduziu o ciclo de 60 anos em 6778 a.C. (quando Júpiter estava em Áries). Esse é um yuga mais popular e as escrituras hindus dão nomes diferentes para todos os sessenta anos de uma yuga de 60 anos que repetem em ada ciclo. Cada nome não apenas marca um ano, mas também transmite certas qualidades e previsões associadas a esse ano com base em interpretações astrológicas. A rara ocasião em que o sol, a lua e Júpiter se encontram em dhaniṣṭhā (Beta Delphinus) se repete há 865 milhões de anos.

Outro Yuga de longa duração, Chaturyuga, ou um conjunto de quatro yugas (Krita, Treta, Dwapara e Kali), tornou-se mais popular para descrever eventos cósmicos ou eventos históricos. Aitareya Brahmana (33,3) utilizou o termo Chaturyuga para descrever os quatro estados de um ser humano: dormir (Kali), acordar (Dwapara), levantar (Treta) e andar (Krita). Mais tarde, esses termos foram empregados para descrever eventos cósmicos ao longo de milhares de anos. As puranas expressaram de forma ampla a ideia de Mahayugas ou Chatyryugas, compostas por quatro yugas, kritayuga, Tretayuga, Dwapara yuga e Kaliyuga, que se repetem eternamente de forma cíclica.

As características dos Yugas:

Cada yuga tem um período principal (também chamado de yuga própria), precedido pelo seu yuga-sandhya (amanhecer) e, posteriormente, pelo seu yuga-sandhâmsa (crepúsculo), no qual cada crepúsculo (amanhecer/crepúsculo) corresponde a um décimo (10%) do seu período principal.

No período do ouro, conhecido como Krita Yuga ou Satya Yuga, meditação, práticas espirituais e penitência eram predominantes. As pessoas têm uma conexão profunda com o divino e passam um tempo significativo em atividades espirituais. A era marcada pela paz, prosperidade e abundância. Não houve crime, violência ou pobreza.

Não tinha discriminação baseada em casta, credo ou status social. Todos foram tratados igualmente e com respeito, ganhando mais força. Os humanos tinham uma expectativa de vida muito longa e não há doenças ou sofrimento. Eles tinham a opção de escolher a hora da morte. As pessoas são inerentemente verdadeiras, virtuosas e moralmente corretas. Não há engano ou falsidade. Todos estavam esclarecidos, tinham controle mental, compaixão e boa vontade uns pelos outros. Havia uma harmonia entre as culturas, uma harmonia entre o ser humano e a natureza. Não havia guerras, não havia fome e a existência era tranquila e sem conflitos entre as raças. Não tinha alegria ou tristeza com o ganho, ou perda de bens materiais. A capacidade de telepatia e o teletransporte eram habilidades comuns entre os povos. O povo possuía poderes místicos, pelos quais era possível obter qualquer coisa simplesmente pensando nele. Os seres humanos seguiram os quatro princípios do Dharma: misericórdia, tolerância, austeridade e limpeza. Parecia que o tempo havia parado. Era um lugar perfeito na Terra.

No Treta Yuga, as qualidades humanas de Krita Yuga apresentaram uma redução significativa. A degradação começou a se manifestar. Os homens não são tão virtuosos nem tão poderosos. Os poderes psíquicos não são comuns e são somente mostrados, sobretudo, por sábios e homens de grande penitência. Não ficaram satisfeitos, apenas sentaram-se e meditaram. Começaram a procurar os prazeres sensoriais que provocaram a insatisfação geral. As nações e tribos começaram a se formar, os diferentes hábitos e línguas se desenvolveram e os indivíduos começaram a se distanciar uns dos outros. O povo ainda era influenciado pela espiritualidade e realizou grandes sacrifícios e yajnas, fazendo festivais religiosos para agradar ao Supremo Deus. Eles eram bastante prósperos, justos e satisfeitos. A grande parte das pessoas cumpria as normas e era compreensiva com as outras pessoas. No Treta Yuga, também conhecido como a época da prata, apesar das divisões entre as nações, a paz e a prosperidade prevaleceram. Ainda assim, o poder do bem era superior ao do mal. O povo não tinha acesso à natureza, como no Krita Yuga, e precisava trabalhar em vez de meditar para ter o que precisava. Dessa forma, começaram a cultivar a terra para sustento da família e a construir vilas e cidades. A população começou a procurar riquezas e poder, o que resultou numa sociedade dividida em castas, que se baseiam nos trabalhos dos indivíduos, apesar de o sistema não ser muito rígido. Reinos com chefes foram criados e, até o final de Yuga, os chefes, agora chamados Reis, se tornaram bastante poderosos. Esses reis começaram a enfrentar outros reis para expandir seus domínios. A moralidade, em geral, é bastante baixa. A população começou a se afastar do Dharma e das práticas religiosas. O Dharma, que foi seguido 100% na KritaYuga, perdeu uma parte e agora é apenas cerca de 75%. Alguns membros da sociedade começaram a explorar outras pessoas para ganhar mais poder. Essas mudanças foram notadas em todos os níveis da sociedade. A existência humana era ainda mais longa, cerca de 10000 anos.

Na Dwapara Yuga, aumentou o egoísmo, a ambição e a desconfiança dos cidadãos. Durante o Dwapara Yuga, também chamado de período de bronze, a população ficou materialista e as pessoas abandonaram o caminho do Dharma. Só 50% de Dharma existiu. A espiritualidade diminuiu e a veneração das divindades aumentou para obter vantagens pessoais. Os recursos naturais se tornaram escassos e a fome e a pobreza cresceram consideravelmente. A média de idade do homem caiu significativamente, chegando a cerca de 100 anos. Ao final do Dwapara Yuga, a terra ficou repleta de reis corruptos e egoístas que abandonaram os povos. A realização de yajnas foi abandonada. No final de Dwapara Yuga, os primeiros sinais de deterioração da moral humana foram evidentes. No final de Dwapara Yuga, a grande batalha do Mahabharata foi testemunhada, na qual os virtuosos Pandavas tiveram que lutar arduamente contra hordas corruptas e egocêntricas para estabelecer o bem decrescente. Sri Krishna teve que ensinar o Bhagavad Gita para lembrar os ensinamentos dos Vedas e Upanishadas.

Após a morte de Sri Krishna, Kaliyuga começou com força. Kaliyuga é caracterizada por uma deterioração completa da natureza e das instituições humanas. Em geral, os homens não valorizam a virtude e, ao contrário, se deleitam com os vícios. Na Kaliyuga, a espiritualidade é eclipsada pelo egoísmo e pelo materialismo dogmático. Líderes religiosos e espirituais, ignorando seus deveres, se transformaram em materialistas e criminosos. A hipocrisia e a decepção nas religiões aumentaram. No Kaliyuga, todos enfrentam uma escassez de recursos materiais e enfrentam grandes obstáculos para sobreviver. A satisfação sexual tornou-se o objetivo mais importante. Os homens apresentam comportamentos descontraídos, preguiçosos, desorientados e perturbadores. A Kaliyuga é o pior dos yugas, um Yuga caracterizado pela escuridão, caos, confusão e hipocrisia. A paz está gravemente ameaçada no planeta, devido aos conflitos entre nações e às grandes guerras que estão ocorrendo. Nesse cenário, as pessoas perdem o senso comum e a moralidade. A honestidade está no seu nível mais baixo. Os prazeres dos sentidos são os principais objetivos. Os sábios são desprezados. Os verdadeiros religiosos enfrentam uma perseguição sistemática. Os religiosos falsos e egoístas aumentam-se. O povo não tem ideia do que é melhor para eles ou para a sociedade. A sabedoria é usada para fins de guerra e destruição. A espiritualidade e o Dharma são esquecidos. Dharma tem somente 25% de sua existência. Sendo assim, durante o período de ferro, a deterioração de todos os setores da vida é claramente percebida. O medo de impiedade leva as pessoas a falsos mestres e a falsos conhecimentos. A média de vida é de, aproximadamente, 100 anos ou menos.

Com o progresso dos Yugas, os métodos de divulgação de conhecimento também foram afetados. As Vedas existem há muito tempo e foram transmitidas mentalmente durante a era de KritaYuga. Os Vedas foram cantados e ensinados de forma oral no Tretayuga. Pela DwaparaYuga, os Vedas foram divididos em quatro seções por Veda Vyasa para facilitar o entendimento. A partir da época de Kali Yuga, os diversos Puranas, Itihasas, Upanishadas, Smritis, Shritis e Sutras começaram a ser registrados em manuscritos em folhas de palmeira.

A Duração de cada Yuga

As constantes modificações no conceito de ciclos de tempo ou yugas, bem como suas adaptações em diferentes épocas, causaram confusão na determinação da história cronológica e no esclarecimento do tempo ao longo do tempo.

A contagem do tempo na cosmologia hindu é dividida em ciclos de Kalpas, Manvantaras e Yugas de longo prazo. É necessário explicar esses ciclos para que se tornem coerentes com os dados científicos coletados por meio de técnicas modernas de datação por carbono, astronomia e arqueologia.

Embora os indianos védicos registrassem os Yugas decorridos, tornou-se comum o uso de um ciclo de calendário de 20 anos (quatro Yugas de cinco anos cada) durante o período dos Brahmanas e Upanishadas, devido a um método de intercalação modificado. Durante um período de 20 anos, foram registrados 7309 ou 7308 dias. A média do ano sideral védico foi de 365,25625 dias. Em 505 d.C., Latadeva, um discípulo de Aryabhata II, afirmou que Maya concluiu a obra original de Surya Sidhanta no final do Krita Yuga do 28º Chaturyuga de Vaivaswata Manvantara, quando os cinco planetas visíveis, Mercúrio, Vênus, Marte, Júpiter e Saturno, bem como o Sol e a Lua, estavam em conjunção estreita na constelação de Áries. As simulações de software do JPL Horizons Efêmeras da NASA demonstram que a conjunção que Asura Maya registrou ocorreu apenas uma vez nos últimos 16.000 anos, em 22 de fevereiro de 6778 aC.

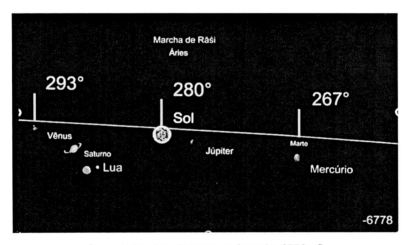

Os posições das planetas em fevereiro 6778 aC

A época entre 6777 e 6778 a.C. parece ser crítica para a formulação de astronomia indiana antiga. De acordo com Latadeva, o livro de astronomia Surya Sidhanta, de Asura Maya, foi lançado este ano. Os antigos astrônomos indianos revisaram o período de Yuga para 1200 anos (um misto de ciclo jovial de 12 anos), em vez de cinco anos. A Chaturyuga também foi alterada para 4800 anos, e o conceito de Manvantara foi criado em 6777 a.C. (Arya, 2019). Asura Maya também propôs uma semana, com início no domingo (dia em homenagem à divindade Sol), neste ano.

A cronologia hindu não depende de nenhum evento mundano como o nascimento de uma pessoa, a coroação de um rei ou o sucesso militar de um imperador. Mas depende apenas dos movimentos de vários corpos celestes no cosmos ou da ciência astronômica

Os nomes dos sete dias da semana também dependem do conhecimento astronômico. Como mencionado anteriormente, um dia é dividido em 60 ghatis. Os astrônomos indianos dedicaram cada ghaṭi do dia a um planeta como seu senhor e derivaram o nome do dia de acordo com o senhor do primeiro ghaṭi do dia.

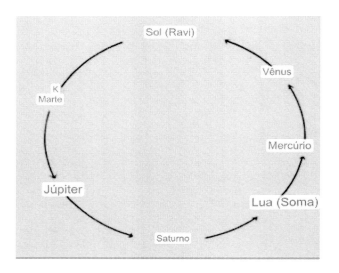

O sol ou Ravi sendo o mais poderoso entre os planetas, bem como o doador e sustentador da vida, teve a honra de ser o senhor do primeiro ghaṭi do primeiro dia da semana. Por isso é chamado de Ravivāra ou domingo. Na Figura, os senhores do segundo e terceiro ghaṭis de Ravivāra são Marte e Júpiter, respectivamente. Procedendo desta maneira, Saturno é o senhor do 60º ghaṭi de Ravivāra e a lua ou Soma torna-se o senhor do primeiro ghaṭi do dia seguinte e por isso é denominado Somavāra ou Segunda-feira (dia lunar). Pode-se notar aqui que ao contar 60 ghaṭis ao longo do círculo da Figura, é preciso fazer 8 revoluções completas e mais 4 planetas e, portanto, partindo de um determinado planeta, o 5º lugar dá o nome do dia seguinte. Desta forma chega-se finalmente a Śanivāra ou sábado (sábado) e a partir de Śanivāra observa-se que o dia seguinte é Ravivāra e assim o ciclo se completa. (Veda.wikidot.com)

Dessa forma, a Treta Yuga de 1200 anos de 28º Chaturyuga de Vaivaswata Manvantara iniciou em 6777 a.C. Antes, não havia nenhuma menção às Manvantaras. As antigas tradições indianas indicam que, até este momento, houve 1837 yugas.Yuga tinha 5 anos e Chaturyuga 20 anos, o que equivale a um período decorrido entre 1837×5 ou 9185 anos. Isto quer dizer que o tempo védico começou a ser registrado em 9185 + 6777 ou 15962 aC.

Definição de yuga foi alterada novamente após Tretayuga. Ao invés de 1200 anos para cada yuga, diferentes números de anos foram atribuídos para diferentes yugas num ciclo. Posteriormente, surgiram diversos sistemas ou Sidhantas relacionados à astronomia (Tratados de astronomia), como Pitamaha Sidhanta modificada, Narada Sidhanta e Bharadwaja Sidhanta e outros. Devido a essas Sidhantas, o conceito de duração de Yuga sofreu uma alteração em torno de 5577 aC, no final do Tretayuga.

No capítulo 1, verso 71, Manusmriti menciona as Chaturyugas, que têm uma duração de 12.000 anos. Assim o Chaturyuga foi ajustado, no final do Tretayuga, em 5.577 BC, para ter 12.000 anos, ao invés de 4.800 anos. Além disso, os yugas individuais foram considerados na proporção de 4:3:2:1, com intervalos intermediários (Crepúsculos) ou Sandhis de 10% para cada um. Kritayuga com 4.800 anos, tem 400 anos antes e 400 anos depois do principal yuga, de 4.000 anos. Tretayuga com 3.600 anos, tem 300 anos antes e 300 anos depois do principal yuga de 3.000 anos. Dwaparayuga com 2.400 anos, tem 200 anos antes e 200 anos depois do principal yuga de 2.000 anos, enquanto Kaliyuga com 1.200 anos, tem 100 anos antes e 100 anos depois do principal yuga de 1.000 anos. Assim, 4.800 anos de KritaYuga, 3.600 anos de TretaYuga, 2.400 anos de DwaparaYuga e 1.200 anos de Kaliyuga, totalizando 1.2000 anos, formam um ChaturYuga ou MahaYuga. Esse sistema é conhecido como curto ou deva sistema. Como Kritayuga e Tretayuga já passaram, Dwaparayuga começou em 5.577 a.C.

Os longos períodos de Yugas

Como as definições de yugas foram alteradas em 5.577 a.C. no final do Tretayuga de 1.200 anos de antiga sistema, o Dwaparayuga, agora com 2.400 anos, terminou em 3.177 a.C., após o qual Kaliyuga começou (Arya, 2019), que teria terminado em 1.977 a.C. Diversos Puranas, inclusive Bhagavata Purana, afirmam que Kaliyuga começou após Sri Krishna morrer, 36 anos depois da guerra do Mahabharata, em 17/18 de fevereiro de 3.102 a.C. A tragédia e as consequências da guerra de Mahabharata são atribuídas à chegada de Kaliyuga em 3.177 a.C., uma yuga que deteriorou o Dharma e os princípios éticos. No entanto, há divergências entre diferentes fontes em relação ao início exato do Kaliyuga. O exato início deste yuga ainda é controverso. O Mahabharata indica que Kaliyuga teve seu início em 9 de janeiro de 3.177 a.C., Aryabhatta em 5 de março de 3.173 a.C., e Latadeva's Surya Sidhanta em 17 de fevereiro de 3.101 a.C. Dada a falta de uma data precisa para a manifestação da Kaliyauga, supomos que a mesma tenha começado no século 32 a.C.

Se Kaliyuga começou em 3.177 a.C., perduraria 1.200 anos, terminando em 1.977 a.C. Tilak (1903) afirma que os Puranas, muitos dos quais parecem ter sido modificados nos primeiros séculos da era cristã, não acreditavam que o Kaliyuga havia acabado. Para lidar com este problema, os astrônomos introduziram uma nova complexidade, em torno de 500 d.C., o que aumentou significativamente a duração do Kaliyuga.

Durante esse período, Kaliyuga e outros yugas foram insuflados, acreditando de maneira equivocada que os 1.200 anos de Kaliyuga, considerados até então, eram anos divinos e não anos comuns. Uma declaração em Manusmriti incentivou-os a tomarem esta decisão. No verso 67 do primeiro capítulo, Manusmriti afirmava que um ano inteiro para os seres humanos é equivalente a um dia e uma noite para os deuses. A movimentação do Sol para o norte é o seu dia, enquanto para o sul é a sua noite. Isso implica que um ano para os humanos é equivalente a um dia para os devas ou que um ano para os devas é equivalente a 360 anos para os humanos.

Um ano divino é definido como 360 anos solares, então é necessário multiplicar 1.200 anos de Kaliyuga por 360 para converter em anos solares. Dessa forma, $1.200 \times 360 = 432.000$ anos foram atribuídos a Kaliyuga, que se supôs ter começado em 3.102 AC. Os períodos de outras yugas também foram ajustados. Os períodos existentes até então foram considerados divinos, sendo cada ano divino equivalente a 360 anos terrestres. Assim, 12.000 anos de Chaturyuga foram convertidos em um longo período de 4.320.000 anos, com um fator multiplicador de 360. Foi por isso que o equívoco apareceu no almanaque. e perdurou até hoje. Sendo assim, os tempos dos yugas sofreram uma alteração significativa no início da era cristã.

Apesar de versos 69-71 de Manusmriti terem estabelecido a duração do Chaturyuga teria um período de 12.000 anos e que os yugas, Krita, Treta, Dwapara e Kali teriam períodos de 4.800, 3.600, 2.400 e 1.200 anos, respectivamente, em nenhum lugar do Manusmriti ou do Mahabharata esses anos foram considerados divinos. No entanto, para prolongar o período de Kaliyuga, os astrônomos ignoraram as afirmações presentes no Manusmriti e outras escrituras, convertendo os anos que supostamente seriam divinos em anos comuns, adicionando um fator de 360. A solução foi adotada por todos de forma que um Kaliyuga de 1.200 anos foi, imediatamente, transformado em um yuga de tantos divinos, ou 360 × 1.200 = 432.000 anos terrestres.

Assim, foram convertidos 1.2000 anos de Chaturyuga em 4.320.000 anos, com um fator multiplicador de 360. Os períodos anteriores foram considerados divinos, cada ano divino sendo equivalente a 360 anos terrestres.

De acordo com os cálculos, Kritayuga ou Satya tem 1.728 mil anos. O segundo, Treta, tem 1.296 mil anos. O terceiro, Dwapara, tem 864 mil anos e a quarta, Kaliyuga, tem 432 mil anos. Um conjunto de quatro yugas é chamado Mahayuga e tem um tempo de duração de 4.320.000 anos. Os Puranas, de fato, reconhecem apenas a longa duração das yugas. Puranas como Vishnu, Bhāgavata, Matsya, Mārkaṇḍeya, etc. descrevem essas divisões de tempo, como vários yugas e narram eventos que aconteceram nesses períodos. A tabela apresenta os períodos das yugas alterados, os originais e seus períodos de crepúsculo.

Tabela 1 – Os períodos das yugas alteradas

Yuga	Periodo principal	Amanhacer e creprúsculo	Periodo completo	Multiplicado por 360 como um ano divino= 360 anos humanos
Kritayuga	4000	400 + 400	4800 anos	1.728.000
Tretayuga	3000	300 + 300	3600 anos	1.296.000
Dvapara-yuga	2000	200 + 200	2400 anos	864.000
Kaliyuga	1000	100 + 100	1200 anos	432.000
Total	**10,000**	**2000**	**12,000 anos**	**4.320.000 anos.**

O Ciclo de Vida de Brahma

O mundo que percebemos pelos sentidos humanos é perecível. Que tem origem e tem fim, e esse processo de criação e aniquilação ocorre em ciclos. Em um dia de sua existência, Brahma cria o universo em várias vezes. O termo Brahma, usado neste sentido, significa a criadora (em oposição a Brahman, que é o Espírito Eterno Imperecível). Este Brahma tem um nascimento e uma morte. Um dia de Brahma é conhecido como Kalpa.

De acordo com os Puranas, um Kalpa ou Dia de Brahma é dividido em quatorze partes. Cada uma dessas quatorze divisões de um dia de Brahma é governada por um Manu. Manu é considerado o primeiro homem deste período. Sendo assim, existem quatorze Manus para cada dia de Brahma. A duração de cada um desses Manus é denominada Manvantara.

Existem setenta e um chaturyugas (cada chaturyuga é composta por quatro yugas, Kritayuga, Tretayuga, Dwaparayuga e Kaliyuga, com períodos na proporção de 4:3:2:1) em cada Manvantara. Assim, um Manu vive duzentos e oitenta e quatro Yugas. (71 x 4 = 284 Yugas).Assim, existem 3.976 Yugas (ciclos), ou quase 1000 Mahayugas em um dia de Brahma. A vida de um Brahma é de 100 anos. Ao final da existência de um Brahma, o Universo criado no seu nascimento perece.

Os ciclos das yugas e Mahayugas são repetidos de forma contínua, como uma forma de depilação e desmame da Lua, ou como marés que se elevam e escavam no mar. Os Yugas, criados pelo Brahma, são criados como a teia de uma aranha que cria a sua própria teia, seguindo aniquilações parciais ou totais, que se repetem após períodos de descanso descritos como o sono de Brahma. Todas as cronologias antigas na Índia estão referenciadas em yugas.

A era do Universo

Nesse esquema de modificação, 71 Mahayugas, ou 306,72 milhões de anos, são chamados de Manvantara sob a orientação de um Manu. No final de cada Manvantara, haveria um apocalipse e a ordem do mundo cairia em colapso. No novo Manvantara, uma nova ordem começa com o novo Manu e os novos Sapta Rishis, ou sete sábios, surgirão para orientar o novo Manvantara e passar o conhecimento antigo à nova geração. O intervalo entre as duas Manvantaras é de 1728 mil anos. A soma de 14 Manvantaras e mais 15 períodos intermediários equivale a 4,32 bilhões de anos, ou seja, um dia de Brahma ou Kalpa. A noite de Brahma tem a mesma duração quando não há criação (aniquilação), como quando a aranha tira a teia dele e não cria a teia. Em outras palavras, o dia e a noite de Brahma têm 8,64 bilhões de anos. A existência de Brahma é de cem anos, o que corresponde a 311,04 trilhões de anos. Ao final da existência de Brahma, o universo acaba e surge um novo Brahma e o processo repete. Assim sendo, o tempo é infinito (Ananta).

Atualmente, o mundo está passando pelo primeiro Kalpa da segunda metade da existência do Brahma (51 aniversário), sétimo Manvantara, 28º ciclo dos yugas e Kaliyuga.Em Kaliyuga, 5124 anos se passaram até 2022.Isto quer dizer que, no presente período da Brahma, 155 trilhões, 521 bilhões, 972 milhões, 949 mil e 125 mil anos se passaram até 2023. No atual ciclo de Manu Vaivaswata, houve um período de 1.960.943.123 anos. A Tabela 2 apresenta esses períodos cósmicos com mais clareza.

Tabela 2 – Períodos Cosmicos

1Ano solar = 12 meses = permanência do Sol ao redor do zodíaco.

432000 anos solar = 1 unidade de yuga

432000 x 1 = 432000 anos solar Kaliyuga (inclusive os crepúsculos)

432000 x 2 = 864000 anos solar Dwaparayuga (inclusive os crepúsculos)

432000 x 3 = 1296000 anos solar Tretayuga (inclusive os crepúsculos)

432000 x 4 = 1728000 anos solar Kritayuga/Satyayuga (inclusive os crepúsculos)

1 Mahayuga = 4.320.000 anos solar (Krita + Treta + Dwapara + Kaliyugas)

1 Manvantara = 71 Mahayugas = 71 x 4,320.000 = 306.720.000 anos solar

1 Kalpa = 14 Manvantaras + 15 intermediarios equivalentes de Kritayuga.

 = 1.000 Mahayugas = 1.000 x 4.320.000 = 4.320.000.000 anos solar

 = Dia de Brahma

1Noite de Brahma = 4.320.000.000 anos solar

1 Dia (Dia e Noite) de Brahma = 4.320.000.000 + 4.320.000.000

 = 8.640.000.000 and anos solar

1 Ano de Brahma = 360 x 8.640.000.000 = 3.110.400.000.000 anos solar

 = 3.11 trilhões anos solar

1 Vida de Brahma = 100 anos = 311.040.000.000.000 anos solar

= 311.04 trilhões anos solar

O período do Presente Brahma passado até agora

50 Anos de Brahma = 50 x 3.110.400.000.000 = 155.520.000.000.000 anos

6 Manvantaras = 6 x 306.720.000 = 1.840.320.000 anos

7 Intervalos = 7 x 1.728.000 = 12.096.000 anos

27 Mahayugas = 27 x 4.320.000 = 116.640.000 anos

1 Kritayuga = 1.728.000 anos

1 Tretayuga = 1= .296.000 anos

1 Dwaparayuga = 864.000 anos

Kaliyuga até 2023 = 5125 anos

Total = 155.521.972.949.125 anos solar até 2023 do presente.

Os Problemas com Longos Períodos de Yugas

Com as modificações de 500 d.C., o conceito de Yuga ficou ainda mais complexo. As conclusões científicas atuais sobre a existência do universo são bastante diferentes das calculadas pelo yuga. A ligação das yugas com eventos históricos ou evidências arqueológicas fica difícil, uma vez que diferentes interpretações podem estar em conflito com as descobertas científicas. Inserir o conceito de longas yugas no diálogo inter-religioso pode ser um desafio, pois pode não estar de acordo com as crenças de outras tradições religiosas ou cosmovisão seculares. No entanto, Mackey (1973) critica àqueles que não concordam com a aceitação dos números extensos do yuga como verdadeiros. Mackey relaciona os ciclos de yugas e dos Manvantaras à precessão do equinócio, apesar de se concentrar em inversões dos polos da Terra ao longo de milhares de anos. Mackey observa registros simbólicos em mitos gregos e hindus sobre essas inversões.

Apesar de as evidências científicas atuais não mostrarem que o universo e a Terra estejam perto de 155,52 trilhões de anos, não há evidências que refutem isso. Levando em conta que diversos textos védicos e puranas mencionam períodos extensos, a cultura indiana é a única que possui essa estrutura de tempo, e é prudente manter as opções em aberto.

O sistema de Yugas apresentada acima demonstra uma grande antiguidade em alguns eventos históricos. Por exemplo, os eventos de Ramayana, que, de acordo com a opinião popular, ocorreram no final do Tretayuga, podem ter sido ocorridos há 800.000 anos. Essa afirmação parece completamente irracional, pois o Homo sapiens que somos, evoluiu somente 300.000 anos atrás. Usando a escala Yuga, colocamos o Ramayana em um período irreal, quando o homem ainda não havia nascido. (Uma peça de artesanato, aparentemente criada pelo homem, foi encontrada recentemente na África do Sul e aparenta ter 370.000 anos, o que pode levar a existência do homem para um passado mais distante).

A definição de Yuga, quando empregada para examinar a datação das Escrituras Védicas, tais como Rgveda, Ramayana, Mahabharata, entre outras, pode causar discrepâncias e conflitos com a metodologia científica, resultando em confusão para a população. Na Índia, há muitas definições de yuga. Elas foram criadas para descrever diferentes aspectos dos eventos. Parece que o conceito de Yuga não foi compreendido e os períodos evolucionários cosmológicos foram confundidos com eventos históricos cronológicos, o que causou essa confusão. As informações astronômicas da obra de Valmiki, no entanto, indicam uma data de 7.000 anos atrás (5000 a.C.). De acordo com Arya (2019), Ramayana é datada dos anos 5.677 a 5.577 a.C.

Todavia, desde tempos remotos, diversos estudiosos e cientistas se opuseram à ideia de períodos longos de yugas. No Mahabharata, é claro que ele usou o ano solar ou terrestre para descrever o dia e a noite de Brahma, assim como o Chaturyuga, e não o ano divino. Durante as últimas décadas, diversos estudiosos, sábios e cientistas também se mostraram contrários a essa ideia. Swami Yukteswar Giri, David Frawly, Jaggi Vasudev, Richard Thompson e outros autores produziram livros e artigos e ministraram palestras explicando de maneira convincente a visão dos curtos ciclos Yuga.

Conceito de Yugas e a precessão de Terra.

Apesar de os europeus terem notado ciclos de tempo longo, chamados de yugas, no século XVII, ainda com algumas interpretações erradas, através das primeiras obras dos missionários jesuítas e cristãos, o seu impacto foi insignificante, uma vez que a ideia de um longo período era contrária à sua crença bíblica na criação, que ocorreu em 4004 a.C. Alguns missionários chegaram a atribuir o conceito ao diabo. No entanto, durante os séculos XVIII e XIX, houve um aumento significativo no interesse pelas yugas, devido às obras de escritores ocultistas e esotéricos, como Fabre d'Olivet e Saint-Yves d'Alveydre. Nessa época, a crença na Bíblia também diminuiu um pouco, uma vez que os geólogos comprovaram a antiguidade da Terra. No entanto, os autores procuraram estabelecer uma relação entre os ciclos yuga e a precessão da Terra.

Em seu livro, publicado em 1883, Cunningham, oficial britânico na Índia, sustenta a tese de que os indianos utilizaram os ciclos temporais de Mahayugas, Manvantaras e Kalpas, uma vez que tiveram a oportunidade de adquirir conhecimento sobre a precessão da Terra através de fontes europeias. É importante salientar que, apesar de a precessão ser conhecida pelos astrônomos indianos desde Surya Sidhanta (Kuthiala, 2022), o tempo de yuga é calculado com base na conjunção de planetas visíveis, com o sol e a lua, ao invés dos dados de precessão.

O dilúvio foi descrito nas mitologias indiana e bíblica, bem como em outras culturas, o que levou muitos esoteristas dos séculos XIX e XX a imaginarem que poderiam estabelecer datas para as yugas utilizando essas diversas tradições. No entanto, Guénon (1937) utilizou o período de precessão do equinócio de 25.920 anos para traduzir os números yuga em períodos astronômicos mensuráveis. Ele considerou o Grande Ano, ou Ano Perfeito, das fontes persas e gregas, como 12.960 anos, ou metade do período de precessão, e o Kritayuga como dois Grandes Anos, ou um período de precessão de 25.920 anos. Ele calculou as yugas restantes de acordo com a proporção tradicional de 4:3:2:1. O resultado ficou:

Kritayuga = 2 Grande Anos =25.920 anos (um período de precessão).

Tretayuga = 1,5 Grande Anos =19.440 anos

Dwaparayuga = 1,0 Grande Ano = 12.960 anos.

Kaliyuga = 0,5 Grande Ano. =6.480 anos.

Esses períodos equivalem a 64800 anos de Mahayuga. Guénon, no entanto, confundiu este Mahayuga com Manvantara e conceituou o período como a última era da humanidade no planeta (González-Reimann, 2014). Alain Daniélou (1985) propôs uma Mahayuga de 60487 anos, mas confundiu o leitor com suas afirmações contraditórias, comparando-a com Manvantara e outras suposições.

Tabela 3 – Precessão de Terra

Á medida que a Terra gira, há uma oscilação ligeira em seu eixo de rotação, semelhante a um pião de brinquedo girando de forma descentralizada. Essa oscilação é causada pelas forças das marés provocadas pelas forças gravitacionais do Sol e da Lua, que fazem com que a Terra se encha no equador, afetando sua velocidade. A tendência que se alastra em relação à posição fixa das estrelas é conhecida como precessão axial. O ciclo de precessão axial é de cerca de 25.771,5 anos.

Também há precessão absidal. A Terra não apenas oscila em seu eixo de rotação, como também a elipse orbital (ou seja, o caminho oval que a Terra segue em torno do Sol) também apresenta oscilações irregulares, devido às suas interações com Júpiter e Saturno. O ciclo de precessão absidal é de 112.000 anos. A precessão apsidal altera a órbita da Terra em relação ao plano da eclíptica.

Os efeitos combinados da precessão axial e apsidal resultam em um ciclo de precessão que dura cerca de 23.000 anos, em média.

A variação pode variar entre 23.000 e 25.772 anos, mas Guénon considera 25.920 anos, pois facilita os cálculos sexagesimais. 25.920/60 = 432.

A Data do início de Kaliyuga

Apesar de diversos estudos realizados por eminentes astrônomos, filósofos e outros estudiosos, o início e o término de Kaliyuga permanecem obscuros. É importante salientar que o início ou o término de um Yuga não têm um prazo determinado, como se um botão fosse pressionado para que o Yuga fosse alterado. É uma mudança de atitude e comportamento das pessoas, assim como as mudanças climáticas causadas por fenômenos naturais que demoram para serem percebidos. As datas ou períodos que podemos indicar para mudança são as prováveis, mas, ainda assim, houve muitas tentativas de estabelecer a data do advento de Kaliyuga.

Os astrônomos do século V determinaram o início de Kaliyuga a partir da conjunção de todos os planetas visíveis, do sol e da lua, no primeiro ponto de Áries. O software da NASA revelou que isso ocorreu apenas uma vez nos últimos 16.000 anos, em 22 de fevereiro de 6.778 a.C. (Arya, 2019). As efemérides de astro.com mostram que os cinco planetas geocêntricos visíveis, o sol e a lua, ocupam um espaço 41' no céu em 18 de fevereiro de 3102 a.C. Isso não pode ser considerado uma conjunção estreita. Surya Sidhanta não menciona que esse alinhamento de planetas ocorreu no início do Kali Yuga. O Surya Sidhanta afirma que a combinação de planetas a 0° de Áries foi somente no final da Idade de Ouro (Kritayuga). A data considerada o início de Kaliyuga foi adotada, pois não houve outra data em que os planetas estivessem tão próximos. Após a guerra do Mahabharata, o país estava em crise e, quando o Tretayuga terminou em 3102 a.C., não havia intelectuais para ajustar o ciclo yuga. A morte de Krishna foi interpretada como um sinal de que uma consciência mais elevada deixou o mundo, trazendo uma piora. Como não havia mais ninguém para estabelecer os períodos de yuga, KaliYuga não teve um início oficial, embora se suponha que tenha iniciado em 3102 a.C. Os atos do Mahabharata convenceram não somente os comentaristas tradicionais e os compositores de puranas, mas também diversos intelectuais contemporâneos, de que Kaliyuga havia começado.

No entanto, Raja (2020) reuniu 436 inscrições em placas de pedra e metal dos séculos VI e XIX encontradas em diversas partes da Índia, que mencionavam a era de Kaliyuga, bem como outras eras bem delimitadas, como a era helênica, e que indicaram o início de Kaliyuga, em 3.101 a.C.

Fim de Kaliyuga e chegada de Nova Era.

Da mesma forma que os hindus, os Maias acreditavam em ciclos de destruição e renascimento regulares. A utilização de calendários diferentes para diferentes finalidades é parecida com os Ciclos de Yugas, que descrevem um período circular que marca o início e o término de uma era. Tinham um calendário sagrado de 260 dias e outro chamado Long Count, que era usado para datas importantes, como grandes mudanças naturais. As datas também foram sugeridas, mas recentemente houve um assombro entre as pessoas com relação ao ano de 2012, quando se acreditava que seria o "fim do mundo".

Nos últimos 150 anos, vários líderes espirituais e seguidores, tanto na Índia quanto no ocidente, anunciaram o fim iminente do Kali Yuga. Isso inclui pessoas e organizações como Vivekananda, Maharishi Mahesh Yogi, Sathya Sai Baba, Sociedade Teosófica, dentre outros. Além disso, influenciaram a ideia de chegada da Nova Era. No cristianismo, também está previsto uma segunda volta de Cristo e o início da Nova Era. Em virtude da evolução humana e das mudanças sociais, pensadores como Friedrich Nietzsche e Aurobindo previam uma mudança na era, abrindo caminho para um Super-Homem. O Movimento da Nova Era previu uma nova era de crescimento espiritual e desenvolvimento humano. A maioria dos autores ocultistas concorda que a humanidade está iniciando uma nova era cósmica. Diversos estudos esotéricos sustentavam a ideia de que a moralidade dos yugas aumentava ao invés de diminuir, o que indicava o início de uma nova era cósmica. A Sociedade Teosófica foi uma das principais organizações ocultistas do início do século XX, com a firme convicção de que a nova Satya Yuga era iminente. A reconstrução da estrutura original do Ciclo Yuga (Misra, 2023) indica que o fim de Kaliyuga está próximo-em 2025. René Guénon (1970) diz que Kaliyuga começou em 4450 aC e terminaria em 2030 d.C. A civilização Kaliyuga sofrerá um colapso devido a uma série de guerras mundiais, desastres naturais e impactos de cometas. De acordo com as profecias antigas, a humanidade está atravessando o fim dos tempos. Os sobreviventes dos desastres trarão uma Terra nova, banhada pela luz divina do Sol Central.

Muitos autores que discordam de um Kaliyuga muito longo estão prevendo períodos de yuga de várias durações curtas, e são da opinião de que ou o Kaliyuga já terminou ou terminará muito em breve. Yukteswar (1949), por outro lado, é da opinião que Kaliyuga já superou e agora estamos passando por Dwaparayuga.

Yukteswar e Novo Conceito de Yugas

Yukteswar explica que as alterações nas durações das Yugas foram causadas por equívocos na definição do ano, um ano terrestre com um ano de devas, que converteu um ano suposto de devas em anos terrestres multiplicados pelo fator 360, resultando no atual valor de 1.200 anos de Kaliyuga em 432.000 anos. Para corrigir este erro, ele sugeriu adotar os valores originais para yugas de Manusmriti, que são 4.800, 3.600, 2.400 e 1.200 anos respectivamente para Krita, Treta, Dwapara e Kaliyugas. Ele disse que a palavra Yuga é derivada da palavra 'Yugma', que significa duplo, gêmeo ou par. Quando uma subida e uma descida estão juntas, isso é conhecido como Yuga. Assim, Yukteswar propôs que um Ciclo Yuga completo será composto por uma parte descendente de 12000 anos quando a virtuosidade humana diminui gradualmente, e uma parte ascendente de 12.000 anos com virtude crescente, completando assim um ciclo de 24.000 anos de grande Yuga.

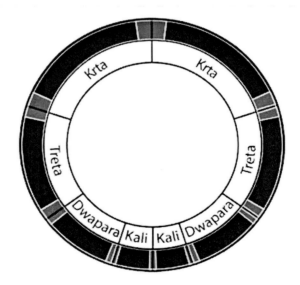

Ciclos de Descendente e Ascendente Yugas

A ideia de que as fases decrescentes e crescentes de um ciclo já era bastante difundida entre os jainistas da Índia, uma das seitas religiosas mais antigas do país. Os Jainistas acreditam que um ciclo completo (Kalachakra) tem metade progressiva e outra regressiva. Durante a metade progressiva do ciclo, há um aumento gradual do conhecimento, da felicidade, da saúde, da ética e da espiritualidade, enquanto na metade regressiva ocorre uma diminuição gradual dessas qualidades. Esses dois meios ciclos se sucedem em uma sucessão ininterrupta, como os ciclos do dia e da noite ou o aumento e a diminuição da lua. Outras culturas antigas, como os caldeus, zoroastrianos e os gregos, acreditavam num Ciclo de Idades de 12.000 anos. A ideia de um Ciclo de Épocas ascendente e descendente também era predominante nos mitos gregos (Misra, 2023).

Yukteswar (1947) explicou os 12.000 anos de ciclos descendentes e 12.000 anos ascendentes, que forma um ciclo de yuga completo, são relacionados com as virtudes mentais do mundo interior. Ele igualou o período de 24.000 anos com o período do equinócio, tornando os ciclos yuga de 12.000 anos de fases ascendentes e descendentes como duas metades do círculo de precessão. Ele escolheu 24.000 anos como precessão em vez dos atuais 25920 anos, com base na Surya Siddhanta, que considera a taxa anual de rotação do equinócio em 54", o que resulta na precessão de 24.000 anos (Kathiala, 2022)

Ele disse que, num ciclo yuga de 24.000 anos, o Sol também gira em torno de um grande centro chamado Vishnunabhi (umbigo de Vishnu). Yukteswar descreveu Vishnunabhi como o ponto central do universo, a fonte de toda a criação e energia, o magnetismo universal, onde Brahma regula o Dharma ou virtude mental. Ele enfatizou a importância espiritual desse centro, relacionando-a com a jornada espiritual do indivíduo em direção à consciência cósmica. Ao se aproximar mais do Vishnunabhi, evento que acontece quando o Equinócio de outono chega ao primeiro ponto em Áries, as virtudes mentais são mais desenvolvidas; isso seria Kritayuga. Quando o Sol está mais distante, é Kaliyuga. De acordo com Yukteswar, o Equinócio de outono ocorreu no primeiro ponto de Áries por volta de 11501 a.C.; assim, o intelecto humano estava no seu melhor naquela época e, depois disso, começou a diminuir. Sendo assim, no final da descida do Kaliyuga, por volta de 499 d.C. (11.501 – 12.000), o intelecto humano estava no seu nível mais baixo, uma vez que o intelecto humano não pode compreender nada além do mundo material grosseiro.

Após isso, houve 1.200 anos de ascensão de Kali Yuga até 1699 d.C. e, atualmente, Dwaparayuga está em andamento (Saroj Bala, 2023)

De acordo com Yukteswar, o ciclo de yuga deve estar na seguinte ordem:

Tabela 4 – Tabela de Yukteswar

Yuga	Início	O Duração	Fim
Kritayuga	11501 a.C.	4800	6701 a.C.
Tretayuga	6701 a.C.	3600	3101 a.C.
Dwaparayuga	3101 a.C.	2400	701 a.C.
Kaliyuga	701 a.C.	1200	499 d.C.
Kaliyuga ascendente	500 d.C.	1200	1700 d.C.
Dwaparayugaasc	1701 d.C.	1200	4100 d.C.
GTretayugaas	4100 d.C.	3600	7700 d.C.
Kritayugaasc	7701 d.C.	4800	12500 d.C.

Falias na teoria de Yukteswar

Embora Yuktéswar tenha apontado o equívoco cometido pelos astrô-nomos do século V d.C. e tentou corrigi-lo, ele mesmo cometeu um equívoco ao compreender os valores corretos.

Parece que a falta de familiaridade dele com a astronomia é a principal razão para esses equívocos. Equinócio se move para o oeste ao longo da eclíptica em relação às estrelas fixas a uma taxa de aproximadamente 50,3 segundos de arco por ano, a uma taxa de um grau a cada 72 anos, e 360 graus completos em 25.920 anos. Em vez disso, ele simplesmente seguiu Surya Sidhanta, que deu uma taxa de 54 que calculou o período de precessão como 24.000 anos, em vez dos 25.920 anos reais, dando um erro de 1.920 anos num período de uma precessão. Além disso, ele adotou 360 dias para um ano, assim como na literatura antiga. No entanto, o ano tem 365.242 dias. Este erro de cerca de 5 dias num ano resulta em um grande erro quando se trata de períodos longos, como precessão e datação incorreta dos ciclos de yuga. Esse problema das racionalizações antigas dos dados astronômi-cos resultou em interpretações erradas quando os métodos modernos são usados para os dados antigos, sem compreender o raciocínio por trás das ciências antigas.

Sadguru Vasudev (2003), um líder espiritual da Índia, apontou este erro de Yukteswar e pediu para adotar 25.920 anos de período de precessão para calcular yugas. Ele explicou que o sistema solar, com o Sol e os outros planetas ao seu redor, está em movimento na galáxia. São necessários 25.920 anos para o nosso sistema solar completar um ciclo em torno de uma estrela mais massiva. Sadguru também explicou que esta estrela/grande sistema, em torno do qual nosso sistema solar está girando, não está localizada no centro da órbita. Cada vez que o nosso sistema solar se aproxima desta gigante estrela, todas as criaturas que habitam o planeta Terra têm mais chances de prosperar. Por outro lado, quando o nosso sistema se afasta dele, as criaturas que habitam o nosso sistema atingem o seu nível mais baixo de potencial. Assim que o nosso sistema solar estiver mais próximo do "Super Sol", a Satya Yuga ou Kritayuga começará. A mente humana estará em sua máxima potência. A capacidade das pessoas de compreenderem a vida, de se comunicarem, de viverem com alegria estarão no seu auge. Se considerarmos o valor da precessão como sendo de 25.920 anos em vez de 24.000 anos, a metade desse valor seria de 12.960 anos, abrangendo as quatro yugas na proporção de 4:3:2:1, Kritayuga dura5.184 anos. Tretayuga dura 3.888 anos. Dwaparayuga dura 2.592 anos e KaliYuga dura 1.296 anos. Essas quatro yugas juntas somam um total de 12.960 anos.

Como o software da NASA revelou que 22 de fevereiro de 6778 a.C. é um dia único em 16.000 anos, quando todos os planetas visíveis, o sol e a lua estavam em uma conjunção estreita, podemos tomar esta data como referência e usá-la como o início de Tretayuga, como sugerido por Asura Maya em Surya Sidhanta. Se Tretayuga começou em 6778 a.C., Kritayuga deveria ter iniciado em 11962 a.C. e o ciclo yuga foi revisto, como é demonstrado a seguir.

Tabela 5 – Tabela de Sadguru Vasudev

Yuga	Iniciou	Duração	Fim
Kritayuga	11962 a.C.	5184 anos	6778 a.C.
Tretayuga	6778 a.C.	3888 anos	2890 a.C.
Dwaparayuga	2890 a.C.	2592 anos	298 a.C.
Kaliyuga	298 a.C.	1296 anos	998 d.C.
Kaliyuga Ascendente	998 d.C.	1296 anos	2294 d.C.
Dwaparayuga Asc	2294 d.C.	2592 anos	4886 d.C.
Tretayuga Asc	4886 d.C.	3888 anos	8774 d.C.
Kritayuga Asc	8774 d.C.	5184 anos	13958 d.C.

De acordo com Sri Yukteswar, o Equinócio de Outono ocorreu no primeiro ponto de Áries, por volta de 11501 a.C. Dessa forma, o intelecto humano estava em seu auge naquele período. Depois, começou a diminuir. Segundo Yukteswar, atravessamos recentemente o ponto fraco desse ciclo e estamos avançando para uma era superior – uma Era Energética que mudará o mundo. Embora Yukteswar tenha declarado o término de Kaliyuga em 499 d.C., de acordo com Vasudeva, Kaliyuga terminou em 998 d.C. Após essa data, começou a parte ascendente de Kaliyuga, caracterizada como uma época de grandes mudanças sociais e espirituais, que culminaria em 2294 d.C., trazendo Dwaparayuga em ascensão à seguinte.

Yuga de Sete Sábios

Além do sistema yuga mencionada acima, há outro sistema yuga seguido em muitas partes da Índia. Esse sistema é chamado de Saptarishi Yuga (Yuga de sete sábios), com 3000 anos fixos para cada yuga. Sapta significa sete, enquanto Rishi significa sábio. Os nomes dos sete rishis variam a cada Manvantara, mas são representados pela constelação Ursa Maior no hemisfério norte. O Calendário Saptarsi usado na Índia tem um ciclo de 2.700 anos, acrescentado de 300 anos dos crepúsculos.

A constelação da Ursa Maior permanece por 100 anos em cada um dos 27 "Nakshatras" (asterismos lunares), totalizando um ciclo de 2.700 anos. O ciclo yuga de 2.700 anos também aumenta com 300 anos de período de transição, 150 anos cada no início e no final do yuga, totalizando um yuga de 3.000 anos.Quatro desses yugas iguais perfazem um Mahayuga de 12.000 anos.

Nesse Saptarishi Yuga, a Kritayuga ou Idade de Ouro começou em 12676 a.C, quando a constelação da Ursa Maior estava no asterismo Sravana (Altair, Alpa Aquilae). Em 3.000 anos, a Ursa Maior completa uma revolução de 27 Nakshatras e avança 3 Nakshatras devido ao período de transição de 300 anos. Sendo assim, a Ursa Maior estava no asterismo de Krittika (Eta Taurus) no final de Tretayuga, em 6676 a.C.

O Ursa Maior constitui com as seguintes estrela

- Alkaid (Eta Ursae Majoris). Bhrigu
- Mizar (Zeta Ursae Majoris). Vasishta
- Alioth (Epsilon Ursae Majoris).   Angiras
- Megrez (Delta Ursae Majoris).   Atri
- Phecda (Gamma Ursae Majoris). Pulastya
- Dubhe (Alpha Ursae Majoris).Kratu
- Merak (Beta Ursae Majoris). Pulaha

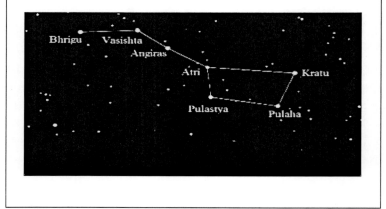

As tabelas mostram que o Kaliyuga descendente término entre 676 a.C. (Tabela de Saptarishi) e 998 d.C. (Tabela de Sadguru Vasudev). Kaliyuga Ascendente termina entre 1700 d.C. (Tabela de Yukteswar) e 2324 d.C. (Tabela de Saptarishi). Dessa forma, pode-se inferir que estamos em um período em que o Kaliyuga Descendente terminou e o Kaliyuga Ascensão está se aproximando de forma acelerada, anunciando a chegada de Dwaparayuga.

Tabela 6 – As Yuga no calendário de Saptarishi

Yuga	Início	Duração	Fim
Kritayuga	12676 a.C.	3000 anos	9676 a.C.
Tretayuga	9676 a.C.	3000 anos	6676 a.C.
Dwaparayuga	6676 a.C.	3000 anos	3676 a.C.
Kaliyuga	3676 a.C.	3000 anos	676 a.C.
Kaliyuga Ascendente	676 a.C.	3000 anos	2324 d.C.
Dwaparayuga Ascend	2324 d.C.	3000 anos	5324 d.C.
Tretayuga Ascendente	5324 d.C.	3000 anos	8324 d.C.
Kritayuga Ascendente	8324 d.C.	3000 anos	11324 d.C.

O Kaliyuga Ascendente, que começou em 998 d.C. de acordo com tabela 5, tem 108 anos de transição inicial, após o qual começa o Kaliyuga principal de 1.080 anos, o que leva ao período de transição do Kaliyuga Ascendente de 2186 dC a 2294 dC. No calendário Sapta Rishi (Tabela 6), o Ascendente Kaliyuga começou em 667 aC e tem um período de transição inicial de 150 anos. O principal período de ascensão Kaliyuga é de 2.700 anos, que levará para o período de transição entre 2183 dC e 2334 dC. Ambos os sistemas mostram, portanto, que o último período Ascendente Kaliyuga começaria quase ao mesmo tempo, 2186/2183 dC. Isto mostra que os efeitos de Kaliyuga, apesar de serem positivos, durarão até 2180 dC e só depois disso os efeitos de Dwaparayuga seriam percebidos. Ainda não chegou o Dwaparayuga. Ainda estamos em estado de Kaliyuga, apesar de os seus efeitos mais adversos terem diminuído significativamente.

Dessa forma, parece haver uma confusão sobre a definição de Yugas e Chaturyugas. Talvez novas definições com novos conceitos sejam necessárias para esclarecer as dúvidas. Por enquanto, as definições curtas explicam os eventos históricos e as longas datas explicam os fenômenos astronômicos.

CAPÍTULO 6

OS AVATARAS, AS ENCARNAÇÕES DE DEUS

Um importante conceito no Hinduísmo é avataras (encarnações) do Deus supremo para estabelecer uma ordem no mundo sempre que a injustiça aumenta e Dharma é perturbado. Avatara significa "Aquele que desce". Isto é explicado como uma manifestação divina peculiar, na qual a divindade se apresenta de alguma maneira para ter um efeito especial. Quando a situação no mundo está ruim e precisa de ajuda para orientar para um certo caminho de evolução, o Deus supremo desce para o mundo de alguma forma para corrigir as coisas.

Hinduísmo tem crença na Trimúrti, um grupo de três deuses masculinos. Os três são Brahma (o criador), Vishnu (o sustentador) e Shiva (o destruidor). Esses são os três Deuses principais. De acordo com hindus, essas figuras são representações iconográficas das três importantes funções de Deus, as quais são a criação, conservação e destruição.

Embora os hindus acreditem em Brahman como o Deus supremo, eles também acreditam em um deus pessoal ou uma manifestação preferencial de Brahman, para orar todos os dias. Existem três ramos de crentes nos hindus que preferem três diferentes manifestações de Deus. Um grupo das hindus, chamado Vaishnavas, que adoram Vishnu, acredita que Vishnu é a divindade suprema, outro grupo chamado Shaivas ou Shaivates, que preferem Shiva como deus pessoal, acredita que Shiva é o Deus supremo e o terceiro grupo dos hindus acredita que a deusa feminina, mãe divina, Devi ou Shakti, é a fonte de toda a criação, e venera as várias manifestações de Devi. Outra seita hindu, a Smartas, é mais liberal e acredita no Brahman onipotente, podendo escolher qualquer manifestação de Brahman para veneração. Todos os hindus acreditam que a deusa feminina, Devi, se manifesta em três formas principais, Laxmi, Saraswati e Parvati, chamado juntamente como Tridevi.

Todos esses ramos estão unidos pela reverência comum aos Vedas e compartilham conceitos fundamentais como Karma, Dharma, reencarnação e a busca de Moksha, a libertação absoluta.

Tridevi

A manifestação dos Avataras é um conceito importante no Hinduísmo. Vaishnavas e Saivas, ambos acreditam em Avataras de Vishnu e Shiva, respectivamente. Os Avataras de Vishnu são mais populares e são descritos no Bhagavata Purana, Vishnu Purana e outros Puranas. Avataras de Shiva, apesar de não serem muito populares, exceto no grupo de Saivates, são descritos no Siva Purana.

As Dez Avataras do Vishnu: Dasavataras

Bhagavata Purana descreve 22 Avataras do Vishnu, dos quais dez são importantes e chamados de Dasavataras. O objetivo de cada Avatara é proteger o mundo contra algum perigo, destruir os inimigos de Dharma e proteger os virtuosos. Junto com Bhagavata Purana, existem outros Puranas como Matsya Purana, Varaha Purana, etc., que descrevem esses Avataras. Os dez Avataras do Vishnu são: Matsya (peixe), Kurma (tartaruga), Varaha (Javali), Narasimha (homem-leão), Vamana (anão), ParasuRama (Rama com Machado), Rama, Krishna, Budha e Kalki. As quatro primeiras Avataras têm um corpo com parte humana e parte animal. Embora não sejam nascidas como outros Avataras, elas aparecem quando são necessárias e, logo após, desaparecem. Os Avataras de Matsya, Kurma, Varaha e Narasimha se manifestaram em Kritayuga, Vamana, Parasu Rama e Rama Avataras em Tretayuga, Krishna Avatara em Dwaparayuga e Budha Avatara no Kaliyuga. Kalki Avatara ainda não se manifestou. Ele deve chegar no fim de Kaliyuga.

Matsya Avatara:

Manifestação como Peixe: O objetivo de Matsya Avatara era salvar Vaivaswata Manu, o progenitor da raça humana no presente ciclo da humanidade, de um dilúvio. O Rei Satyavrata, que se tornou Vaivaswata Manu mais tarde, percebeu um pequeno peixe ofegante na água e colocou em um pote de água. Ele cresceu rapidamente e o rei o transferiu para um pote maior. O peixe cresceu tanto que o rei, por fim, o transferiu para o mar. O rei compreendeu que o peixe era uma encarnação de Deus que veio para salvá-lo de algum perigo. O peixe avisou ao rei sobre a chegada do dilúvio e o instruiu para recolher os casais de cada espécie e as sementes de todas as plantas e embarcar num navio, e ele salvaria o navio. Quando o devastador dilúvio chegou, o rei, obedecendo à ordem de peixe, colocou as espécies em um navio enorme e o peixe guiou-o para um lugar alto e seguro. Dessa forma, a humanidade foi salva de um dilúvio.

Kurma Avatara:

Manifestação como Tartaruga: O objetivo de Kurma Avatara (Tartaruga) era salvar algumas relíquias preciosas, particularmente o elixir da vida, que foram perdidas no mar durante o dilúvio. As divindades ou devas e os demônios (Asuras) juntos queriam recuperar o elixir da vida do oceano e começaram a bater o oceano como se batesse o leite para tirar manteiga. Por isso, eles usaram a serpente cósmica Ananta como uma corda e a montanha cósmica Mandhara, como uma vara de bater. Como a montanha começou a afundar devido ao grande peso, Vishnu se manifestou como uma enorme tartaruga (Kurma) e serviu como uma ponte de sustentação para a montanha ou a vara. Diversas substâncias, incluindo um veneno poderoso, as plantas medicinais, Laxmi, a deusa das riquezas, foram recuperadas do mar de leite junto com o elixir da vida.

Varaha Avatara:

Manifestação como Javali: O objetivo de Varaha Avatara (Javali) era resgatar a terra inundada pela água depois do dilúvio. A lenda diz que o rei demônio Hiranyaksha fez austeridades venerando Brahma e, quando ele apareceu, pediu-lhe as benesses que nem as divindades, nem os homens poderiam matá-lo. Brahma concedeu as dádivas. Hiranyaksha, uma vez que ninguém hpoderia matá-lo, começou a atormentar a todos, inclusive as divindades. Elas fugiram para se esconder nas cavernas profundas. Hiranyaksha, enfurecido, apanhou a Terra e a escondeu no fundo do mar primordial.

Quando todos se depararam com Vishnu, ele se tornou um enorme Javali e resgatou a Terra. Hiranyaksha, no entanto, atacou Vishnu em uma longa batalha. Dado que a forma do Vishnu não é de divindade nem de homem, Vishnu matou Hiranyaksha, apesar das dádivas, e resgatou a Terra.

Nara-Simha Avatara:

Nara-Simha Avatara

Com o corpo humano e a cabeça do leão, Avatara Narasimha tem como objetivo libertar a terra das opressões do demônio Hiranya Kasepu. Hiranya Kasepu era irmão de Hiranyaksha. Quando Vishnu o matou, Hiranya Kasepu ficou inimigo mortal de Vishnu e proibiu o nome de Vishnu em seu território. Ele também fez austeridades venerando Brahma e obteve as dádivas que seu irmão tinha, que qualquer divindade ou homem não pode matá-lo, pela qualquer arma dura ou mole, durante o dia ou à noite, em casa ou fora de casa. Com a ajuda das dádivas, começou a torturar as divindades e o povo do mundo. Ele tinha um filho chamado Prahlada, que, pelo destino, era devoto de Vishnu. Quando Hiranya Kasepu mandou seu filho para uma escola com regras rígidas para os professores ensinarem e afastar o nome de Vishnu, Prahlada pregava o nome de Vishnu para os colegas. Furioso, Hiranya Kasepu mandou torturar e até matar seu filho para se esquecer da devoção a Vishnu. Quando ele falhou nesses atentos, Hiranya Kasepu desafiou o filho a mostrar onde Vishnu está. Prahlada disse que, em qualquer lugar que procura sinceramente, Vishnu estará presente. O pai questionou se Vishnu estava em uma das colunas da sala e quebrou-a com uma arma. Vishnu emergiu ferozmente de coluna, com o corpo humano e a cabeça do leão com longas unhas afiadas, agarrou Hiranya Kasepu com força e o arrastou pelas portas e o colocou no colo, rasgou os intestinos e o matou. A hora era o Crepúsculo.

Assim, obedecendo todas as regras de benesses dadas pelo Brahma, uma forma não humana e não qualquer divindade conhecida, com unhas que não são armas e nem duras, nem moles e em um lugar que não está situado dentro e não fora de casa e na hora que não é dia, nem noite, o demônio foi morto pelo Vishnu na Avatara do Nara-sinhá, o homem leão.

Vamana Avatara:

O objetivo de Vamana Avatara, o Anão, é restaurar o poder das divindades que foi usurpado pelo rei demônio Bali. Apesar de ser de raça de demônio, Bali era um rei benevolente, mas o instinto demoníaco e a rivalidade constante entre divindades e demônios levaram Bali a conquistar e ocupar o lugar das divindades. Vishnu, como um brâmane anão, chegou a Bali quando ele estava realizando um yajna e Bali ofereceu as riquezas para ele como parte do yajna. O anão, no entanto, recusou as riquezas, alegando que não tem uma família para sustentar e apenas queria uma terra de três passos para sentar e rezar. O rei Bali concordou e ofereceu uma área de terra. O anão Vishnu, então, tornou-se uma figura gigante e, ao dar dois passos, transpôs toda a criação. Não sobrou terra para o terceiro passo. Bali então ofereceu a cabeça para o terceiro passo e, assim, Vishnu empurrou Bali para mundos infernais.

Como Bali era benéfica, Vishnu concedeu-lhe o domínio sobre o mundo inferior. Kerala, na Índia, é o reinado de Bali antes de ser despachado para o mundo inferior, e o povo ainda lembra seu reino e crê que Bali visita seu reinado todos os anos no ano novo, o qual eles celebram como festival de Onam.

ParasuRama Avatara:

ParasuRama ou Rama com Machado. O objetivo desta Avatara é punir os Reis Kshatrias corruptos, que, com o decorrer do tempo, se tornaram egoístas e corruptos, esquecendo seus deveres de proteger os fracos e o povo em geral, e se tornaram tiranos. O guerreiro ParasuRama, de origem brâmane, invadiu os Reis Kshatrias 21 vezes, usando o Machado como sua principal arma, estabelecendo ordem no país. Ele é supostamente um Chiranjeevi, isto é, imortal.

Rama Avatara:

A história de Rama é relatada em uma obra de grande beleza, intitulada Ramayana. Rama é o herói dessa épica. Avatara de Rama tinha como principal meta acabar com o reino tirano de Asura Ravana.

Asura Ravana

Ravana era neto de Pulastya, uma das dez Prajapatis e filho de sabio Vishrava, um brâmane e Kaikasi de familia Asura. Ele era meio-irmão de Kubera, a guardiã das riquezas, era muito erudito e sábio, devoto de Shiva. Fiz austeridades venerando Brahma e teve dádivas que nenhuma das divindades, Gandharvas, Yakshas, Nagas (divindades em diferentes escalas) e Rakshasas poderia matá-lo. Ele não incluiu os homens nesta lista porque, de acordo com a sua perspectiva, eles são muito fracos e não podem matá-lo. Com força das dádivas, ele invadiu o reino de Indira e capturou as divindades. Apesar de ser um sábio, ele capturou muitas mulheres e as aprisionou em seu palácio. Ele tinha um navio do ar, Pushpaka, que o levaria a qualquer lugar, só desejando o lugar. Os soldados dele estavam torturando e matando as Rishis e seguidores de Vishnu. As divindades e a deusa da Terra solicitaram a Vishnu a libertação do demônio Ravana, uma vez que os seus atos delirantes o tornaram intolerável. Vishnu, então, encarnou-se como um humano, pois essa era a única maneira de matá-lo.

Rama

Rama é o filho mais velho dos quatro filhos do rei Dasratha de Ayodhya. Ele conquistou a mão de Sita, filha de Janaka de Vidarbha em um conteste de valor. Na véspera da coroação, ele foi expulso para as florestas por 14 anos, por intrigas da sua madrasta Kaikeyi e mãe do Bharata, seu meio-irmão, a quem ela queria que fosse rei. Sua esposa Sita e outra meio-irmão, Laxmana, acompanharam-no no exílio. Eles foram para o sul da Índia em suas andanças, onde a influência dos Rakshasas, os seguidores de Ravana, é muito forte e onde eles estavam atrapalhando e assediando os Rishis, destruindo suas yajnas e até os matando. Rama, protegendo-se dos Rishis, matou muitas Rakshasas, incorrendo na raiva do rei das Rakshasas, Ravana. Ravana também foi incitado pelas narrativas de beleza de Sita, a esposa de Rama.

Ravana concebeu um plano para tirar Rama e Laxmana do lar onde moravam, e sequestrou Sita e a levou para a sua cidade, Lanka, hoje Sri Lanka, em seu navio de ar Pushpaka. Voltando ao lar, Rama e Laxmana, sem encontrar Sita, foram procurar na floresta. Em suas andanças, eles chegaram a Kishkindha, o reino dos Vanaras (uma tribo parecida com macacos), onde conheceram Sugreeva e viram seu amigo Hanuman.

Rama, Laxmana, Sita e Hanuman

Sugreeva era irmão de Váli, o rei de Kishkindha, e devido a algum mal-entendido, ambos se tornam inimigos até a morte. Sugreeva se abrigou na montanha Rishyamuka, onde, Váli não pode entrar por causa de uma maldição. Rama firmou uma amizade com Sugreeva e prometeu matar Váli. Sugreeva, em troca, prometeu investigar o paradeiro de Sita quando ele se tornasse rei.

Como prometido, Rama matou Váli durante um combate entre Váli e Sugreeva. Sugreeva se tornou o rei de Kishkindha. Ele enviou as tropas dos Vanaras em busca de Sita para todos os lados e mandou Hanuman para o sul. Hanuman e suas tropas chegaram ao mar no Sul e Hanuman, com os poderes divinos que tem, pulou no oceano de 100 yojanas (quase 1200 km) e chegou a Lanka, uma grande ilha do rei Ravana. Ele procurou Sita em vários lugares e a encontrou, finalmente, num jardim sob a guarda das mulheres Rakshasas. Depois de algumas aventuras em Lanka e queimar uma parte da cidade, ele voltou para Rama para dar notícias de Sita. Rama realizou um grande exercício de Vanaras e seguiu para o Lanka para resgatar Sita. Ao chegarem à beira do oceano, os engenheiros de Sugreeva, Nala e Nila, construíram uma ponte com pedras flutuantes. Com a ajuda dos Vanaras,

Rama e todos os seus homens atravessaram a ponte e invadiram Lanka. Em uma batalha feroz, todas as tropas dos Rakshasas, juntamente com Ravana e seus parentes, foram aniquiladas, exceto um irmão de Ravana, Vibhishana, que fez amizade com Rama.Rama condecorou Vibhishana como rei de Lanka e voltou para Ayodhya com a sua esposa Sita e o seu irmão Laxmana. Neste episódio, Hanuman se tornou um fiel devoto de Rama e continuou sendo devoto por toda a sua vida. Rama foi ungido como rei e ficou famoso como um rei justo e querido oelo povo. Assim, o objetivo desse Avatara foi realizado.

Na tarifa, ele recebia a ajuda da tribo Vanaras, que também significa macacos. Uma vez que Vishnu jogou um truque com Narada, um erudito Rishi e devoto de Vishnu, o transformou em uma face de macaco. Narada foi insultado por ter a face de macaco e então Narada deu uma maldição a Vishnu que, em sua futura encarnação, só a raça com face de macaco ajudariam nas suas tarefas. Assim, a maldição foi comprida quando um exército de raça da tribo com face de macacos ajudou Rama.

Fora da realização de seu objetivo, Rama viveu uma vida exemplar — como um jovem, um príncipe, um filho devoto, um irmão caloroso, um amoroso marido e fiel à esposa, humilde e evoluído espiritualmente, como um guerreiro poderoso, como um rei exemplar e estrito adepto de Dharma. Em toda a sua existência, ele demonstrou ser como um homem ideal deve ser. Uma outra característica marcante do Rama é que, mesmo sabendo que ele é uma encarnação do Vishnu, nunca demonstrou seus poderes divinos. Ele vivia como um ser humano, com todas as emoções humanas, sofrendo as adversidades da vida e vivendo como Rama, o filho do rei Dasaratha. É por isso que é venerado por todos os tempos, apesar de ter vivido há quase 7000 anos. Em muitos templos da Índia, seu aniversário e conquistas são celebrados como festivais nacionais.

Avatara de Krishna:

Krishna é o oitavo Avatara do Vishnu. Assim como os outros Avataras, o objetivo deste Avatar é estabelecer o Dharma em declínio e punir os elementos que deliberadamente tentam desestabilizar a ordem no mundo. A história de Krishna é narrado na Bhagavata Prana. Krishna Avatara é conhecido como um Avatar perfeito. Porque, ao contrário do Avatara de Rama, que sabia de sua divindade e nunca demonstrou seus poderes, e composto como um humano comum, Krishna mostrou sua divindade sempre que a ocasião exigia e deu muitas indicações de que ele é um Avatara. Ele tinha problemas na infância e juventude, mas sempre foi uma personalidade especial. O objetivo principal era eliminar o rei cruel Kansa.

Devaki, a irmã de Kansa, casou-se com seu amigo Vasudeva. Quando Kansa estava acompanhando o casal para sua residência, uma voz divina avisou Kansa que a oitava criança do Devaki ia matá-lo. Kansa, furioso, tentou matar sua irmã Devaki. O marido de Devaki, Vasudeva, tranquilizou Kansa com uma promessa de que entregaria a oitava criança deles para ele quando ela nascer. Com essa afirmação, Kansa recuou, mas mandou o casal para a prisão, para que eles pudessem ser vigiados. Quando o primeiro filho do casal nasceu, Kansa ficou desconfiado e matou a criança sem piedade. Dessa forma, matou as sete crianças que nasceram na prisão. Antes do nascimento da oitava criança, Vasudeva teve uma visão em que Vishnu apareceu e instruiu Vasudeva a levar a criança para uma pequena cidade na vizinhança, Gokula, e trocar a criança com um bebê recém-nascido do casal Nanda e Yasoda. Quando a criança nasceu, Devaki estava em estado de transe, assim como todos os guardas. Vasudeva ficou livre das algemas e as portas foram abertas. Estava chovendo bastante lá fora, mas Vasudeva pegou a criança e, sem nenhum obstáculo, foi até Gokula, cruzando o rio Yamuna. Quando chegou a Gokula, encontrou todos em transe, e Yasoda, que havia dado um parto recentemente, também estava em transe. Vasudeva trocou os bebês sem ser notado, e retornou para a prisão. Todos voltaram ao normal, e os guardas acordados e percebendo que o bebê havia nascido, informaram Kansa imediatamente. Kansa correu para a prisão e, tirando o bebê do colo de Devaki, tentou matar o bebê, apesar dos protestos da mãe de que a criança não é homem, mas mulher e não pode fazer mal a ele. No entanto, o bebê escapou das mãos de Kansa e, com uma voz clara, avisou que a criança que o matara estava crescendo em outro lugar. Em seguida, a criança desapareceu. Kansa ficou apavorado e mandou os soldados matarem todos os bebês nascidos recentemente em todo o seu território. A criança de Nanda e Yashoda, Krishna, escapou de vários ataques de Kansa e seus soldados, devido aos seus poderes divinos.

Krishna significa escuro. Dado que ele era escuro, todos o chamavam de Krishna. Dessa forma, o seu nome ficou Krishna. Yasoda era a segunda esposa de Nanda. Ele teve outro filho, Balarama, de sua primeira esposa, Rohini. Todos os habitantes da vila Gokula eram vaqueiros. Balarama e Krishna cresceram juntos com outras crianças de vaqueiros. Krishna era um sapeca. Ele, com outras crianças, roubava leite e manteiga das casas dos outros. Ele gostava de vacas e elas também gostavam dele. Quando ele tocava a sua flauta, todos os animais se aproximavam dele. Em determinado período, devido à escassez de chuvas, houve uma grande fome na região. A família de Krishna, inclusive os outros, decidiram se mudar para Brindavana ou Vrindavana, a beira de rio Yamuna.

Krishna, apesar dos diversos ataques de Kansa, sobreviveu e cresceu na Brindavana. Quando Krishna tinha 16 anos, Kansa convidou Krishna para comparecer a uma festa na capital Mathura. Krishna, com Balarama, foi à festa e Kansa, mais uma vez, tentou matá-lo. No entanto, Krishna matou Kansa e libertou seus verdadeiros pais da prisão. A partir daquele instante, ele permaneceu em Mathura.

Krishna, quando esteve em Brindavana, exaltou o amor divino e muitas pessoas, inclusive as mulheres, o veneravam com muita devoção. Ele se casou com oito mulheres. Ele era muito amigo dos primos Pandavas e, particularmente, de Arjuna, que tinha a mesma idade. Quando os Pandavas foram expulsos para as florestas por intrigas dos Kauravas, seus primos, Krishna ajudou bastante os Pandavas.

Krishna foi um administrador, diplomata e filósofo, tendo demonstrado suas capacidades divinas diversas vezes. Durante a guerra de Mahabharata, entre os primos Pandavas e Kauravas, ele tentou a paz. No entanto, quando a tentativa falhou, ele preferiu permanecer como charreteiro e guia de Arjuna durante a guerra, tendo, dessa forma, ensinando Gita, não somente para Arjuna, mas para todos os outros.

Krishna Ensina Gita para Arjuna

Krishna disse que tomaria os Avataras sempre que os justos fossem atormentados, quando a ordem do mundo e do cosmos fossem perturbadas, devido ao declínio de Dharma. Ele ensinou que Atman é eterno e a morte é apenas para o corpo, e não para Atman. Quando um corpo se torna velho, Atman, que habita no coração de cada ser humano, abandona o seu corpo antigo e procura um novo. O dever de um homem é cumprir suas obrigações de forma justa, sem esperar nem resultado ou benefício. Ele ensinou Karma Yoga, Bhakti Yoga, Jnana Yoga e Raja Yoga para Arjuna. Explicou as virtudes de um ser humano equilibrado. Último objetivo do Atman, que passa por diversas vidas, é a emancipação e a última liberdade. Os ensinamentos de Krishna, também conhecidos como Bhagavad Gita, se tornaram populares ao longo de vários milhões de anos e foram traduzidos para diversas línguas do globo.

O Avatara de Krishna é adorável. Alguns que seguem a Bhakti Yoga, colocam Krishna no lugar de Vishnu ou Brahman, o Supremo. Durante toda a sua existência, manteve Dharma. A morte dele trouxe Kaliyuga.

Budha Avatara:

Sidhartha era um príncipe da dinastia Sakya de Kosala, no Nepal atual. Ele cresceu na opulência protegida. Ele era casado e tinha um filho. Um dia, encontrou um idoso e viu uma pessoa morta. Esses encontros o fizeram refletir sobre a vida e os seus sofrimentos. Ele renunciou à vida luxuriosa de príncipe para encontrar as soluções para essas misérias. Tornou-se um asceta errante. Após um longo período de perseverança, ascetismo e meditações, ele alcançou a iluminação em Bodh Gaya, na Índia atual. Daí, seria conhecido como Budha, o iluminado, ou Gautama Budha. Depois disso, ele se tornou um asceta errante e pregou sua filosofia, o Budismo.

Antes do surgimento do Budismo, a ênfase na religião hindu era na realização de yajnas com sacrifícios. A doutrina de Budha era contrária a esses sacrifícios. Além disso, ele se opôs ao sistema de Varnas, ou castas, e à intocabilidade. Budha levantou a bandeira de revolta contra o Hinduísmo e denunciou o sistema de yajnas e sacrifícios.

Ele ensinou quatro nobres verdades:

A**vida é sofrimento**(dukkha). O sofrimento é fruto do **desejo**.

Gautama Budha

O sofrimento **cessa quando o desejo termina**.

Existe um caminho para superar o sofrimento, conhecido como o Nobre Caminho Óctuplo.

Os budistas buscam desapegar-se de defeitos humanos como raiva, ciúme e inveja, e desenvolver qualidades como amor, generosidade e sabedoria. O **Karma** é central no Budismo. Boas e más ações trazem consequências nos renascimentos, e o ciclo de sofrimento é chamado de **Samsara**.

Em vez de perseguir a autoindulgência ou a automortificação, o Budismo propõe o "Caminho do Meio", ou seja, a prática do não-extremismo, seja em termos físicos ou morais.

Embora Budha tenha se revoltado contra o Hinduísmo, ele é considerado um dos dez Avataras de Vishnu, devido ao seu significado espiritual e por harmonizar seus ensinamentos com as crenças hindus e por afastar as pessoas das práticas ritualísticas e supersticiosas que se tornaram predominantes, promovendo uma abordagem mais ética. e compassivo de viver e também para tentar aliviar as pessoas do sofrimento através de seus ensinamentos

Budismo floresceu por mais de mil anos, com o patrocínio dos Reis e do povo, ultimamente cedendo para o Hinduísmo de novo. Ao longo de quase mil anos, Hinduísmo e Budismo conviveram de forma complementar, o que permitiu que uma religião influenciasse a outra. Apesar de o povo gostar dos princípios do Budismo e patrocinar, eles não esqueceriam das crenças e rituais do Hinduísmo. Os seguidores do Budismo também começaram a adorar os Deuses e Deusas do Hinduísmo, apesar de o Budismo não aceitar a presença do Deus. Budha também pregou a transmigração do Atman e a lei de Karma. Dessa forma, o povo não encontrou nenhuma diferença fundamental entre as duas religiões. Mas, como Budha foi considerado um homem que tentou aliviar a dor humana com novos conceitos, e foi considerado um homem emancipado, sua estatura foi elevada à de um Avatara.

Kalki Avatara:

Kalki Avatara, é um Avatara, ainda não chegou. A missão do Kalki será, como a crença diz, destruir os perversos, corruptos e tiranos que cresceram bastante no Kaliyuga e destruíram as boas leis e a ordem cósmica. Além disso, recuperar o Dharma, trazendo de volta o Kritayuga ou Satyayuga onde todos estão tranquilos e felizes. Os textos da tradição Purana descrevem Kalki como um homem montado em um cavalo branco e com uma espada de fogo empunhada.

Outros Avataras de Vishnu:

Além destes dez Avataras, os Puranas concedem a estatura de Avatara para personalidades que ajudam a melhorar as condições da humanidade, seja pela conduta, seja pelos ensinamentos ou outros atos nobres. Eles são chamados de Amsa Avataras, ou pessoas com características de Avatara. Em cada Yuga, surgem indivíduos com essas qualidades e influenciam a população. Alguns desses são:

Balarama: Balarama é meio-irmão de Krishna. Ele é supostamente a encarnação de Adisesha, ou Ananta, a serpente enorme sobre a qual Vishnu descansa em seu lugar divino, Vaikuntha. Balarama acompanhava Krishna como o irmão mais velho e companheiro, pois eles cresceram juntos em Gokula e Brindavana. Ele usava o arado como arma. Acredita-se que tenha sido o primeiro a introduzir a agricultura.

Veda Vyasa: Veda Vyasa é, supostamente, a encarnação do Vishnu, que aparece em cada Yuga para propagar a sabedoria dos Vedas. Em Kaliyuga, o nome dele é Krishna Dvaipayana, que organizou um grande número de Vedas e dividiu em quatro partes para facilitar o acesso à sabedoria. Ele também foi o autor de 18 Puranas e Mahabharata, para divulgar os ensinamentos dos Vedas de uma forma mais popular e Bhagavata Purana para inculcar devoção ou Bhakti nas pessoas e mostrar um caminho fácil para emancipação e a liberdade total. A crença é que somente um Avatara de sabedoria do Vishnu pode realizar essa tarefa tão grande.

Chaitanya Prabhu: Também conhecida como Gauranga Prabhu, é a reencarnação de Krishna, que nasceu no dia 18 de fevereiro de 1486. Ele divulgou o processo de autorrealização numa maneira simples de Bhakti Yoga ou devoção.

Seus ensinamentos são profundamente enraizados na devoção a Krishna e na busca da realização espiritual. Chaitanya enfatizou a importância de cantar o nome de Deus (kirtan) como um meio eficaz para alcançar a espiritualidade. Ele acreditava que o amor e a devoção a Krishna eram a essência da vida espiritual. Chaitanya ensinou que todos os seres vivos possuem uma centelha divina (atman) e, portanto, devem ser tratados como iguais. Ele promoveu a ideia de que todos são iguais perante Deus, independentemente de sua posição social ou origem. Ele ensinou que a essência dos Vedas é conhecer a Deus e o amar. Chaitanya proclamou que Krishna é a Suprema Verdade e o Ser Supremo. Ele é uma encarnação de Vishnu e deve ser adorado como tal. Chaitanya experimentou estados extáticos de amor por Krishna, conhecidos como rasa. Ele dançava e cantava em êxtase durante suas devoções.

Chaitanya Prabhu também é conhecido pela reforma social que ele adotou quando admitiu todo mundo de todas as castas em suas seções de Nama-Sankeertana (Cantar o nome de Krishna), contrariando o costume da época de segregação das baixas castas.

Há uma grande quantidade de Avataras de segunda e terceira ordens em todos os Yugas que tiveram influência na sua época e propuseram uma alteração significativa.

Os Avataras de Shiva.

Como Vishnu, Shiva também tem Avataras descritos em Shiva Purana. A lista de Avataras de Shiva varia de acordo com Purana. As Puranas, Shiva Purana, Skanda Purana e Linga Purana mencionam diversas listas. Apesar de a lenda ter mencionado que há 19 Avataras do Shiva, elas não são tão populares quanto as Avataras do Vishnu. Dentre eles, estão: Nandi, Veerabhadra, Bhairava, Sharabha, Durvasa, Sureswara, Kirat, Sunatnartaki, Brahmacharya, Yeksheswar e Avadhuta Avataras. Além disso, Dakshinamurty, um aspecto de Shiva na forma de Guru que ensina todos os tipos de sabedoria, é famoso. Esta forma de Shiva é suposta a ensinar yoga, música e sabedoria. A personalidade de Hanuman também é considerada uma Avatara de Shiva.

Shiva é representado normalmente sentado em uma posição de meditação. Ele também é venerado na forma de uma coluna, erroneamente chamado pelos ocidentais, como falo. Shiva é um dos três deuses trimúrtis, além de Vishnu e Brahma. Brahma é chamado o criador, Vishnu o preservador e Shiva o destruidor. Aqui, a destruição não significa a destruição da criação, mas sim a destruição dos traços negativos intrínsecos humanos, imperfeições e ilusões. Essa destruição leva à criação nova. Dessa forma, Shiva pode ser descrito como um destruidor beneficente.

As Avataras de Devi, a deusa feminina poderosa, é tratada num outro capítulo.

PARTE 2

HINDUÍSMO NA PRÁTICA

CAPÍTULO 7

SANNSKARAS, OS RITUAIS DE VIDA DO BERÇO ATÉ A MORTE

Os Rituais de Vida do Berço até Morte

Todas as religiões prescrevem algumas atividades e cerimônias aos fiéis, que os ajudam a se relacionar com a religião e aumentam a espiritualidade dos seguidores. No Hinduísmo, algumas cerimônias são preconizadas para serem realizadas em diferentes ocasiões da vida. Essas cerimônias ou rituais, chamados Sanskaras, são importantes marcos na vida humana e têm como objetivo purificar o ego ou o Eu pessoal, bem como limpar os pecados do corpo e da alma. Sanskara significa cultura, reforma. O objetivo das sanskaras é reformar uma pessoa, torná-la mais culta. Eles incutem valores morais e disciplina espiritual, orientando os indivíduos no seu desenvolvimento pessoal. Essas cerimônias têm como objetivo purificar o indivíduo e prepará-lo para a próxima fase da vida, incorporando valores culturais, morais e espirituais. Eles oferecem apoio psicológico e emocional durante transições significativas na vida, garantindo vínculo comunitário e familiar. A religião Hinduísmo prescreve 16 importantes sanskaras para os homens que são a maioria se cumprir durante a vida, desde o útero até a morte. Todas as Sanskaras melhoram a vida do indivíduo, exceto a última Sanskara Antyeshti. As Sanskaras também ajudam a diminuir os efeitos do Karma de vidas passadas. No Hinduísmo, cada aspecto da vida tem um significado e, sendo sagrado, há uma celebração para cada aspecto. A celebração de sanskara eleva o indivíduo para um nível mais elevado psiquicamente, purificando a Alma e preparando para Moksha, a liberdade total de ciclos repetidos de morte e renascimento. O objetivo dessas sanskaras é trazer a inteligência superior, como das Devas e Rishis, para ajudar na sua vida.

Esses rituais iniciam-se antes da concepção do bebê, logo após o casamento, e prosseguem ao longo da vida, culminando com cerimônias após a morte. Alguns sanskaras são realizados pelos outros, como o país e os filhos, para ele, enquanto outros ele mesmo faz. Sete dessas sanskaras são executadas na infância e três na fase adulta. Apesar de todas as Sanskaras serem importantes para o bem-estar espiritual, a maioria dos hindus as ignora e apenas alguns Sanskaras estão sendo realizados na sociedade atual, influenciados pelos eventos externos, como a ocupação do país pelos estrangeiros por muitos séculos, a exposição dos jovens a culturas estranhas e o estilo de vida moderno.

1. Garbhadana-Começo de Vida Conjugal.

Esse é um sanskara do tipo pré-natal. Garbhadana significa doar o útero. O sanskara é realizado após as cerimônias matrimoniais, na primeira união de um casal. No entanto, este sanskara perdeu a relevância nos dias atuais, quando as jovens mudaram bastante, com relações sexuais antes do casamento e vivendo juntas, e com os casamentos por interesses e acordos.

No entanto, no casamento convencional (confira mais detalhes abaixo), essa celebração tem como objetivo estabelecer uma conexão respeitosa, afetuosa e duradoura entre o casal recém-casado. Esta é a primeira Sanskara que o casal realizará, depois da união em casamento, antes da concepção. As divindades são invocadas para assegurar a saúde, o amor e a paz entre os casais, bem como para conceber filhos saudáveis. Os mais velhos da família concedem bênçãos ao casal para que possam permanecer juntos, com alegria e saúde, e terem filhos saudáveis. Após essas celebrações familiares e religiosas, o casal começa a viver juntos.

2. Pumsavana (Proteção ao feto):

Essa é uma cerimônia que acontece depois da gestação e quando a barriga da mãe começa a crescer. Normalmente, essa cerimônia é realizada no terceiro ou quinto mês de gestação, antes de o feto se movimentar na barriga da mãe. O propósito desta celebração é assegurar que o feto cresça de maneira saudável e pura na barriga da mãe. Durante esse período, é essencial que a mãe e o feto invistam em alimentos saudáveis para garantir que o feto cresça adequadamente.

3. Seemantonnayana - O chá de Bebê

A cerimônia também é conhecida como Seemantam, ou a separação dos cabelos. Normalmente, essa cerimônia é realizada no quinto ou sétimo mês de gravidez. A presente celebração tem como objetivo prevenir o aborto prematuro e preservar a saúde e a longa vida da mãe e do filho. Esta festa é como um chá de bebê nos dias atuais, quando o marido, parentes e amigos dão presentes para ela e o bebê. Na Índia, a mãe é presenteada com novas roupas, pulseiras, frutas e doces. Todas as mulheres casadas abençoam a mãe.

4. Jatakarma:

É a primeira Sanskara, ou cerimonia religiosa, depois do nascimento do bebê. A cerimônia é para conhecer o bebê recém-nascido e criar uma ligação entre pai e filho. A cerimônia é realizada antes que o cordão umbilical entre mãe e filho seja cortado, quando o pai toca os lábios do bebê com mel e manteiga derretida, dando bem-vindo ao bebê em seu mundo.

O tempo exato de nascimento também deve ser notado para preparar posteriormente um horóscopo de bebê com a ajuda dos sábios.

5. Namakarana:

O objetivo desta celebração é dar um nome ao recém-nascido. A cerimônia é celebrada com a presença de familiares e amigos no décimo primeiro dia após o nascimento. Antigamente, o nome era determinado de acordo com o horóscopo do bebê, mas, hoje em dia, o nome é determinado por conveniência. Se a cerimônia não puder ser realizada por algum motivo, será realizada no 27º dia, quando a criança também é colocada no berço pela primeira vez.

6. Niskramana:

Niskramana é um termo que significa passear. Este é um ato para levar um bebê para fora de casa pela primeira vez, geralmente para um templo ou para a casa de um parente idoso. Geralmente, é realizado no final do terceiro mês do bebê. O bebê experimenta o mundo exterior pela primeira vez e as impressões sobre a mente do bebê dão início ao seu desenvolvimento.

7. Annaprasana-A Primeira Alimentação Sólida

O objetivo é dar ao bebê um alimento sólido, como arroz e leite. Esse ritual é realizado no sexto mês do bebê. Até o momento, o bebê tem sido alimentado exclusivamente pelo leite materno. É a hora de oferecer um alimento sólido para o seu desenvolvimento físico e mental.

8. Chudakarana (Corte do cabelo).

O Primeiro Encontro com Barbeiro. Este também é chamado de Siro Mundana e é a cerimônia de primeiro corte de cabelo. Geralmente, é realizada no terceiro ou quinto ano de vida e em um templo. Por norma, os cabelos são raspados completamente porque isso provoca um crescimento forte dos novos fios.

9. Karnavedha:

Karnavedha é uma cerimônia de perfuração de lóbulos de orelhas. Os lóbulos das orelhas são importantes centros de acupressão. As pesquisas neurológicas demonstraram haver uma ligação entre os lóbulos das orelhas e os hemisférios cerebrais. Perfurando os lóbulos ajuda no desenvolvimento da inteligência e no aumento da imunidade contra infecções respiratórias e também contra doenças como hidrocele e hérnia. Para meninos, o lóbulo direito é perfurado primeiro e para meninas, o lóbulo esquerdo.

10. Vidyarambha-A Alfabetização

Vidyarambha, também chamado Aksharabhyasa, é a cerimônia de iniciação de crianças com alfabetos ou iniciação à educação. Geralmente, essa cerimonia é realizada em um dia auspiciosa no terceiro ou quinto ano da vida de uma criança, em um templo, ou, particularmente em um templo de Deusa de conhecimentos, Saraswati, no suposto dia do aniversário de Deusa, Vasanta Panchami, o quinto dia do mês de Magha no calendário indiano, que, aproximadamente, corresponde ao mês de fevereiro. Neste dia, as abençoes de Deusa Saraswati são acalmadas para que o aluno poder ter bons conhecimentos, educação e progresso na vida.

11. Upanayana-A iniciação

A cerimônia é chamada de cerimônia de corda sagrada. Antigamente, era para meninos e meninas, mas alguns séculos atrás as meninas foram excluídas. Esta é uma importante cerimônia na idade de 8 ou 11 anos do menino, quando um guru ou pai inicia a criança para as tarefas védicas, colocando uma corda sagrada, chamada Jânoi ou yajnopaveeta, no pescoço do menino e ensinando Gayatri Mantra. Alguns consideram essa cerimônia como um renascimento espiritual de crianças e chamam o aluno segundo nascido de Dvija. Desde então, o estudante deve oferecer oferendas ao deus Sol, conhecido como Savitr, três vezes ao dia. Ele tem permissão para aprender Vedas e é permitido participar de algumas cerimônias védicas. Geralmente, pessoas das castas altas, brâmanes, Kshatrias e Vaisyas realizam esta cerimônia para meninos.

Alguns chamam essa cerimônia de Vedarambha também. Depois da cerimônia, o menino, agora chamado Brahmachari, é enviado para um guru-kula, uma escola residencial de um guru, para aprender Vedas, Upanishadas e outros conhecimentos. Hoje em dia, porém, são raros os gurukulas e o aprendizado dos Vedas e o aluno fica apenas com os pais e frequenta escola pública ou privada, com ou sem essa cerimônia.

12. Samavartan:

A cerimônia é realizada no final da escolaridade de Gurukula, antes de ele deixar o local. Esta cerimônia é semelhante a uma colação de grau de um aluno. Após a cerimônia, o aluno, que agora é um homem maduro, pode se casar e ingressar na etapa de Grihasta Asrama, na qual o cidadão se torna responsável pela família.

13. Vivaha, O Casamento

Vivaha é casamento. O Vivaha, ou casamento, é uma importante celebração na vida de qualquer jovem, seja ele homem ou mulher. Esta cerimônia não cogita estabelecer um acordo entre o homem e a mulher para ficarem juntos pelos prazeres, mas sim uma celebração religiosa para celebrar uma relação entre as duas famílias e o início de um relacionamento amoroso duradouro entre um homem e uma mulher. O casamento não é apenas para ter prazeres físicos, mas sim para ter filhos e dá continuidade à linhagem familiar e, assim, devolve a devida quantia às ancestrais. Além disso, o casamento dá permissão para o homem realizar as cerimônias védicas. Em cada celebração auspiciosa e religiosa, as divindades são convidadas junto com suas esposas, como Laxmi e Narayana, Uma e Shiva, Sachi e Indra, entre outros, para celebrar a ocasião. Esse exemplo demonstra a relevância de uma vida conjugal em cada aspecto.

O casamento é uma celebração que envolve momentos de alegria, diversão, convívio familiar e social, além de uma grande variedade de comida, cultura, religião e emoções. Em geral, a seleção de noiva e noivo é conduzida por parentes dos dois lados, levando em conta as histórias das famílias, as qualidades dos noivos e a concordância de horóscopos dos noivos. A principal consideração antes de escolher os noivos é que eles não pertencem à mesma gotra.

O significado de Gotra:

O Gotra é um sistema que estabelece uma ligação entre uma pessoa e seus ancestrais mais remotos ou de origem de uma família de linhagem masculina ininterrupta. Como a sociedade hindu é patriarcal, ou seja, o sistema hereditário e transmitido de pai para filho, na hora do nascimento a gotra do pai é passada para a criança. No passado, na sociedade védica, o sistema de gotra era utilizado para identificar a linhagem de uma pessoa. Originalmente, as gotras seguiram o nome das Sapta Rishi Prajapatis, um grupo de sete Rishis que ajudaram Brahma no processo de criação de várias formas de vida para povoar o universo. Ou seja, no início, apenas sete Rishis foram considerados ancestrais para toda a população e os seus nomes foram escolhidos como gotras. Esses Rishis mudam a cada manvantara, ou seja, quando um Manu muda, um novo grupo de prajapatis Sapta Rishi passa a existir (veja Capítulo 5). Na presente manvantara os Rishis são: Atri, Bharadvaja, Bhrigu, Gritama, Kashyapa, Vasishtha e Angirasa. Inicialmente, somente os brâmanes usavam o sistema de gotras, mas, posteriormente, quando o sistema de gotras foi adotado pelas outras castas, outros nomes dos Rishis e nomes famosos de família foram incorporados como gotras. Quando uma pessoa menciona sua gotra, por exemplo, Vasishtha, é referindo sua ascendência masculina para a antiga Rishi Vasishtha.

A verdadeira razão para este sistema é pelos cromossomos nas células do indivíduo. O ser humano tem 23 pares de cromossomos, com um par sendo os cromossomos de sexo. Cromossomos X determinam o aspecto feminino e cromossomos Y determinam o masculino. Embora o cromossomo X seja essencial para ambos os sexos e contenha um número significativo de genes importantes, o cromossomo Y determina principalmente o sexo masculino e carrega genes cruciais para o desenvolvimento masculino. As mulheres têm dois cromossomos X (XX) e os homens têm um cromossomo X e um cromossomo Y (XY). Durante a concepção, cada parente contribui um cromossomo. Mulher somente pode contribuir cromossomo X, pois ela tem cromossomos XX, enquanto o homem pode contribuir cromossomo X ou Y, pois ele tem ambos. Quando um espermatozoide fertiliza um óvulo, a combinação dos cromossomos sexuais determina o sexo da criança. Se o espermatozoide carregar o cromossomo X, a combinação resultante será XX, resultando em uma criança do sexo feminino. Se o espermatozoide carregar um cromossomo Y, a combinação resultante será XY, resultando em um filho do sexo masculino.

Dado que apenas os homens possuem cromossomos Y nas suas células, as crianças recebem os cromossomos Y dos pais e cromossomos X das mães. No entanto, as mulheres recebem os cromossomos X de cada parente. Então, o cromossomo Y é sempre mantido de acordo com a linhagem do pai, assim como a criança recebe este cromossomo, sempre pelo pai, enquanto o cromossomo X não é preservado na menina, porque ela recebe X de ambos, mãe e pai. Dessa forma, o menino recebe o cromossomo Y do pai sem adulterações e mostra a sua linhagem. Mulher nunca recebe cromossomo Y no seu corpo. Assim, cromossomos Y são principais indicadores no corpo para determinar a genealogia, ou ascendência masculina de uma pessoa. Se a gotra de uma pessoa é Vasishta, os cromossomos Y dessa pessoa podem ser traçados para Rishi Vasishta. Isso significa que pessoas de mesma gotra têm cromossomos Y comuns e poderiam ser primos. As filhas dessas pessoas também têm cromossomos X de mesmo tipo e, se a união for entre pessoas de mesma gotra, a criança nascida de relação deles pode ter defeito genético. Por esta razão, o casamento do menino e da menina de mesma gotras é proibido. Casamentos fora das gotas são desejáveis e saudáveis devido à melhor mutação genética.

O processo de casamento:

Após determinar o noivo e a noiva pelos pais dos dois lados, os horóscopos deles serão examinados para compatibilidade astral. Afirma-se que a maioria dos hindus acredita que os planetas e o Sol têm um impacto significativo nas vidas humanas. Dessa forma, se os planetas ocupam posições opostas nos horóscopos dos noivos, o casamento não seria amigável e teriam problemas domésticos.

Se os astros permitirem o casamento, uma cerimônia formal será celebrada em um dia auspicioso, com a presença dos noivos e familiares dos dois lados. Haverá uma troca de presentes e data do casamento é determinado e as preparações para o casamento serão iniciadas. O casamento é, geralmente, realizado na residência da noiva ou em um templo. O casamento costumava ter duração de cinco dias, mas foi reduzido para três dias e, posteriormente, para um dia. Atualmente, os casamentos são realizados em salões públicos em poucas horas, devido aos custos e à falta de tempo. Em casamentos, os parentes do noivo requisitam dinheiro ou outros presentes de acordo com o estado do noivo, sua posição financeira, instrução e status. Mas, atualmente, esse sistema de dotes e custos de casamento, que está aumentando dia a dia e que o pai de noiva tem que arcar com a totalidade é um mal social, prejudicando severamente os pais de noivas, apesar da proibição do governo de demandar a dote.

O noivo chega ao local do casamento com parentes e amigos em grande estilo, às vezes acompanhado de música e danças, chamado Baraat. Dependendo da situação financeira e do estado do pai de noiva e do quanto ele pode gastar no casamento de sua filha, há algumas cerimônias adicionais, como colocando henna nas mãos, programas musicais e danças, etc., realizadas na casa de noiva antes da cerimônia principal.

No caso do casamento, existem alguns ritos a serem seguidos, como as cerimônias védicas acompanhadas de mantras e as cerimônias religiosas, de acordo com os costumes da região e a família. A fase de celebração do casamento é composta por: Snataka, veneração dos Vinayaka e Gouri, Madhuparka, Kanyadaana, Mangalyadharana, Panigrahana, Yajna e Saptapadi.

Snataka, a cerimônia que indica o término de estudos

Atualmente, na maioria das famílias, a cerimônia de upanayana não é realizada na idade prescrita de 8 ou 10 anos, mas é adiada para ser realizada antes do casamento, para completar o costume. Nesse caso, a upanayana é realizado antes o começo de cerimônias do casamento.

A Snataka, a cerimônia para finalizar Brahmacharya é uma mistura de ritual védico e costume, e é realizada na casa do noivo antes de ir para a casa da noiva para o casamento. Durante o estado de Brahmacharya ou estado estudantil, ou quando mora em gurukula ou escola residencial do guru, o aluno tem que seguir algumas regras, como oferecer oblações três vezes por dia para Savitr (Sol), cuidar do fogo sagrado (Agnikarya), pedir para suas refeições nas diversas casas (Bhikshatana), etc. No entanto, atualmente nenhum aluno faz esses rituais. Ao final dos estudos e antes do casamento, o aluno deve realizar algumas ações ou tarefas para compensar as suas faltas em seus deveres e para diminuir os efeitos dos pecados acumulados por conta dessas falhas. Antes de realizar esses yajnas, é costume preparar o noivo para ir para Kasi (Varanasi), um centro de estudos avançados dos Vedas, para mais estudos. Neste momento, o pai de noiva, ou representante dele, chega e oferece a noiva em casamento e pedi para ele não ir para Kasi. Dessa forma, o noivo desiste da viagem e aceita o casamento, completando os rituais de Snataka. Dessa forma, a cerimônia de Snataka está completa.

Veneração de Vinayaka e Gouri:

Após o noivo chegar à casa da noiva para o casamento, o noivo e a noiva tomam um banho sagrado e o noivo começa a rezar Vinayaka (Ganesha) para que o casamento e outros rituais possam ser realizados sem qualquer obstáculo. A noiva, ao mesmo tempo, reza Gouri (ou Parvati), a esposa de Shiva, que é, de acordo com a tradição, uma mulher bem-casada e que é o maior amor de Shiva. É uma divindade poderosa que protege casamentos.

Madhuparka:

Uma mistura de mel com coelhada de leite da vaca é chamada de Madhuparka. Depois do banho sagrado, o pai de noiva oferece novas roupas ao noivo e, em seguida, oferece Madhuparka, desejando que a nova união seja doce como mel e firme como coelhada.

Kanyadaana:

O casamento começa com a canta dos mantras védicas pelos sacerdotes convidando as divindades e pancha bhutas, os cinco fundamentos naturais terra (Prithvi), água (Apas), fogo (Tejas), ar (Vayu) e espaço (Akasa) para serem testemunhas do casamento. O pai de noiva oferece sua filha arrumada para o noivo, dizendo que, para continuar o clã, para ter autorização para participar dos rituais védicos e para adquirir às três purushardhas, Dharma, Artha, Kama (Os três objetivos da vida, uma vida justa, riquezas e prazer) ele está oferecendo sua filha como legítima esposa para ele.

O noivo se compromete a seguir os passos de Dharma, Artha e Kama (em uma vida justa, em aquisição de riquezas e prazeres) e aceita a noiva como uma esposa legítima na presença de todas as divindades. Esse procedimento é conhecido como Kanyadaana ou doação de noiva. O objetivo desta ação é transferir a responsabilidade da moça, até então protegida pelo pai, para o noivo.

Yokram:

Existe uma grama chamada Darbha que cresce nas margens dos rios e é, supostamente, muito sagrada. É usada em diversos rituais védicos. Uma corda é feita com esse Darbha e o noivo a amarra na cintura da noiva, com mantras de saúde e bem-estar sendo cantados pelos sacerdotes. A crença é que esse ato dá saúde, boas crianças para a mulher e a autoriza a participar de rituais védicos com o marido.

Mangalyadharana:

Essa cerimônia é muito importante no ritual do casamento. Nesta cerimônia, o noivo prende uma corda de cor amarelo, amarelado com cúrcuma, que contém dois discos de ouro, um de família da noiva e outro de família do noivo, no pescoço da noiva, com três nós, sob as bênçãos de mantras dos Vedas. Este gesto indica que o noivo está amarrando a corda que representa sua vida no pescoço da noiva para que seja guardada, como se fosse sua vida, por cem anos, desejando, assim, que, juntos, vivam para sempre com saúde. Isso também implica na construção de um laço duradouro entre as duas famílias.

Em algumas regiões, além da mangalya e da corda, uma marca vermelha conhecida como Sindoor de kumkum (um tipo de cúrcuma) é aplicada nas testas e nas pontas dos cabelos da noiva para simbolizar o casamento. Tanto a corda (mangalya) quanto o Sindoor são símbolos de uma mulher casada. As guirlandas das flores são trocadas pelos noivos. Em algumas regiões, essa cerimônia é seguida pelos jogos de diversão entre o noivo e a noiva, como colocar arroz, colorido com cúrcuma e kumkum, nas cabeças um do outro, procurar um anel em um pote com água, etc. Essas brincadeiras ajudam os noivos, que eram estranhos até o momento, para aproximar de um por outro. Como símbolo de aceitação do casamento, os vestidos do noivo e da noiva são amarrados em um nó antes do início da veneração de

Agni, o fogo sagrado, em um yajna. O casamento é solenizado na presença de Agni, que representa todas as divindades, e o noivo, na presença do fogo, promete se manter fiel, protege a esposa toda a vida e a convida para ser a dona de sua casa e participar de todas as cerimônias religiosas.

Saptapadi:

Os Sete Paços Sagrados: Na presença do Agni, o noivo pega a mão direita da noiva, em um ato chamado Panigrahaña. O pai de noiva disse que "estou deixando minha filha sob seus cuidados. Por favor, aceite a mão dela". Após este ato, o noivo convida a noiva para dar sete voltas em torno do fogo, que representa sete promessas na vida conjugal do casal. É a etapa mais relevante do casamento. Essas sete voltas têm uma grande relevância, cada uma com uma promessa acompanhada de mantras sagrados dos Vedas. A primeira é prometendo respeito e honra mutualmente, a segunda é a promessa de lidarem juntos com os problemas da vida, a terceira é a promessa de trabalharem juntos para a prosperidade da família, a quarta é prometendo companheirismo com amor e inteligência, na quinta volta desejando boas crianças, na sexta volta desejando saúde para ambos e na sétima, desejando um laço amoroso e duradouro por toda a vida, como se fosse uma palavra e sua significância. Após essa cerimônia, o noivo e a noiva são reconhecidos como marido e esposa. A noiva, até então com a gotra do pai, deixa esse gotra e adota a gotra do marido.

Com este ato, a cerimônia do casamento termina, mas algumas outras celebrações são mantidas. Agora, o marido e a mulher celebram a yajna, o primeiro ritual religioso da vida conjugal, como Grihasthas (as cidadãs responsáveis pela sociedade), para agradecer a Deus. Depois ocorre uma despedida de noiva de sua família. Essa é uma situação dolorosa para a família de noiva, pois ela interrompe as relações maternais de sua casa e vai embora para se juntar a outra família.

14. Vanaprastha Ashrama-A Vida de Aposentado.

Como mencionado anteriormente, o objetivo primordial do ser humano é atingir as Purusharthas (Os principais objetos da existência), que são Dharma, Artha, Kama e Moksha. Para cumprir essas tarefas, os sábios védicos dividiram a vida em quatro etapas ou Ashramas. A primeira delas é a de Brahmacharya, que se estende desde sua infância até cerca de 25 anos. Durante esse período, ele adquire conhecimento por meio de aulas em gurukulas (escolas de guru) ou em instituições de ensino. Durante esse período, ele também aprende a seguir a Dharma e a ter uma existência justa no futuro. A segunda fase é a de Grihastha, que tem entre 25 e 60 anos, quando se casa, acumula riquezas, tem filhos, presta assistência a outros membros da comunidade, realiza ações religiosas, éticos e altruístas. A terceira fase da vida é Vanaprastha Ashrama, de 60 a 75 anos. Nessa fase, o indivíduo tenta afastar as suas responsabilidades como cidadão, transferindo as responsabilidades para os filhos e preparando para a vida espiritual, ouvindo as palavras dos sábios, peregrinando para templos e lugares sagrados e, assim, vivendo distante de assuntos mundanos e focando-se nos atos religiosos. Aqui, Vana significa floresta. Prastha quer sair. Antigamente, as pessoas desta etapa costumavam abandonar a casa e ir para a floresta, ficar tranquilos e contemplar a vida e o futuro.

15. Sanyasa Ashrama- A Vida de Mendicância Espiritual.

Essa é a última etapa da vida, quando o ser humano deixa o mundo, se torna um mendigo ou se refugia em um refúgio religioso, apenas pensando em Atman e Brahman, sem qualquer outro desejo, exceto a Moksha (libertação do círculo de renascimentos). Antes de entrar nessa fase, há uma cerimônia onde a pessoa escolhe um guru que dá Diksha ou iniciação e instruções sobre a Sanyasa Ashrama.Desde então, afasta todos os familiares, inclusive os filhos, e dedica sua existência à emancipação de si mesmo.

16. Antyeshthi-As Cerimônias Funerárias

Este é o último rito para uma pessoa, que será realizado pelos descendentes após sua morte. Quando uma pessoa morre, o corpo é lavado e levado para o campo de cremação em uma maca feita de bambus e carregada pelas quatro pessoas. O filho mais velho conduz o cortejo fúnebre, com um pote de barro e água. Ao chegarem à campo de cremação, os parentes e amigos do falecido prestam homenagens com a recitação dos mantras da Veda pelos sacerdotes. O corpo é colocado na pira funerária e o filho mais velho faz três voltas em torno da pira, com um pote de barro furado nos ombros. Em seguida, ele acendia o fogo na pira. Este fator de pote furado e água vazando simboliza o vazamento da vida humana na hora da morte.

A morte e a viagem do Atman para outros mundos são descritas em muitas escrituras, como Bhagavad Gita, Yoga Vasishta, Vários Upanishadas e alguns Puranas, particularmente em Garuda Purana. A morte não é repentina, mas ocorre de forma lenta em alguns minutos. Antes da morte, os chacras do pé param de se movimentar e, consequentemente, os dedos ficam resfriados, o que indica a iminente morte. A corda de vida é interrompida, que quebra o laço de Atman com o corpo. O Atman não aceita o rompimento e tenta agarrar o corpo. Em determinadas circunstâncias, é possível notar o movimento tímido dos dedos ou das mãos por alguns segundos após a morte. Estudos recentes mostram que, após a morte, a mente permanece ativa por um longo período e pode estar ciente dos eventos ao redor do corpo. Finalmente, o laço tem que ser quebrado porque agora é hora de o Atman afastar o corpo. A maioria dos hindus prefere a cremação ao invés do enterro porque os hindus acreditam que o fogo purifica o corpo e libera a alma de seus laços terrenos, facilitando sua jornada para a próxima vida. Os ritos fúnebres (Antyrshti) realizados antes, durante e depois do funeral têm como objetivo trazer bênçãos à alma e facilitar ao Atman atingir o seu destino, de acordo com o seu Karma, sem quaisquer obstáculos.

A cremação do corpo é considerada o modo mais rápido para quebrar a laços de Atman com o corpo. Mas ainda o Atman não se afasta dos arredores do lugar onde o homem morava, especialmente quando ainda tem desejos incompletos ou tem muita atração pelos membros de famílias, ou, particularmente, com algumas coisas pessoais. Para isso, os parentes, sobretudo os filhos, fazem alguns rituais védicos para que ele se afaste das afeções de forma gradual. Esse processo dura 12 ou 13 dias, período em que a família fica em quarentena para que outros não sejam afetados pelo efeito biológico da pessoa morta com quem a família estava em contato íntimo. No décimo segundo dia, a família dá o adeus ao Atman. No entanto, a trajetória do Atman é acompanhada pelos filhos por um ano, com oblações mensais e rituais mensais, a fim de aliviar os obstáculos enfrentados no caminho para o destino e, também, para dar força à Atman em sua jornada astral. Quando o Atman chega ao Mundo Lua ou qualquer outro mundo divino, um dia neste mundo equivale a um ano para nós humanos. Por isso, as oblações para Atman pelos filhos serão repetidas anualmente para a alimentação diária do Atman.

CAPÍTULO 8

AS DIVINDADES VENERADAS

As Divindades da Época Védica

Hindus veneram vários Deuses e Deusas nas diferentes ocasiões. As Rishis sustentavam que a criação era uma realidade em todos os sentidos, através da manifestação da Consciência Universal ou Brahman. Nesse processo, a Consciência Universal cria diversas agências ou divindades, masculinas e femininas, para cumprirem diversas tarefas cósmicas. Na era dos vedas, essas divindades simbolizavam as forças da natureza. As principais divindades da época eram Indra, que simbolizava trovões, relâmpagos e chuva, e também um deus guerreiro que lutava em prol de sua comunidade. Agni, que simbolizava o fogo, Varuna, um deus do céu noturno e do mar, que posteriormente se tornou um deus da ordem do universo, Mitra, que simbolizava a ordem natural ou Rta, e Vayu, que simbolizava o ar. Alguns ocidentais chamaram Hinduísmo de religião pagã devido à veneração dessas divindades. Max Müller define Hinduísmo como Henoteísmo. No entanto, o Hinduísmo não é uma religião pagã, politeísta ou henoteísta. No Henoteísmo de Max Müller, por definição, vários deuses de mesma escala são venerados, mas as pessoas que seguem o Hinduísmo não veneram várias divindades de igual relevância, mas apenas um Deus em diferentes formas. Os Vedas declararam que a verdade é única, e os sábios nomeiam o Ser único de diversas maneiras: Indra, Agni, Mitra, Varuna, Garutman (RV 1-164-46) Eles não são entidades verdades, mas representam forças nos vários níveis de consciência humana.

Brahman Com e Sem Atributos

No Hinduísmo, de acordo com os Vedas, Deus é único, mas os sábios descrevem de maneiras diferentes (RV 10-114-5, *'Vipra kavayo vachobhir Ekam Santam Bahudha Kalpayanti'*). Este Deus único é chamado de Brahman por alguns e Sakti (energia) por outros. Este Brahman se manifesta de duas maneiras: Nirguna e Saguna. Quando é Nirguna Brahman, não tem nenhuns atributos ou qualidades, é sem forma e é absoluto. Essa é uma forma pura de energia. Sob a forma de Saguna Brahman, Ele é representado como uma criação ou universo visível, com diversos atributos ou qualidades. Essas duas formas são como energia e material em senso moderno. Às vezes, ele assume uma forma específica, como um Avatara. Deus é onipotente e onipresente, e se manifesta de diversas maneiras em todas as formas. Dependendo da atitude do devoto, cada atributo de Deus pode ser associado a uma forma diferente de se manifestar. Dessa forma, existem diversas formas de Deus, que não são distintas entidades, mas sim uma única entidade, que se manifesta de diversas maneiras. Bose (1954) chamou esse tipo de teísmo védico de "Teísmo Advaitista". A palavra "advaita" significa que não há diferença entre os dois. Não há nenhuma diferença entre a Saguna Brahman e as formas manifestadas. O Teísmo advaitista é 'Um em Vários e Vários em Um'. Aqui, uma é a verdade e várias também são verdadeiras.

As Três Importantes Manifestações de Brahman

A criação do visível universo, sustento e destruição são as principais tarefas de Deus, que se apresenta como Saguna Brahman. Quando Deus é considerado o criador, Ele é chamado de Brahma (diferente de Brahman, o absoluto). Enquanto sustentador, Ele é chamado Vishnu e como destruidor, Shiva ou Maheswara. Essas três formas, também chamadas de Triamvarates ou Trimúrti, são as principais formas de Saguna Brahman. Posteriormente, diversas outras divindades ou deuses e deusas foram criadas para as diversas tarefas e atribuídos diversos nomes para essas diferentes formas. A sabedoria é atribuída, por exemplo, à Deusa Saraswati, que está associada ao criador Brahma como sua esposa. As riquezas de todos os tipos são atribuídas a Laxmi e associada a Vishnu como sua esposa. O bem-estar do mundo, a ordem e o funcionamento do mundo são atribuídos a Parvati, a esposa do Shiva. Ela se manifesta em diferentes formas, como Durga, Kaali, Devi, etc., dependendo das tarefas que ela tem que cumprir para estabelecer a ordem do mundo, em combates contra demônios que tentam perturbar o mundo. Ela é chamada de Shakti, a energia eterna que está por trás de toda criação.

Além destes deuses, são venerados vários Avataras ou manifestações do Vishnu ou Shiva, que ocorrem em diferentes épocas para cumprir as tarefas específicas, como estabelecer Dharma ou punir aqueles que tentam perturbar a ordem do universo. Os Avataras de Rama (o herói de Ramayana), Krishna de Mahabharata, que disseminou o Bhagavad Gita ao mundo, Narasimha (o homem leão com a cabeça de um leão e um corpo humano), que manifestou-se para proteger a criança Prahlada e matar o demônio Hiranya Kasepu, o pai de Prahlada, são figuras bastante veneradas no país. Há diversos templos dedicados a eles espalhados pelo país. Detalhes das desses Avataras já foram apresentados anteriormente. Os primeiros três Avataras, que supostamente ocorreram em Kritayuga, Matsya (Peixe), Kurma (Tartaruga), Varaha (Javali), e os dois Avataras Vamana (Anão) e Parasu Rama (Rama com Machado), que ocorreram no final do Kritayuga, ainda são venerados, mas não são tão populares e não existem templos famosos dedicados a eles.

Além dessas divindades que os hindus veneram, há outras manifestações do Brahman que são muito admiradas, como, por exemplo, o Sol, que energiza o mundo todo, é conhecido como Suryanarayana, uma forma do Vishnu que sustenta o universo, Vinayaka ou Vighneswara, removedor dos obstáculos, Anjaneya ou Hanuman, devoto fanático de Rama, como inimigo das forças malignas e protetor dos devotos, Kartikeya ou Skanda, filho mais velho de Shiva, para conceder sabedoria e juventude eterno para devotos e muitas outras divindades para conceder vários benefícios e proteger das forças más.

Deusa Shakti e suas várias formas:

Como já foi dito, a Deusa Shakti é considerada uma divindade fundamental, e é adorada em suas diversas formas. Há uma grande quantidade de seguidores de Shakti que a veneram como a principal divindade. Ela é o aspecto criativo do Brahman, a encarnação de toda a sabedoria, do passado, do presente e do futuro. Ela é uma força primitiva chamada Adi Shakti. Ela é venerada como Deusa Mãe. Os devotos têm uma forte conexão com Shakti, assim como os filhos têm uma ligação com suas mães. Esse tipo de devoção é bastante antigo e pode ser visto em diversas culturas do mundo. A obra Devi Bhagavata mostra a importância de cada manifestação de Devi para a propagação de sabedoria, concessão de riquezas e alegrias, manutenção da ordem do universo e punição de maus elementos, como demônios e Rakshasas, que, com ajuda das dádivas que ganham do Brahma, Vishnu ou Shiva, tornaram inimigos das divindades e povo que segui a Dharma do dia.

Shakti se apresenta com três atributos ou gunas, Satva, Rajás e Tamas. Satva, que é pureza, sabedoria e harmonia, foi divinizado em Saraswati, a esposa de Brahma. Rajás, que representa dinamismo, movimento, atividade e ambição, foi divinizado na forma de Laxmi, a esposa de Vishnu. Tamas, que representa escuridão, violência e materialidade, é atribuído para Shakti em suas diversas formas guerreiras como Parvati, Kaali, Durga, Lalitha, Chamunda e Mahishasura Mardani.

Shakti é venerado como uma força tamasica por um grupo de devotos chamado Shaktas, que venera a Mãe Divina sob a forma de Tantra. Para se tornarem altamente espirituais, é necessário que sejam iniciados pelo guru especializado em Tantra. Alguns sábios rejeitam Tantra, considerando a veneração tântrica de Deusa não é um ato nobre, pois, na veneração de Tantra, alguns usam mulheres como símbolos das Deusas e atos eróticos para atingir o êxtase espiritual.

As diversas manifestações de Shakti apresentam diferentes características e aspectos espirituais, e cada uma delas tem uma história diferente para sua presença. A seguir, apresentaremos uma breve descrição de algumas dessas manifestações.

Kaali:

De todas as formas de deusas, a manifestação de Shakti como Kaali é a menos compreendida. Kaala significa o tempo em sânscrito. Kaali é a encarnação desse implacável, impiedosa, indomável tempo. Apesar de Kaali ser considerada uma Deusa muito poderosa, a sua representação em uma forma feroz e escura aterroriza mais os devotos comuns. A compreensão da essência do Deusa Kaali é extremamente difícil, a menos que se experimente uma intensa curiosidade e perseverança em busca da verdade escondida por trás da figura inquietante.

Kaali   Durga   Lalita

Kaali é representada de diversas maneiras, mas todas elas são com uma aparência intimidante. Muitas vezes ela é representada nua, com o escuro intenso, os cabelos longos desativados. Ela veste um cinto dos braços e um colar das cabeças humanas. Os brincos dela são os cadáveres das crianças e as cobras são braceletes. Ela tem uma boca grande com sangue pingando, uma língua vermelha pendurada para fora e colmilhos afiados e longos. Ela tem as mãos como garras e unhas tortas. Ela possui quatro mãos, uma espada de grande porte em uma das mãos, uma taça de carnaval em outra, um tridente em outra mão e uma quarta mão, que pode conter um nó ou uma cabeça recém-cortada. Kaali é representada como uma monstra emaciada, megera, com dedos ósseos e dentes longos e salientes. Kaali, em sua forma audaciosa, é chamado de Bhayankari, o intimidante. Ela frequenta os campos de batalha e se sacia com o sangue dos mortos. Moradia dela é em campos de queima dos corpos, onde se senta sobre corpos meio queimados e é atendida pelos chacais e demônios. Ela é tão impura que as mulheres que a consideram impuras durante suas menstruações podem achar que são mais puras do que ela.

Em alguns casos, é conhecida como Maha Kaali, com dez braços, dez armas e dez pés. Dessa forma, é interpretada como uma figura cósmica que representa não somente Kaali, mas também o poder de todos os Deuses. Para um devoto, a forma feroz é uma revelação. A figura e as armas que Ela tem simbolizam os caminhos que a levam para uma vida espiritual. As oito cabeças do colar representam os oito estados de ignorância, ou emoções como a ambição, a raiva, a luxúria, a ilusão, a inveja, a vergonha, o medo e o nojo, que obscurece a mente e empurra a vida em ciclos de vida e morte (Vanamali, 2008). Kaali quebra esses nós um por um para nos libertar da nossa ignorância. A língua que está presa no Kaali é como se fosse para lamber os demônios que aparecem em nós. Esses são os nossos desejos, que surgem constantemente um após o outro em nós. Kaali lambe esses desejos e purifica nossa alma ou Atman. Kaali usa o cinto dos braços recém cortados para encobrir a nudez dela. Esses braços, que cobrem umbigo e púbis, representam Karmas, bons e maus, das várias vidas, geralmente cometidos para alimentação ou sexo. Kaali é representada com quatro braços, uma mão segurando uma tigela crânio que representa alimentação abundante e também ego cortado, o segundo mão tem um nó que representa a liberação dos nós de vida e morte. Em terceiro, tem uma espada como uma grande foice, que representa o conhecimento divino que corta nossa ignorância. A tridente na outra mão representa o controle das três gunas ou atributos que temos cada um, Satva, Rajás e Tamas.

Amar este tipo de Deusa feroz é extremamente difícil para um devoto comum. No entanto, para os que a consideram uma mãe, ela chegará como se fosse um anjo. Ela pode aparecer de qualquer forma que ele desejar. Ela fica com todo amor, como mãe divina que brinca com a criança que faz do seu colo um berço. Nesta forma Ela é chamada Bhadra Kaali.Em tempos recentes, Ramakrishna Paramahansa (1836 – 1886), do Kolkata, popularizou a veneração do Kaali. Ele era devoto mais intenso de Kaali e a considerava Ela como uma mãe viva e conversava com Ela.

Kaali é quem domina a tantra yoga. Nas diferentes modalidades de tantra yoga, Kaali é considerado o maior realismo ou maior de todas as divindades. Em Mahanirvana Tantra, é considerada um dos epítetos para energias extraordinárias. A origem de Kaali não é bem definida. Em uma das histórias, quando Durga foi para matar os demônios, um deles, Raktabija, atacou Durga. Ele tinha bênçãos de Shiva que, quando, num ataque, seu sangue é derramado, cem demônios surgem de cada gota de seu sangue que cai no chão. Quando ele atacou Durga, Durga ficou preta de raiva e, na testa dela, surgiu Kaali, que lambia o sangue derramado pelo demônio Raktabija, antes que o sangue caísse no chão. Dessa forma, o demônio Raktabija foi vencido.

Durga:

Mahishsura, o demônio búfalo (o demônio com a cabeça do Búfalo), era tão poderoso e cruel que nenhuma divindade, isolada ou unida a outras, poderia superá-lo e parar sua crueldade, devido às dádivas que ele recebeu de Brahma pela imensa penitência que fez. Com as dádivas, ele conquistou os três domínios e sua crueldade contra as divindades aumentou. As divindades apelaram para Vishnu e Vishnu considerando que nenhum homem ou animal pode matá-lo pela dádiva que ele tinha, com consulta de Brahma e Siva, convidou Shakti para matar o demônio. A Shakti apareceu com dez mãos, montada de um leão. Todas as divindades deram-lhe as suas armas e poderes para que ela matasse o demônio. Chamaram-na de Durga, que significa difícil de alcançar. Durga lutou contra o demônio, que estava assumindo diversas formas de animais, por dez dias e, finalmente, quando assumiu a forma de búfalo, ela matou o demônio perfurando seu peito pelo poderoso tridente. A morte do demônio foi celebrada por todos e, até hoje, esse dia de vitória do bem sobre o mau é comemorado no festival do Dusserah em outubro.Esse festival é muito popular no estado de Bengala.

Lalitha:

Shakti apareceu como Lalitha ou Lalitha Devi no altar de Yajna para derrotá-lo do poderoso demoníaco Bandasura. Após a morte da esposa, Sati, por autoimolação, Shiva foi para um lugar sagrado de Himalaia, e começou uma rigorosa penitência e profunda meditação. Durante esse tempo, um rei demônio chamado Taraka se tornou extremamente poderoso e tirano, pois só o filho de Shiva poderia matá-lo. Ele recebeu esta benção do Brahma, tendo em mente que Shiva é celibatário e nunca vai casar. As divindades perceberam que Shiva, tão concentrado em sua penitência, não se casaria num futuro próximo. No entanto, Parvati, uma encarnação do Shakti e filha do Himavant, divindade guardiã do Himalaia, servia Shiva durante sua meditação.As divindades, que queriam que Shiva interrompesse sua meditação e se casasse com Parvati, procuraram a ajuda de Manmtha,o cupido. Ao chegar à montanha, que estava encravada pelo gelo, Manmatha transformou as imediações em um jardim encantador, capaz de perturbar ainda mais o rigoroso celibato. Aguardou até que Shiva abrisse os olhos e ficou surpreso. Shiva, quando tive um breve intervalo na sua meditação, percebeu a transformação do campo do gelo em um belo lugar, mas não ficou surpreso e voltou à sua meditação. Manmatha ficou desapontado, no entanto, aguardou pacientemente. Quando Parvati veio para servir Shiva, e Shiva teve outro descanso em sua meditação, Manmatha tirou a flecha do amor para atingir Shiva. Apesar de Shiva já ter sido habituado a ver Parvati sem nenhuma emoção, desta vez ficou atraído pela beleza do Parvati e ficou perturbado. Más, como era um yogi perfeito, com todos os seus sentidos controlados, percebeu algo errado e notou a presença do Manmatha, pronto para disparar a segunda flecha do amor. Com raiva e irritação, ele abriu o terceiro olho. Uma faísca do fogo saiu do terceiro olho e transformou Manmatha em uma pilha de cinzas em poucos instantes. Chocadas, as divindades que causaram o desastre, pediram a Shiva para perdoar Manmatha, que agiu de boa vontade, instigado por eles. Embora fosse um destruidor, Shiva era extremamente amoroso e concedeu uma benção que Manmatha pudesse viver sem um corpo. Mais tarde, Shiva casou-se com Parvati e tiveram um filho chamado Kartikeya, ou Shanmukha (com seis cabeças) ou Muruga, que matou Taraka em uma batalha feroz.

Mais tarde, Parvati teve outro filho, Ganesha ou Vinayaka, que se tornou uma figura com a cabeça do elefante. Um dia, ele achou uma pilha de cinzas perto de Kailasa e, como brincadeira, fez uma estátua do homem das cinzas, deu vida, chamou Bhanda e o levou para seus parentes, introduzindo-a como seu amigo. Parvati gostou do rapaz e, oferecendo muitas benesses, permitiu que permanecesse em Kailasa. Shiva demonstrou contentamento com a sua devoção e concedeu-lhe a graça de que, em uma batalha, a oponente perderia a metade do seu valor para ele. No entanto, devido à sua origem de cinzas provocadas pela raiva do Shiva, ele desenvolveu todos os traços temíveis do Shiva e, aos poucos, tornou-se um homem cruel. Assim como foi criado das cinzas do Manmatha (o cupido), adquiriu as qualidades do amor, mas de forma perversa e se transformou em um demônio agressivo, distorcido e com luxúria egocêntrica. Usava o amor para manipulação e destruição. Ele possuía uma energia típica da natureza selvagem. Com essas qualidades, foi expulso do Kailasa e, assumindo o nome Bhandasura, estabeleceu um reino com sede em Shonatipura, que era maior que Amaravati, capital do Indra. Ele ficou poderoso pela dádiva de Shiva e começou a atacar as divindades que fracassaram na frente dele. As divindades recorrem ao Brahma para eliminar Bhandasura. Brahma disse que, como Parvati deu muitas dádivas, só Parvati em forma de Shakti pode eliminá-lo e os instruiu a fazer um yajna em nome de Shakti com muitas oferendas e sacrifícios.

Quando as divindades realizaram a yajna com muita devoção e elogios a Shakti, ela apareceu do altar do fogo de yajna como uma mulher bonita, resplendente de beleza, sentada em uma yantra chamada Sri Chacra, um disco de beleza. Em suas quatro mãos, ela tinha um nó, um aguilhão, um arco de cana-de-açúcar e cinco flechas com pontas adoradas com pétalas de flores. Em outra descrição, Ela tinha dez mãos com diversas armas concedidas por diversas divindades. As divindades se encantaram com a sua beleza e a elogiaram, como Lalitha (adorável, elegante, charmoso), Tripura Sundari (bela dos três domínios), Adi Parashakti (encarnação da força primordial), Kameswari (deusa dos desejos), Sondarya Lahari (embriaguez de beleza). Um poema escrito em sânscrito pelo filósofo Śankara, Soundarya Lahari, descreve a beleza extraordinária dela em detalhes. Outro famoso poema em sânscrito, Lalitha Sahasranama (os mil nomes de Lalitha), cita vários epítetos do Lalitha, inclusive como um símbolo de prosperidade e proteção, como um poder infinito, como um símbolo do desejo sexual e aponta que Ela é quem manifesta esse desejo sexual em todas as pessoas. Ela é chamada Ramya, a bela; Kānta, o adorável; Vāma Nayana, mulher com olhos belos; Kāmya, uma mulher desejável e muitos outros epítetos. Os nomes são usados para auxiliar o devoto a se concentrar e a enxergar a beleza como mãe divina. Lalitha Sahasranama é repetido em diversas ocasiões pelos ortodoxos, especialmente pelas mulheres, porque essa obra descreve as melhores qualidades femininas.

Shiva ficou encantada com ela e transformou-se num homem bonito, como Kameswara, um senhor de desejo, um homem bastante atrativo. Ele pediu a mão de Lalitha. Ela ficou encantada com a beleza do Kameswara e as divindades também solicitaram Lalitha, a Kameswari, para se casar com Kameswara, a Shiva. Com bençãos de todas as divindades e Brahma e Vishnu, eles se acertaram.Por ela querer ficar independente, as divindades construíram uma cidade para ela, chamada Sripura, na forma de Yantra Sri Chacra (disco divino). As divindades elogiaram a deusa como uma das dez mais poderosas do universo, a mãe do universo, com poderes de criação, proteção e destruição, e imploram para protegê-los da tirania do Bhandasura.

Numa carruagem chamada Chakra Raja, com nove partições e totalmente armada, Lalitha, junto com outras nove Shaktis, que apareceram no yajna de Indra junto com ela, se prepararam para lutar contra Bhandasura. Em seguida, ela e outras Shaktis destroçaram as comandantes e os filhos de Bhandasura. Por fim, Lalitha matou Bhandasura, perfurando-o com um tridente.

Além de Kaali, Durga e Lalitha, as manifestações de Shakti, com atributos de tamas como Raja Rajeswari, Maheswari, Parashakti, Dakshayani, Chamunda e Chandika, e outras apareceram nas diferentes épocas para estabelecer a ordem cósmica e as hindus veneram todas essas manifestações com igual devoção.

Uma excelente exposição sobre a Devi, o supremo Deusa e suas várias manifestações podem ser encontrada em um livro de Flávia Bianchini, publicado pelo Universidade Federal Paraíba (Bianchini,2013).

Lakshmi:

Como já foi mencionado, Shakti é venerada com os atributos Rajás, que significam atividade, movimentação e ambição. Dessa forma, Shakti é conhecida como Lakshmi. Ela é conhecida como Deusa das riquezas e Sri, que significa "linda". Ela é uma divindade auspiciosa e é venerada através de um poema elogioso chamado Sri Sukta, onde Sri e Lakshmi são sinônimos, representando uma Deusa adorável sentada em um lótus, distribuindo riquezas para devotos. Ela é uma fonte inesgotável de graça e charme. É considerada uma figura de doçura, harmonia e beleza. Ela é um aspecto extremamente atraente da Deusa Mãe, que desperta uma sensação de felicidade inesquecível e inunda uma felicidade inebriante em seus seguidores. Às vezes, é considerada a Deusa Terreno, e adorada para prosperidades e riquezas. Nas Puranas, é considerada a esposa do Vishnu.

Saraswati

Saraswati é a forma Satvik de Shakti. Saraswati é a deusa do conhecimento, das artes, musicais e da sabedoria. É frequentemente representada, vestido em uma roupa branca com quatro braços, segurando objetos que simbolizam o conhecimento e as artes, como um livro, um instrumento musical chamado veena, um rosário e um pote de água simbolizando pureza e abundância. Em puranas, é referida como a esposa de Brahma associda ao seu aspecto criativo. Ela está associada aos Vedas e é chamada de Veda Mata ou mãe dos Vedas.Ela é adorada por todos os que buscam conhecimento, sobretudo em escolas e conferências literárias. Ela tem poucos templos dedicados a ela. Os estudantes que estão iniciando seus estudos buscam suas bênçãos para o sucesso na educação e nas atividades intelectuais.

As Deusas da Comunidade

Apesar de o Deus supremo, Brahman, ser onipresente, para um praticante comum, a presença de um Deus pessoal é um meio para rezar e trazer segurança e tranquilidade. Este conceito é válido não apenas para indivíduos, mas também para uma comunidade. Os habitantes das vilas e cidades, dessa forma, necessitam de um Deus protetor para proteger contra os ataques das forças malignas. Esses guardiões, ou divindades tutelares, são chamados de "Grama Devatas" e, em geral, são femininos. São invocadas através de orações e tantras, e seus templos simples estão localizadas nas periferias das vilas ou aldeias. Essa turma é composta por vários tipos de Deusas, para proteger a comunidade das vaias e doenças, proteger as lavouras e as colheitas dos agricultores, proteger contra feiticeiras e proteger contra a entrada de elementos maus nas aldeias. Elas são chamadas de Pochamma, Mutyalamma, Gangamma, Poleramma, Mariamma, Shitala Devi, Manasa Devi e outros. Há mais de cem Grama Devatas em diversas aldeias pelo país. Geralmente, Elas simbolizam Durga ou Shakti.

Em alguns locais, ao invés da Grama Devata, existe um homem protetor de aldeia. O homem protetor mais popular é Hanuman ou Bajrangbali. Ele é um personagem famoso da história Ramayana. Ele é da tribo de vanaras e é devoto do herói Rama. Ele é erroneamente chamado de Deus Macaco, mas é de uma tribo indígena que habita uma floresta, com características faciais de um macaco. Hanuman é considerado um feroz combatente dos elementos maus e demônios, e, dessa forma, é considerado um bom guardião das aldeias. Alguns outros guardiões das vilas são Kalabhairava, Kuruptu Samy e outros.

Além de serem diversos os nomes, as formas dos guardiões também são distintas. Desde pedras até estátuas, eles são venerados pelo povo como protetores das suas vilas e lares. Atualmente, em alguns lugares, existem estatuas gigantescas de Hanuman, com mais de 30 m de altura. Ramakrishna Paramahamsa, um dos maiores realizadores do Atman, do século dezenove, disse "qualquer conceito de Deus, seja com forma ou sem forma, agarre-se a ele e ame com fervor o divino, mas não seja vaidoso que somente o seu conceito do divino é único e final.Assim, um dia na sua veneração, você terá a graça do Divino". Dessa forma, os habitantes, com fé, veneram seu guardião de qualquer forma, adorando e fazendo festivais anuais ou na qualquer hora que percebem uma graça, para apaziguar o guardião. Em festivais, é frequente que haja sacrifícios de animais, embora essa prática tenha diminuído recentemente devido a iniciativas governamentais.

CAPÍTULO 9

TEMPLOS E PEREGRINAÇÃO

Os Templos de Hindus

A visita aos templos e a peregrinação são importantes para a vida de hindu. Templos existiram de alguma forma desde os tempos de Brahmanas, mas não desde o período dos Vedas, embora não haja nenhuma prova concreta para isso. Milhares de templos estão espalhados pela Índia. Eles vão do tamanho de uma pedra debaixo de uma árvore até grandes templos que ocupam grandes áreas. Todas as religiões indianas têm templos dedicados a seus principais gurus e encarnações. Devido à migração de hindus para vários países como comerciantes, trabalhadores contratados, trabalhadores qualificados e profissionais altamente qualificados, muitos templos hindus também foram construídos nos países onde se estabeleceram. Estima-se que existam cerca de dois milhões de templos hindus em todo o mundo, incluindo os Emirados Árabes Unidos dominados pelos muçulmanos.

Arquitetura do templo:

Na crença hindu, o templo representa o macrocosmo do universo, bem como o microcosmo do espaço interior. A localização ideal para a construção do templo, de acordo com as preceituações Védicas, é aquela que apresenta uma distribuição abundante de energia positiva em forma de ondas magnéticas e elétricas na superfície da Terra. O ícone central do templo será localizado no centro desta área de energia e estará orientado para o leste. Este lugar, ou a construção em torno dele, é chamado Garbhagriha e é considerado muito sagrado para o templo. Outras extensões do templo são construídas em torno deste garbhagriha. Abaixo do ídolo principal, as placas de cobre, gravadas com mantras védicas e letras, chamadas de Beejaksharas (silabas sagradas), são encerradas. O cobre, sendo um bom condutor, absorve a energia magnética do lugar e espalha nas redondas do templo. Aqueles que frequentam o templo com frequência e fazem rondas em torno do ídolo principal, Garbhagriha, sentirão os efeitos destas ondas magnéticas em forma de energia positiva.

    Agama Sastra, uma ciência das regras sobre os templos e seus funcionamentos, decide como um templo de cada divindade deve ser construído. Um templo depende de três elementos principais: a localidade (sthala), poço ou tanque, ou pequena lagoa perto do templo (Tirtha) e o ídolo principal (Moorty). Como Tirtha (fonte de água) é um elemento relevante, muitos templos são construídos na beira dos rios ou beira do mar. Se o templo está longe do rio ou do mar, um tanque ou grande poço é construído na área do templo. A figura mostra o típico esquema de um templo (Dokras, Uday, 2024)

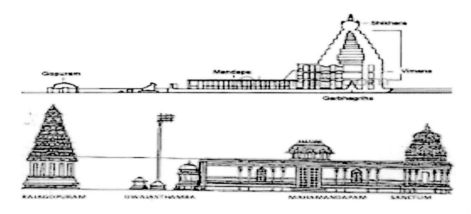

    O Moorty, ou ídolo principal, é colocado no centro do campo de energia magnética e um quarto quadrado é construído em torno dele, chamado de Garbhgriha. O teto deste Garbhgriha é em forma de uma torre, conhecida como Shikhara, e, em templos ricos, é coberto com placas de ouro. Em geral, os devotos não podem entrar nesta Garbhgriha. Somente um sacerdote autorizado entra nesta área para limpar e purificar o ídolo e conduzir os rituais religiosos. Os devotos que visitam o templo costumam caminhar pelo Garbhgriha ou pelo próprio templo com humor meditativo, sempre mantendo o ídolo do lado direito. Essa prática é conhecida como Pradakshina ou Parikramana (Circunambulação). Há um grande espaço em torno desta Garbhgriha, onde os praticantes podem fazer parikramanas.

Essas rondas (Parikramanas) são importantes para os devotos, pois, durante essas rondas, eles podem absorver a energia positiva emitida pelo ídolo e as placas de cobre, com mantras poderosos, enterradas abaixo do ídolo.

Na frente do Garbhagriha, existe uma sala conhecida como Mandapa, onde os devotos se reúnem para rezar e venerar a divindade, além de assistir a palestras de sábios e a programas de cultura, como música e dança. O Mandapa é uma sala com diversas colunas, onde são esculpidas figuras de dançarinas, figuras de Avataras, ou cenas das histórias épicas Ramayana, Mahabharata e outras. Em alguns templos, essa área é afastada da área principal, sendo composta por diversas colunas.

Em alguns templos, há um alpendre frontal entre a Mandapa e a entrada principal, chamado de Antarala ou Ardhamandapa (Meio Mandapa). No local, há um pilar chamado Dhwajastambha, também conhecido como mastro de bandeira. Este conjunto é composto por uma única pedra, uma única peça de madeira ou um único tronco de árvore. O tamanho usual é de aproximadamente 30 pés (cerca de 9 metros) e, em caso de madeira, é coberto por uma placa de bronze, prata ou ouro. Geralmente, há três poleiros horizontaiso apontando para a Garbhgriha no topo desta coluna. Eles simbolizam a trindade do Hinduísmo: Brahma, Vishnu e Shiva. A coluna é considerada possuída pelo poder de divindade do templo. O devoto que adentra o templo, inicialmente, reza esta coluna e, posteriormente, reza o ídolo principal.

Um templo típico

A entrada do templo é um exemplo de beleza artística. A torre, de aproximadamente 100 metros de altura, está edificada sobre a entrada e ornamentada com figuras de diversas divindades e tradições folclóricas. A área do templo é circundada pela parede de tijolos ou frequentemente por pedras. Normalmente, há duas entradas para o templo, chamadas Gopurams, no leste e no oeste. Em alguns templos, há quatro torres de acesso em cada direção. A figura mostra um templo típico.

Significado do Templo:

Gopuram, Entrada de Templo

Apesar de algumas indicações de existência das imagens nas épocas dos Vedas, não se tem provas das existências dos templos até o segundo milênio a.C. Uma opinião é que somente depois da invasão do Alexandre, em cerca de 320 a.C. ao noroeste da Índia, a cultura dos templos começou, devido à influência dos gregos. Os primeiros templos com imagens das divindades foram erguidos pelos Budistas em Gandhara, ou Afeganistão, no dia de hoje. O rei Ashoka construiu a Stupa em Sanchi, que guardava as relíquias de Budha no terceiro século a.C. e é considerada o primeiro templo (Vardia, 2008). Nesta Stupa, o Buddha é representado como um trono, e não como um ídolo de Budha. Só mais tarde, as estátuas de Budha apareceram em templos budistas. A cultura de representar o divino em um templo foi adotada por outras religiões da Índia nos séculos seguintes (Brown, 1942). Os mais antigos templos hindus do período Gupta, do século IV d.C., são encontrados em Madhya Pradesh, mas acredita-se que eles já existiam antes.Recentemente, o departamento de arqueologia está em busca deles.

No Hinduísmo, o templo não é apenas um local de veneração das divindades. Ele é um centro de cultura, onde ocorrem diversas atividades, como palestras religiosas, sessões de música e dança orientadas a Deus, músicas comunitárias (Bhajans), festivais religiosos e a divulgação das histórias das épicas Ramayana, Mahabharata e Puranas. Com aulas de religião e espiritualidade, os templos socializam os jovens participantes com os valores e crenças da comunidade. Em algumas comunidades religiosas hindus, os templos reúnem pessoas para se envolverem em atividades sociais voltadas para os pobres e necessitados.

Características dos Templos:

Cadeia das Aneis em Pedra

Do acordo de ASI (Archaeological Survey of India, Departamento de arqueologia), o mais antigo templo ainda em uso na Índia é o de Mundeswari, em Bihar, datado de 108 d.C. Desde o terceiro século d.C., todas as religiões da Índia adotaram a construção de templos para suas divindades. A arquitetura dos templos se tornou mais elaborada a partir do século sexto. Os templos da Índia são uma combinação inigualável de divindades e beleza. É preciso ver para acreditar na tecnologia e arte que foram usadas em alguns templos, que foram construídos há mais de mil anos, sem a disponibilidade de equipamentos modernos. A seguir, estão apresentados alguns exemplos desta tecnologia.

Templo de Kailasa na Ellora:

Templo Kailas em unico pedra

As grutas de Ellora, no estado de Maharashtra, (320 Km de distância do Mumbai) há templos das Budistas e Jainas, além de templos de hindus, construídos no século oito d.C. O templo hindu Kailasa, a gruta número 16, é uma maravilha e mistério. Ele é uma única escavação monolítica de rochas, (45 m x 60 m, com 27 m de altura) cavada de cima para baixo, de uma única pedra gigante, sem a adição de nenhuma pedra de fora. Apesar da estimativa de que a rocha tenha cerca de seis mil anos, não há uma data precisa para a construção do templo, que é dedicado a Shiva. Pesquisadores e especialistas estimam que cerca de 400 mil toneladas de pedra foram extraídas durante o período de 18 anos para a construção do templo de pedra. No entanto, não foi encontrada nenhuma quantidade de rocha na região próxima ao templo. No templo, há muitas varandas, pontes, escadas, túneis e passagens estreitasque nenhum humano pode passar.Para que esses túneis e passagens estreitas fossem construídos, onde toda a rocha foi descartada como resíduo, ninguém poderia imaginar.

O templo Brihadiswara em Tanjavur construído entre 1003 e 1010 DC, possui uma arquitetura maravilhosa com uma torre principal de 66 m, uma das torres de templo mais altas do mundo, com um enorme bloco octogonal de granito, pesando cerca de 80 toneladas, no topo de isto. Embora nenhuma pedreira de granito seja encontrada nas proximidades, todo o templo foi construído em granito.

Além desse mistério, alguns outros templos construídos há mais de mil anos também demonstram técnicas construtivas que ultrapassam a compreensão.Cada pedra dos templos revela uma história da cultura indiana. Os templos estão repletos de belas esculturas que representam as histórias antigas das Puranas, Ramayana, Mahabharata e também as histórias dos Avataras. Alguns templos também exibem figuras eróticas em suas esculturas, sendo o maior exemplo o templo de Khajoraho, localizado em Madhya Pradesh, a aproximadamente 175 quilômetros ao norte da cidade de Jhansi. A razão de exibição dessas esculturas erotica é que os hindus consideram o sexo como parte da vida e Kama, ou desejo, é um dos quatro Purushardhas, ou objetivos finais da existência.

Famosos Templos na India

Como já foi mencionado, o Hinduísmo não é uma religião estrita, mas sim uma reunião de diversos pensamentos. O Hinduísmo tem não só uma, mas várias divindades para venerar. A crença é que a adoração a qualquer divindade é direcionada ao único Deus, o Brahman (*Sarvadeva namaskaram Kesevam pratigachti*). O Hinduísmo acredita que Deus existe em cada lugar e espécie, vivo ou não. O Hinduísmo apresenta uma variedade de divindades, de natureza masculina e feminina, dentre as diversas escalas de preferência. O hindu pode escolher qualquer uma dessas divindades, como o Deus Pessoal ou a Divindade Preferencial. Há milhares de templos no país que representam essas diferentes divindades.

Ainda assim, tem três ramos de adoração no Hinduísmo. Esses templos, em princípio, podem ser divididos em três categorias, duas masculinas e uma feminina. As categorias masculinas estão ligadas ao Vaisnavismo e ao Shaivismo. A categoria feminina é da Shakti ou Devi. Os templos do Vaishnavismo consideram Vishnu como o Deus principal e representam diversos Avataras de Vishnu, como Rama, Krishna, Narasimha (Deus Homem-Leão) e outras divindades de linha do Vishnu, como Hanuman, Surya (Sol) e outros. Os templos de Shaivismo são dedicados a Shiva, seus filhos Vinayaka e Kartikeya, além de outras divindades que refletem o Shaivismo. Os templos de Shaktismo são dedicados às diversas formas de Shakti ou Devi, como Durga, Kaali, Lakshmi, Saraswati, e às guardiãs locais.

Famosos Templos de Vaishnavismo

Há diversos templos dedicados a Vishnu e seus Avataras espalhados pelo país. Algumas das construções são antigas e outras foram construídas recentemente. A seguir, estão listados alguns templos famosos deste setor.

Templo de Padmanabha:

O templo Padmanabha, dedicado a Vishnu, fica em Tiruvanantapuram, capital do estado de Kerala. A história diz que este templo existe desde 500 a.C., mas foi recentemente renovado no século XVIII. O ídolo principal, Vishnu, de 18 pés (5,49 m) de largura, está em posição de reclinação sobre uma serpente gigantesca, a Ananta. Sendo assim, o ídolo também é chamado Ananta Padmanabha. Este templo foi patrocinado por vários reis para diversas gerações e essas dinastias contribuíram muito para este templo. Todas as riquezas do templo estão guardadas há séculos em seis salas subterrâneas e sob

> As riquezas descobertas no templo de Padmanabha
>
> Havia 800 quilos de moedas ouro, uma corrente de ouro puro de 18 pés, um feixe de ouro de 500 quilos, mais de 2.000 ornamentos de ouro, um trono de ouro puro cravejado com de diamantes e pedras totalmente preciosas, vários ídolos de ouro e vários sacos cheios. de artefatos de ouro, diademas, rubis, safiras, esmeraldas, pedras preciosas e outros metais preciosos.

ordem judicial, cinco deles foram abertos em 2011. O tesouro descoberto mostrou que este é o templo mais rico do planeta. Sacos com as moídas do ouro desde os tempos romanos, joias de ouro com pedras preciosas, estátuas de ouro com peso de alguns quilogramas, trono de ouro, coroas com diamantes e muito mais, todos avaliados em mais de US$ 20 bilhões, foram encontrados. Uma outra sala, supostamente com mais riquezas do que as encontradas até o momento, ainda não foi aberta, porque está envolvida em um mistério: duas gigantescas serpentes são guardiãs da sala e quem abrir os portões vai se deparar com o desastre.

Templo de Venkateshwara:

O templo de Venkateshwara é dedicado ao deus Vishnu, situado no cume da sétima montanha de Tirumala, no estado de Andhrva Pradesh. Quase 70 mil pessoas visitam o templo todos os dias. Este templo é o segundo mais rico da Índia. O templo possui mais de US$ 2 bilhões em depósitos bancários e mais de 2000 quilos de ouro em cofres. Um relatório de maio de 2023 revelou que, em 2022, houve um total de US$ 180 milhões em depósitos nas urnas do templo. Milhares de fiéis visitam este templo diariamente para cumprir suas promessas, depositando dinheiro e joias nas urnas. As doações diárias pelos devotos chegama quase $400000. Além disso, alguns devotos, tanto homens quanto mulheres, doam cabelos. A administração do templo mantém diversos institutos sociais, como hospitais, universidades, escolas de Veda, escolas de construção de templos, dentre outros. O templo também contribui para a construção e manutenção de templos em outros países. É precursor na propagação do Sanatana Dharma

Templo Jagannatha:

O Templo Jagannatha é dedicado a Krishna, uma suposta encarnação de Vishnu, e está localizado em Puri, no estado de Odisha. É muito antigo. O templo situado à beira do mar apresenta mistérios que desafiam qualquer explicação científica. A bandeira, no topo do templo, que tem mais de 40 andares, é trocada diariamente por um sacerdote que escala até o topo, sem qualquer suporte auxiliar, e sempre flutua na direção aposta do vento. Em qualquer lugar do mundo, o vento vai do mar para a terra durante o dia e de terra para o mar no fim do dia. Mas, perto deste templo, o fenômeno é oposto. A construção do templo é um mistério, pois, em nenhum momento do dia ou época, o local gera sombra. Uma estrutura metálica circular, Sudrarshana Chacra, com peso de uma tonelada e 20 pés (aprox. 6 m) de altura, está instalada no topo do templo. De qualquer lugar da cidade, este Chacra pode ser visto virado para si. Quando entramos pela porta principal (Simhadwara), podemos ouvir os sons das ondas do mar, mas, logo que deixamos de entrar, não podemos mais ouvir.

Os ídolos principais do templo, Jagannatha (Krishna), Balabhadra e Subhadra, são de madeira especial, ao invés de pedra, como é o usual nos outros templos.

Este templo é famoso pelo festival anual de Ratha Yatra, ou Jornada das Carruagens, quando as divindades são colocadas em três grandes carruagens e punhadas por milhares de devotos pelas ruas. Até o presidente do país participou da cerimônia de empurrar as carruagens.

Templo de Ramajanma Bhoomi:

Às Carruagens de Jagannatha

O templo está localizado em Ayodhya, estado de Uttar Pradesh. Há algum tempo, este templo esteve em disputa, mas, por ordem da Suprema Corte, foi iniciada uma reconstrução. Nesse lugar, supostamente o local do nascimento de Sri Rama, considerado uma encarnação do Deus Vishnu, havia um templo muito antigo. Em 1528, quando Babur, o rei da dinastia mogol, invadiu a cidade, os soldados derrubaram o templo e construíram uma mesquita sobre as ruínas. Após a independência da Índia, os hindus reivindicam a reconstrução de um templo dedicado ao herói Ramayana, Sri Rama. Após uma ordem judicial, iniciou-se a reconstrução e, em janeiro de 2024, um grande templo foi inaugurado no local.

Templo do Sol, Konark:

Uma Roda de carruagem de Konark

O templo dedicado ao Sol, construído em 1250 a.C., está situado em Konark, a 35 km de Puri, no estado de Odisha. O templo representa uma arquitetura de grande beleza, uma arte excepcional e repleta de mistérios.

Esse templo do Sol, representa a passagem do tempo através de sua arquitetura. Há sete cavalos galopantes cuidadosamente esculpidos em pedra que puxam uma grande carruagem com 12 pares de rodas gigantes esculpidas em ambos os lados. Cada uma dessas rodas é esculpida com 16 raios, sendo oito deles mais grossos e oito menores. Os aros das rodas são esculpidos com divisões e bolas. Essas rodas funcionam como um relógio de Sol, observando a sombra sobre a qual podemos saber a hora do dia até um minuto de precisão. As rodas são esculpidas com diversas figuras que representam as tarefas diárias do povo e outras atividades. Até o momento, somente as duas rodas foram decifradas. Os segredos das outras 22 continuam escondidos. O templo foi parcialmente destruído pelos muçulmanos no século XIX, mas a maioria dos edifícios ainda em pé é um espetáculo para se ver. Os detalhes de uma das rodas são ilustrados na figura.

Templo de Krishna:

O templo situado na cidade de Mathura, no estado de Uttar Pradesh, está situado em um local onde, supostamente, Krishna, uma encarnação do Vishnu, nasceu. Aurangzeb, o rei fanático da dinastia mogol, destruiu o templo e construiu uma mesquita sobre uma parte das ruínas. Este é um templo sagrado para os hindus e milhares de pessoas o visitam anualmente.

Além dos templos citados, há Vaishnava templos em todo o país, como o Templo de Vishnu em Sri Rangam, Tamilnadu, Templo de Krishna em Dwaraka, Gujarat, Templo de Sri Rama em Bhadrachalam, estado de Telangana, Templos de Narasimha (Homem-Leão) em Yadagiri, Telangana e Simhachalam em Andhra Pradesh, Templos de Hanuman em Varanasi, Uttar Pradesh e muito mais.

Famosos Templos de Shaivismo

Milhares de templos de Shaivismo, que consideram Shiva o último Deus, estão espalhados pelo país. Shiva é uma das trindades, os outros dois são Brahma e Vishnu. Brahma é considerado o criador, Vishnu o preservador, Shiva o destruidor.

Shiva em meditação   Shiva no forma de Linga

Shiva é representado sentado com quatro braços, sendo que dois deles seguram tambores e um tridente, respectivamente, enquanto os outros dois braços se apoiam em suas pernas, em uma postura de yoga. A cobra está enrolada no pescoço, com uma lua crescente nos cabelos e uma jarra de água que representa o rio Ganges saindo dos seus cabelos. A lenda conta que o rio Ganges, que originalmente existia no espaço celeste, caiu para a terra a pedido de um rei devoto, a fim de purificar as almas de seus ancestrais. Como esperava que a queda fosse muito forte, o rei solicitou a ajuda de Shiva para suavizar a queda de torrente. Ele, abrindo a amarração de seus cabelos enormes, capturou a queda e, logo depois, librou o rio devagar, como uma jarra de água. Shiva também é representado tendo um terceiro olho na testa, que representa o fogo que destrói a criação no tempo do Apocalipse.

Mas, em quase todos os templos de Shiva, Ele é representado pela uma coluna, que é um cilindro ou uma pequena variedade de pedra chamada Linga. Alguns orientalistas do ocidente veem o Lingacomo um símbolo fálico que representa o poder criativo do universo, enquanto outros o veem como uma representação do pilar cósmico, simbolizando a união das energias masculina e feminina.

Linga em Sânscrito significa símbolo. A Shiva Linga é um símbolo poderoso da divindade de Shiva. A lenda narra que houve uma disputa entre Brahma e Vishnu. Qual é o melhor? Quando estavam disputando, uma coluna de luz apareceu na frente e uma voz avisou que quem descobrir o início ou o fim da coluna será o melhor. Vishnu desceu, em busca de um início de coluna, e Brahma foi para cima. Enquanto caminhava, Brahma avistou uma flor que caía e compartilhou com Brahma que, apesar de ter caído há muito tempo, ele não conseguiu reconhecer o seu início. Mas Brahma entrou em conluio com a flor e disse a Vishnu que viu o fim da coluna e a flor que o testemunhou, enquanto Vishnu admitiu que não viu o início. Shiva, que era na forma de coluna, apareceu e admoestou Brahma para sua mentira e amaldiçoou a não ter nenhum templo dele. Desde então, Shiva tem sido representado como uma coluna nos templos.

Os Famosos Templos de Shiva.

Templo de Kasi Viswanatha:

Este templo está na Varanasi (Kasi) em Uttar Pradesh. O templo é antigo e existe desde a época das Puranas. O templo foi destruído pelo rei de Mogóis, Aurangzeb, no século XVI, mas foi parcialmente recons-truído posteriormente. Os hindus acreditam que quem morre neste lugar terá total liberdade, sem se envolver em ciclos viciosos de renascimento. Varanasi está na beira do rio Ganges e os hindus acreditam que mergulhar no rio Ganges irá libertar seus pecados. Dessa forma, muitos idosos che-gam a Varanasi para passarem os últimos dias lá e morrerem tranquilos e ganharem a liberdade total. A beira do rio se tornou um local de cremação constante e Ganges um rio muito poluído, devido às muitas cremações. Há diversos outros templos, além do templo de Viswanatha, em Varanasi, o que faz com que Varanasi seja bastante procurado pelos fiéis.

Templo de Somnath:

Somnath está à beira do oceano em Gujarat. Este era um templo de Shiva bastante antigo e bastante rico. No século XI, Mohemad Gazni invadiu e saqueou o templo por 17 vezes, levando as riquezas em centenas de camelos. Este templo foi restaurado várias vezes depois dos ataques dos muçulmanos e, finalmente, reconstruído em 1950, após a independência.

Após a disputa entre Brahma e Vishnu, relatada acima, Shiva se mani-festou como uma coluna radiante, ou Jyotirlinga, em diversos lugares ao redor do país. Doze desses Jyotirlingas são os mais populares e um dos Jyotirlingas está no Somnath. Assim, esse Linga é autonascido.

> **Os simbolos de Shiva**
>
> Shiva é a divindade mais poderosa e mística do Hinduísmo. Shiva significa 'O Auspicioso'. Ele usa alguns símbolos em seu corpo, que têm um significado mais profundo e difícil de entender facilmente. Os estudiosos da filosofia shaivate ou Siva Tattva os explicam.
>
> Às vezes, Shiva é descrito como Ardha Nareeshvara, ou forma metade masculina e metade feminina. Isto mostra que a essência de Shiva é Shakti, que significa poder. O significado mais profundo é que TODOS nós temos um equilíbrio igual de energias masculinas e femininas dentro de nós.
>
> Shiva tem um terceiro olho na testa. Embora represente a glândula pineal, o significado mais profundo é o despertar da consciência. Abrir o terceiro olho nos permite acessar níveis mais elevados de sabedoria e consciência. Abrir o terceiro olho também significa embarcar numa jornada espiritual de iluminação.
>
> Shiva é visto com uma cobra no pescoço. A cobra representa o Ego. Quando dominamos o nosso Ego, ele se torna como um ornamento que usamos – um bem valioso que define quem somos.
>
> Shiva é visto com a lua em suas mechas de cabelo, o que representa uma mente em paz. Retrata que quando nossa mente está calma e clara como a lua, somos capazes de alcançar a paz interior, a autodisciplina e grandes conquistas. Em essência, significa ser o Mestre da própria mente.
>
> Shiva segura um tambor, chamado Damru, preso ao Tridente em sua mão. Representa a energia sonora cósmica – o poder das palavras e mantras que criam impacto ao nosso redor através de batidas, ritmos e vibrações. O som é energia em ondas. O significado mais profundo é como podemos aumentar nossas vibrações internas, como as ondas sonoras.

O templo tem uma torre de 150 pés (aprox. 46 m) de altura e, acima dela, há um Kalash ou um pote metálico de 10 toneladas de peso. É interessante notar que, entre o templo de Somnath e a Antártica, não há nenhuma massa de terra. Esta inscrição está no Sânscrito de uma placa bastante antiga encontrada no local. Suponha-se que a Jyotirlinga, ou imagem de Shiva na forma de Linga, tenha propriedades alquímicas e radioativas e cria um campo magnético, o que faz com que Linga levite ligeiramente. No mapa radioativo da Índia, percebe-se que, além das áreas com reatores atômicos, as áreas de alta radioatividade são aquelas que correspondem às localidades de Jyotirlingas.

Templo de Maha Kaleswar:

O templo de Maha kaleswar fica na cidade de Ujjain, no Estado de Madhya Pradesh. Este templo é bastante antigo e é um dos 12 Jyotirlingas. A imagem, Linga, parece ser natural, que gera correntes de poder dentro de si. Este templo é considerado muito sagrado.

Templo de Kedarnath:

O templo dedicado a Shiva está situado na região da Himalaia, a uma altura de 3580 metros, localizado no estado de Uttarakhand. Este é um dos 12 Jyotirlingas que, no inverno, está fechado devido ao acúmulo de neve na região. Milhares dos devotos visitam este templo entre maio e outubro, para venerar uma formação rochosa cônica natural, considerada um Linga sagrada e autonascida.

Templo de Ramanathaswamy:

Este templo está na ilha de Rameswaram, no Sul da Índia, em estado de Tamilnadu. Esse também é um dos 12 Jyotirlingas. Segundo a lenda do templo, Sri Rama, o herói de Ramayana, instalou aqui a Linga, o ícone de Shiva, antes de invadir Lanka para libertar sua esposa da prisão do rei Ravana. Este templo possui 22 poços, considerados sagrados e devotos toma banho de água de todos os poços. O templo também tem os corredores mais longos de todos os templos. Os corredores de leste e oeste têm 120 m de comprimento, com altura de 7 metros, enquanto os de norte e sultêm 195m de comprimento. Mais de 1200 pilares, decorados das esculturas, são espalhados nos corredores.

Templo de Arunachala:

Este templo muito antigo de Shiva está no Thiruvannamalai, em Tamilnadu.Recentemente, a estrutura do templo foi datada a 108 d.C. pela Sociedade Arqueologia de Índia. Shiva manifestou-se em forma de cinco elementos, terra. Água, fogo, ar e espaço em vários lugares. Neste local, ele manifestou-se como fogo. Uma montanha atrás do templo, conhecida como Arunachala, ou montanha vermelha, é considerada sagrada e venerada como fosse Linga, a icônica de Shiva.

Templo de Ekambareswara:

Este templo de Shiva está no Kanchipuram em Tamilnadu. Este Linga representa a Terra nos cinco elementos básicos. O templo tem uma torre (gopuram) de 59 m de altura e a arquitetura do templo é excelente.

Templo de Jambkeswara:

Este templo é na ilha de Sri Rangam em Tiruchirapalli em Tamilnadu. Neste templo, a Linga representa água. Embaixo de Linga há um grande fluxo de água subterrânea, e, apesar de bambear água para fora, a região está sempre cheia de água. O templo tem cinco ambientes, sendo o ultra-periférico de uma milha de extensão.

Templo de Nataraja:

Shiva Como Nataraja

Este templo está na Chidambaram em Tamilnadu. A Linga deste templo representa Akasa Linga ou Linga do espaço. O lugar de ídolo principal, que é um espaço vazio, é sempre coberto. É chamado de 'segredo de Chidambaram'. Apesar de ser bastante antigo, a estrutura atual foi reconstruída no século X. As esculturas na parede mostram 108 diferentes posturas de dança clássica de Bharata Natyam. Este templo também tem uma estatua de Nataraja, Shiva na forma do dançarino eternal. O templo é muito extenso e sua arquitetura simboliza uma conexão entre arte, espiritualidade, atividade criativa e divino (Wikipédia). Ainda que o templo seja dedicado a shaivismo, ele também representa Shaktismo e Vaishnavismo com templos dedicados a Devi, Vinayaka, Murga, Vishnu e Surya (Sol), no recinto do templo.

Templo de Sri Kalahasti:

Este templo, que representa Vayu, o elemento de vento, está situado em Andhra Pradesh. O edifício principal que abriga o ícone de Shiva é datado do século V. As áreas externas foram revitalizadas no século XI. Este é um templo importante de Shiva.

Templo de Murudeswara:

O templo está localizado ao norte de Karnataka, na costa marítima, e é um dos mais antigos, tendo existido desde o Ramayana, sendo dedicado à shiva. Recentemente, uma estátua de

Templo de Murudeswara, Karnataka

Shiva de 37 metros foi erguida em uma colina próxima. O Gopuram de 20 andares (cerca de 250 pés ou 76 m) foi construído. Isso levou cerca de dez anos e mais de 500 artesanatos especializados para finalizar as obras.

Além desses templos, existem inúmeros outros dedicados a Shiva e outras divindades pertinentes ao Shaivismo, como Murugan ou Kartikeya, ou Subramanyam em Palani, Tamilnadu, Ganesa ou Vinayakan em Kalipakkam, Dattatreya, Bhairav e outros. É interessante notar que sete dos templos descritos acima estão localizados numa mesma longitude. Os templos Kedarnath, Mukteeswara, Sri Kalahasti, Ekambareswara, Arunachala, Nataraja e Ramanathaswamy estão situados a cerca de 1' de 79º longitude do Leste. Esses templos são antigos, com mais de mil anos de existência, e é surpreendente notar como estão em uma linha reta. Um segredo do Hinduísmo é que existem alguns centros de energia sagrados, que são desconhecidos para o público, mas que são conhecidos por poucos yogis mais avançados. Sem a utilização de tecnologias modernas, como GPS ou mapas de satélites. eles poderiam selecionar esses locais para os templos.

Templos de Shaktismo

No culto de Shakti, Devi é a Deusa Suprema e Brahma, Vishnu e Shiva são considerados manifestações de Devi. O culto de Devi é bastante antigo na Índia. A imagem mais antiga de Mãe Devi encontrada na Índia foi em Prayagraj, em Uttar Pradesh, sendo registrada pelo técnico de carbono entre 20000 e 23000 a.C. (Joshi, 2002). Os templos de Devi, espalhados pelo país, são dedicados às suas diversas manifestações, Durga, Laxmi, Saraswati, Kaali, Chamundi e outras formas, assim como às diversas divindades tutelares, ou guardiães das aldeias, que protegem as aldeias. Da mesma forma que Shiva se manifestou em 12 importantes Jyotirlingas, Devi também dispõe de 18 centros de poder, denominados Shakti Peethas, ou Centros de Poder de Shakti.

A Lenda de Origem dos Centros de Poderes.

Prajapati Daksha teve 28 filhas. Ele queria que todos se casassem com Soma. No entanto, a filha mais velha, sati, amava Shiva e casou-se com ele, ao contrário do que o pai queria, e foi para Kailasa, a residência do Shiva. Daksha, mais tarde, realizou um yajna e convidou todas as divindades, exceto Shiva. Sati, sabendo da yajna, foi ao lugar de yajna e reclamou ao pai da injustiça. Daksha humilhou Shiva e Sati diante de todos os presentes. Sati, incapaz de suportar a vergonha e a dor de ver seu marido sendo desrespeitado, se sacrificou no fogo do sacrifício como um ato de protesto e amor por Shiva. Shiva, sabendo da morte de Sati, foi até o local, destruiu a yajna e, colocando o corpo de Sati nos seus ombros, foi embora. Com tristeza, Shiva andava sem parar com o corpo de Sati nos ombros. As divindades pediram a Vishnu para ajudar Shiva a sair da tristeza. Vishnu cortou o corpo de Sati para livrar Shiva dos ombros. As peças do corpo curtido caíram em diversos lugares e se tornaram centros de poder de Shakti. Esses centros são considerados sagrados com imagens de Sati com nomes diversos cada um com seu próprio significado e mitologia.

Importantes Centros de Poder de Shakti

Embora existam 51 centros, na Índia, Paquistão, Bangladesh e Sri Lanka, onde as partes do corpo e as joias de Sati caem, 18 são extremamente importantes. Eles são:

Shankara Devi em Trinkomalee, Sri Lanka;

Kamakshi Devi em Kanchipuram, Tamilnadu;

Shrunkala Devi em Pradyumna, Kolkata, Bengala;

Chamundi Devi em Mysuru, Karnataka;

Jogulamba Devi em Alampur, Telangana;

Ekaveera Devi em Major, Maharashtra;

Mahakaali Devi em Ujjain, Madhya Pradesh;

Puruhutika Devi em Pithapuram, Andhra Pradesh;

Gírija Devi em Jaipur, Odissha;

Manikyamba Devi em Draksharamam, Andhra Pradesh;

Kamakhya Devi em Hari Kshetram, Assam;

Madhaveswari Devi em Prayagraj, Uttar Pradesh;

Vaishnavi Devi em Jwala, Jammu;

Mangala Gouri Devi em Gayá, Bihar;

Vishalakshi Devi em Kasi, ou Varanasi, Uttar Pradesh;

Saraswati Devi (Sarada) em Srinagar, Caxemira.

Além desses centros, existem outros mais relevantes, como o templo de Daxineswar Kaali em Kolkata; o templo de Bhavani em Tuljapur, Maharashtra; o templo de Dakshinagni Kaali em Khatmandu, Nepal; o Kanaka Durga em Vijayawada, Andhra Pradesh.

Além do Shaktismo, todos os hindus adoram Devi, especialmente as mulheres, que rezam diariamente em suas casas, para proteger sua família e o marido, como Devi, supostamente uma devota esposa do eterno Shiva.

Peregrinações para lugares sagrados.

A peregrinação a lugares sagrados é uma das atividades que fazem parte do cotidiano dos hindus. Todos os hindus desejam visitar alguns desses locais sagrados pelo menos uma vez na vida. Esses locais incluem templos famosos, rios sagrados e outros locais ligados ao nascimento e atividades dos Avataras e Santos. Podemos citar alguns importantes lugares nesse sentido.

Montanha de Kailasa:

Montanha Kailasa, localizada nos Himalaias, é supostamente a residência do Shiva e da esposa Parvati. Não somente os hindus, mas também os budistas, jainas e sikhs, consideram essa montanha sagrada. Alguns consideram essa montanha o eixo central do universo. Kailasa é mais do que apenas uma montanha. É um repositório de significado espiritual, fatos fascinantes e mistérios cativantes. Nos textos do Tibete, há referência ao Shabala, um local espiritual no noroeste de Kailasa. Esta montanha está na Tibete e é preciso permissão do Governo de China para visitá-la. Este pico está isolado das outras montanhas do Himalaia e tem a altitude de 6474 m. Apesar de não ser tão alto, até o presente momento, ninguém conseguiu escalar essa montanha. Tentativas de alguns alpinistas para escalar fracassaram e ocorrem desastres e até morte, e agora, pela lei, é proibido tentar escalar a montanha. Os hindus consideram a circum-ambulação da montanha como uma forma de liberdade absoluta. O trajeto ao redor da montanha é de 52 quilômetros, o que torna a subida bastante difícil, pois a falta de ar e o frio causam arrepios ósseos. Apesar disso, muitos peregrinos visitam Kailasa anualmente.

Montanha de Kailasa

Alguns devotos acreditam que a montanha esteja envolvida em mistérios. Da face sul do Monte Kailash, pode-se ver o famoso símbolo da suástica ("卐"), que está gravado na montanha por uma combinação de um grande canal de gelo vertical e camadas rochosas horizontais. Alguns observadores relataram que, durante fortes nevascas, a neve forma um símbolo de Om (ॐ) no topo da montanha. As pessoas que andam à volta da montanha têm crescimento rápido dos cabelos e unhas, que se desenvolve em dois dias, o que é comum em duas semanas. Uma reportagem diz que um alpinista que escalava a montanha além de um ponto envelheceu rapidamente e morreu um ano depois. Tem uma aura enigmática que o rodeia. Sua forma perfeitamente simétrica é um mistério. Alguns cientistas russos, inclusive Muldashev, um oftalmologista da Rússia, conduziram uma investigação aprofundada e concluíram que a montanha, que é uma pirâmide de quatro lados, provavelmente foi construída pelo homem nos tempos antigos. Há outras notícias de mistérios sobre a montanha.

Lagoa Manasa Sarovara:

Existem duas lagoas próximas à montanha Kailasa, a Lagoa Manas Sarovara e a Lagoa Rakshas Tál. O primeiro é quase redondo e tem uma forma aproximada de um Sol. O segundo é uma forma de Lua Crescente. O primeiro é a maior lagoa de água doce a uma altitude elevada, enquanto a segunda é salina. Apesar de as duas lagoas estarem próximas e quase na mesma altitude, separadas por uma montanha e conectadas por um canal, as características das duas são completamente diferentes. Manas Sarovara é tranquilo e com muita vida aquática. Rakshas Tal é turbulento e sem vida. Acredita-se que a manas Sarovara foi criada na mente de Brahma antes de sua aparição na terra. Rakshas Tal é o local onde Ravana, o vilão do Ramayana, o demônio, fez uma penitência para agradar Shiva, cortando uma cabeça por dia, de dez cabeças dele. Manas Sarovara é um símbolo de luz e brilho e Tal um símbolo de escuridão e energia negativa.

A tranquilidade, a pureza e a positividade do Sarovara atraem muitos devotos e turistas. A água da lagoa é considerada auspiciosa. Muitos hindus acreditam que as divindades também tomam banho nesta lagoa e, por isso, é considerada bastante sagrada. Aqueles que não podem fazer a circum-ambulação de Kailasa, podem fazer em Sarovara. Cada hindu sonha em uma peregrinação para a Montanha Kailasa e para a Lagoa Manas Sarovara pelo menos uma vez na sua vida.

Char Dham:

Char significa quatro, enquanto Dham significa um lugar. Esses lugares são Badrinath, Kedarnath, Gangotri e Yamunotri nos Himalaias. Eles só podem ser visitados nos meses de verão. Para um hindu, esses locais são sagrados e um dos mais importantes pontos de peregrinação.

O templo de Badrinath está a 3300 metros de altura e é dedicado ao Deus Vishnu. Apesar de todos os hindus visitarem, este é um local mais especial e relevante para os devotos de Vishnu, os Vaishnavas. A lenda conta que, neste local, onde havia uma floresta de jujuba (Badari) árvores, Vishnu, como Narayana, fiz penitência por muitos anos, junto com seu amigo, Nara. A lenda também diz que Śankara, filósofo, encontrou uma imagem de Vishnu no rio Alakananda e a instalou à margem do rio, onde um templo foi construído no século IX.

Kedarnath, dedicado a Shiva, está situado a 3584 metros de altitude, no Himalaia. A lenda diz que o templo foi construído pelos irmãos Pandavas, heróis de Mahabharata. O templo é construído com pedras fortes, possuindo uma espessura de 12 pés (3,66 m) e um teto de uma só pedra. O templo enfrentou diversas tempestades adversas sem causar qualquer dano. Antes de ser descoberto, o templo estava coberto por uma camada de neve há 400 anos.

A divindade principal do templo é Shiva, um dos doze Jyotirlingas. A Linga é em formato de triângulo, único tipo de linga na India. Devido à sua antiguidade e à sua história, este local é considerado sagrado para os hindus, particularmente para os devotos de Shiva.

Gangotri é o ponto de origem do rio Ganga. Odestino da peregrinação Gangotri está na fronteira com o Tibete e próximo à Geleira Gangotri. Este lugar é o início do rio Ganges (Ganga) e a lenda diz que Ganga desceu do céu neste local. O rio Ganga é considerado sagrado, pois os hindus acreditam que ele veio do céu e tomar banho nele, livrará todos os pecados da existência.

A altitude de Yamunotri, de 3293 m, é o local do nascimento de outro rio de grande importância, o Yamuna. Aqui é o templo de Deusa Yamuna, no local de peregrinação.

Varanasi (Kasi) e outros lugares sagrados:

Varanasi (Kasi)

Como dito, Varanasi, um dos lugares de Jyotirlingas, é bastane aniga e importante lugar para peregrinação. Hindus acreditam que a morte no local livraria o Atman de ciclos de reencarnações, ou, pelo menos, uma visita ao local e uma visita à Jyotirlinga uma vez na vida livra todos os pecados.

Tem mais locais sagrados para peregrinação, como Ayodhya, Mathura, Rameswaram e outros famosos templos. As Vaisnavas têm 108 templos de Vishnu, chamados Divya Desam, para peregrinação, devotos de Shiva, Shaivaits, 12 Jyotirlingas para visita e os devotos de Shakti têm 18 centros de Shakti, ou Shakti Peethas.

Pushkara e Kumbh Mela:

Supostamente, cada rio passa por um período auspicioso (Pushkara). Existem doze rios importantes na Índia e o período auspicioso de cada um deles depende da estrela ou signo zodíaco correspondente ao rio em questão. O período austero de cada rio é iniciado quando o planeta Júpiter entra neste signo zodíaco e tem duração de 12 dias. Por exemplo, o período auspicioso do rio Ganges é quando Júpiter entra Aries, Sol e Lua no Capricórnio. Dessa forma, para o rio Godavari, um rio importante na região do Sul da Índia, é um período austero quando Júpiter se encontra no signo de Leão. A lenda conta que, quando divindades e demônios brigam sobre um pote de néctar, um elixir de imortalidade, obtido depois de um esforço conjunto, uma quantidade de néctar se espalhou por vários rios. Esse néctar se fortalece quando o planeta Júpiter combina com o signo zodíaco do rio. Os hindus acreditam que, ao venerar o rio, tomar banho nas águas do rio durante esse período, faz bem à saúde e limpa os pecados. Muitas pessoas fazem uma peregrinação para esses rios durante os períodos auspiciosos.

Kumbh Mela é o maior festival para comemorar os dias auspiciosos do rio Ganges (Ganga) em Prayagraj, na Uttar Pradesh, onde os rios Ganga, Yamuna e Saraswati se juntam. Um Kumbh Mela completo é celebrado a cada 12 anos e meia Kumbh Mela seis anos depois. A cada 144 anos, o Maha Kumbh Mela é celebrado. Ultimamente, o Maha Kumbh Mela foi celebrado em 2011, quando mais de 120 milhões de pessoas compareceram ao evento. Durante esses festivais, santos e pessoas religiosas de todo o país, inclusive as nagas e outras ascetas que residem em Himalaias na seclusão, se reúnem para conversas religiosas. Os peregrinos têm a chance de tomar banho em um rio sagrado para se purificar e tentar a imortalidade.

CAPÍTULO 10

OS FESTIVAIS DOS HINDUS

Na Índia, há diversas celebrações religiosas e sociais ao longo do ano, sendo algumas delas celebradas em todo o território nacional e outras restritas a determinadas áreas. A maioria desses eventos está relacionada às lendas e mitos, bem como ao movimento dos planetas Sol, Lua e algumas estrelas. Os festivais são uma parte indispensável da vida das hindus. Acreditam que os festivais os ensinam a se relacionar com forças cósmicas e, dessa forma, os ajudam a ter uma vida melhor.

Algumas das principais celebrações em todo o país são:

Makar Sankranti:

O evento é uma celebração de fim do solstício de inverno. Makar significa Capricórnio.

Celebrações de Sankranti

O dia é comemorado quando o Sol entra no signo Capricórnio em janeiro. No entanto, o nome da festa pode variar em diferentes lugares, mas o espírito é o mesmo. Este festival, geralmente comemorado no dia 14 de janeiro de cada ano. Os agricultores, maioria na população, estão alegres com a colheita em casa e as férias na lavoura. O tempo está ameno, com o início do inverno, e todos estão dispostos a comemorar o melhor dia do ano. A diversão de crianças e adultos é realizada com pipas coloridas, enquanto jovens praticam esportes. Os agricultores dedicam-se às competições de seus animais de estimação, como bois, galos e outros animais. As mulheres decoram as fachadas das casas com diversos tipos de desenhos coloridos. Algumas pessoas trazem touros bem decorados e treinados, que supostamente são as montarias de Shiva, para abençoar o povo.

Os noivos que se casam ao longo do ano são convidados pelos parentes de noiva e recebidos com festas e presentes. Neste dia, todos estão contentes e festejam da melhor forma possível.

Ganesh Chaturdhi:

Ganesh ou Vinayaka

Essa festa, em geral, acontece no mês de setembro, no quarto dia da quinzena do brilho de Lua. É o aniversário de Ganesha, o Deus com a cabeça do elefante, e filho de Shiva e Parvati. Antigamente, todos comemoravam esta festa religiosa nas suas casas como uma festa familiar. Durante a agitação para a independência, Lokamanya Bal Gangadhar Tilak (B.G. Tilak) incentivou o povo a celebrar a festa como uma Festa Comunitária, para que o povo inculque o espírito de união para lutar contra o inimigo poderoso como o inglês. A partir de então, a comemoração da data tem sido amplamente divulgada e tem sido celebrada com entusiasmo em todo o país. A festa dura nove dias, quando as estátuas temporárias, de diferentes tamanhos, são colocadas nas esquinas de cada rua e veneradas todos os dias com canções, danças e palestras religiosas. No final do nono dia, as imagens são levadas em procissão pelos devotos, com muito grito de alegria e danças, para uma lagoa próxima, e imerso em água com mantras e cerimonias religiosas. Apesar de ser realizada em diversas localidades, a maior celebração é em Mumbai, onde a empolgação e o entusiasmo são uma experiência memorável.

Sri Ram Navami:

Essa é a comemoração do aniversário de Avatar Rama, o herói de Ramayana, que é celebrado, geralmente, no mês de março. Rama é supostamente um bom e benevolente rei, e também uma pessoa perfeita na sua relação com outros. O reino dele, Rama Rajya, é ainda lembrado como o melhor da história do mundo. Às vezes, este evento é comemorado como o casamento dele com Sita, sequestrada pelo rei demônio Ravana de Sri Lanka. O evento, celebrado em nove dias, inclui exposições, celebrações, apresentações teatrais e outras formas de entretenimento relacionadas ao Hinduísmo, é celebrado em todo o território nacional.

Krishna Janmashtami:

A festa é para comemorar o aniversário de Krishna, que é o guru de Bhagavad Gita. Neste dia, que é em agosto, as brincadeiras de infância de Krishna são relembradas juntamente com suas conquistas. A lenda diz que ele roubava iogurte e manteiga das casas dos vizinhos, com seus amigos, ainda que protegidos nos mais altos lugares. Em diversas partes do país, o público assiste a essa cena com entusiasmo e empolgação, erguendo pirâmides humanas para alcançar o pote de iogurte, pendurado nas alturas e balançado para impedir que a pessoa no topo da pirâmide atinja o pote. Além dessas brincadeiras, as imagens de Krishna são decoradas, veneradas e levadas em procissão em grandes carruagens.

Holi ou Festival das Cores:

A chegada da primavera, no final do inverno é comemorada com alegria, cantando, dançando e jogando pó e água coloridos uns sobre os outros e distribuindo doces entre amigos e conhecidos. Este festival é comemorado no dia de lua cheia no mês do março. Este é um dia de alegria para todos. A festa é mais popular no norte da Índia do que no sul. Alguns celebram este dia como sendo o casamento de Shiva e Parvati. A lenda conta que, quando Shiva estava em profunda meditação, Parvati o atendia com pequenos serviços.

Manmatha, o cupido, ao criar um clima de primavera nos arredores, tentou perturbar Shiva com as flechas das flores, para que as emoções do amor a Parvati surgissem no coração de Shiva. Shiva ficou mordido de amor ao ver Parvati, mas, na mesma hora, ele ficou bravo com Manmatha para ser perturbado e, abrindo o terceiro olho, queimou o cupido. Por esse motivo, o cupido não tem uma forma própria. Nesse dia, também é comemorado o Dia do Casamento de Shiva.

Festival de Holi

O dia é também celebrado como o Dia de Raksha Bandhan. A ocasião significa "o laço ou nó de proteção", onde

"Raksha" significa proteção e "Bandhan" é o verbo de amarrar. Neste dia, irmãs de todas as idades amarram um talismã ou amuleto chamado rakhi nos pulsos de seus irmãos, o que significa pedir proteção fraterna. Os irmãos dão presentes para suas irmãs para simbolizar responsabilidade e proteção. No dia anterior ao Holi, é celebrada a celebração de Holika Dahan, que significa a queima de Holika. A lenda conta que Holika é irmã do demoníaco Hiranya Kasipu e tia de Prahlada, o filho de Hiranya Kasipu, devoto de Vishnu. Holika recebeu a benção de que o fogo não a afetaria. Ao tentar matar Prahlada, devido ao elogio e veneração de Vishnu, o inimigo de seu pai, ele foi forçado a se sentar no colo de sua tia Holika em uma pira de fogo. Enquanto Prahlada elogiava Vishnu, ele foi salvo, mas, apesar da benéfica proteção contra o fogo, Holika foi incendiada.

Shiva Ratri:

Shiva Ratri, que significa "noite de Shiva", é comemorado em todos os templos de Shiva como sendo o Dia do aparecimento de Shiva como Linga. É comemorado anualmente na 14ª noite da lua minguante no mês hindu de Phalguna ou Maagha (que corresponde a fevereiro ou março no calendário gregoriano). Quando houve uma discussão entre Vishnu e Brahma sobre quem seria o maior em poder, Shiva apareceu como uma coluna infinita, ou Linga, e desafiou Vishnu e Brahma a encontrarem o início e o fim de Linga, o que eles não conseguiram. Shiva Ratri é celebrado relembrando essa lenda. Nesse dia, os devotos rezam nos templos de Shiva, pondo água e leite sobre a Linga (Abhisheka), fazem jejum e ficam sem dormir esta noite, cantando as lendas de Shiva. Este é um festival religioso que é observado em diversos lugares do país.

Nava Ratri, Durgashtami e Dassarah:

Este evento é realizado geralmente no dia de Lua Nova em outubro, para nove dias, e é chamado de Nava Ratri ou Nove Noites. Est é uma celebração do triunfo do bem sobre o mal. Na mitologia hindu, há muitas histórias que relatam esses triunfos. Na maioria dos lugares, especialmente em Bengala, esta celebração é dedicada à Deusa Durga, que derrotou e matou o demônio Mahishasura, o demônio com cabeça de búfalo. As imagens de Durga em diversas formas e tamanhos são colocadas em cada bairro, como Ganesha, na Vinayaka Chaturdhi, e são veneradas durante nove dias com canções e palestras. No décimo dia, são levadas em procissão para as lagoas, mergulhando com muita alegria. A cada dia deste festival, diferentes formas de Devi ou Shakti são veneradas. Um dos nove dias, o quinto dia do brilho da Lua, é dedicado à Deusa Saraswati, outra forma de Shakti (a deusa do conhecimento, da sabedoria, do aprendizado e da arte).

O décimo dia também é chamado de Dassarah (décimo dia), também chamado Vijayadasami, é comemorado como o triunfo de Rama, o herói do Ramayana, sobre o demônio Ravana, que sequestrou sua esposa. Neste dia, diversos lugares apresentam um teatro chamado Ram Leela, onde as cenas do Ramayana são encenadas e, logo após, as figuras gigantes do demônio Ravana são queimadas com fogo.

Deepavali ou Diwali:

Decoração das Lâmpadas no Diwali

Logo após a Dassarah, dentro de 20 dias, o festival de Diwali, ou Festa das Luzes, será realizado. Esta é uma das maiores festas do país. Todos os ambientes, inclusive os do governo, são iluminados com lâmpadas de diversas cores. Nas maiores casas, as lâmpadas do óleo são acesas e as crianças e jovens disparam rojões e fogos de artifício. Este dia também é dedicado à celebração do bem sobre o mal, ao dia em que Krishna matou o demônio Naraka. Também é comemorado o Dia do Retorno de Rama para sua cidade, Ayodhya, após matar Ravana.

Ano Novo:

Ano novo é uma data celebrada em todo o território nacional, mas, apesar de a população de Índia usar o calendário lunar, diferentes regiões celebram o Ano Novo em diferentes datas, dependendo da história regional e dos costumes sociais das regiões. Na maioria das regiões, o primeiro dia do ano lunar, que geralmente cai em abril, é comemorado como Ano Novo.

Algumas Outras Festas Regionais:

Além dessas festas universais celebradas na Índia, existem outros festivais regionais que são igualmente famosos, nos quais muita gente das outras regiões também participa. Abaixo, estão listados alguns deles de forma sucinta.

Baisakhi do Punjab:

O Baisakhi é comemorado nos Estados de Punjab e Haryana, no Norte da India, como um festival de lavoura e como um Ano Novo local, sendo o maior festival da região. Geralmente, acontece no dia de Lua Cheia, no mês de abril. Para os Sikhs, é o dia da fundação do Khalsa Panth pelo Guru Gobind Singh Nesse dia, o povo visita templos e Gurudwaras (os templos de Sikhs) e participa de jogos, esportes e atividades sócias.

Batukamma de Telangana:

Em Telangana, as mulheres comemoram a festa das flores durante o festival de Dassarah. Para nove dias, as mulheres, sobretudo as mais jovens, fazem pirâmides das flores todos os dias. Colocando-as nas beiras das lagoas, dançam em torno delas, cantando as canções de folclore e histórias da região. No nono dia, oferecem praatos típicos de

Batukamma

comida para as pirâmides e despedem jogando-os na lagoa. Este é um grande evento regional voltado às mulheres. Bathukamma é um ícone cultural e do festival de Telangana.

Pongal do Tamilnadu:

O calendário Lunissolar-Solar é seguido na Tamilnadu. O povo de Tamilnadu celebra Pongal como Ano Novo. Esta festa é geralmente no dia 14 ou 15 de janeiro, dependendo do movimento do Sol e coincide com Makar Sankranti das outras regiões. Neste dia, as coisas velhas do lar são trocadas por novas. Jovens participam de um perigoso jogo chamado Jallikattu, quando tentam controlar e domar um touro bravo e solto. Nas regiões rurais, os agricultores veneram os animais que os ajudam durante todo o ano.

Onam de Kerala:

A maior celebração no estado de Kerala é a Onam, quando muitos touristas chegam ao estado. É um festival de lavoura e a lenda diz que Mahabali, um rei demônio benevolente, que reinava na região em uma época passada, volta para visitar. As mulheres decoram as residências, em particular, as fachadas, com os desenhos das flores, e dançam em torno dessas decorações. O evento é uma ocasião de grande comemoração. É uma ocasião vibrante e alegre, marcada por festas e apresentações culturais como danças Kathakali, corridas de barco e decorações florais conhecidas como pookalam. É um momento para as famílias se reunirem, trocarem presentes e saborearem a culinária tradicional de Kerala.

Festival dos Camelos em Pushkar:

Em novembro, é comum haver um Festival de Camelos em Pushkar, em Madhya Pradesh. Cerca de 200.000 pessoas comparecem para negociar a aquisição de camelos, cavalos e outros animais. Ocorrem corridas de camelos e cavalos decorativos, além de uma grande feira acontecer no local.

Há também outras comemorações ao longo do ano em diversas regiões do país que atraem a atenção da população e visitantes. Essas festas são celebradas com diferentes costumes e variedades, dependendo da região, sempre com muita alegria, com música, danças, teatro, circos e cerimônias religiosas.

CAPÍTULO 11

OS SÍMBOLOS DA ÍNDIA E HINDUÍSMO

Os símbolos do Hinduísmo

Cada país ou religião possui seus próprios símbolos, os quais permitem identificar a entidade em questão. O símbolo pode ser uma bandeira, uma ave nacional ou um traço característico. Existem certos símbolos que identificam os hindus, devido às suas características e ao seu uso constante na vida diária e religiosa. Alguns desses símbolos estão descritos brevemente a seguir.

Bandeira Nacional da Índia:

A Índia tem uma bandeia própria, que tem um significado especial. Essa bandeira também representa os princípios do povo, especialmente os princípios dos hindus. A forma da Bandeira Nacional da Índia é retangular, com uma relação de 2 para 3, com bandas de três cores. A primeira é a cor de açafrão, que simboliza a força, sacrificio e a coragem do povo. A segunda é o branco, que representa a paz e a veracidade. A terceira faixa é a de verde, que representa a fé, a fertilidade, progresso e a abundância da terra. No centro da faixa branca, há um círculo de cor azul com 24 eixos. Esse círculo é chamado Ashoka Chacra, ou Dharma Chacra, o Roda de Dharma adotado pelo imperador Ashoka no século III a.C. Possui 24 raios que representam às 24 horas do dia, representando o movimento do tempo. A chaacra também significa que há vida no movimento de uma roda e morte na sua estagnação. Esse também significa o dinamismo de uma mudança pacífica, movimento e avanço para frente.

Om ou Omkara:

Om é um símbolo de espiritualidade na Índia, representado pelo símbolo sagrado Om (ॐ). O mesmo pronunciado como AUM. Om representa o som primordial, o som criado quando o mundo foi criado. Om é invocado no início de todos os mantras sagrados e cantos devocionais. Ele também é empregado para manter a concentração mental durante a meditação. Om é um símbolo importante no Hinduísmo. Representa a essência de Brahman, o ser supremo.

Swastika:

A suástica, também conhecida como Swastilka, é um símbolo sagrado na Índia. O Swastika existia na Índia há milhares de anos, antes de ser adotado pelos nazistas de forma distorcida. O símbolo original de Swastika, que ainda é visto nos selos das ruínas de Mohenjodaro e Harappa há quase 5000 anos, foi distorcido para 45º pelos nazistas. O símbolo significa poder, prosperidade e boa sorte.

Esse é um símbolo austero e místico. A palavra Swastika é uma derivação das palavras Su e Asti do Sânscrito, que significam "deixe o bom prevalecer". Este símbolo também simboliza a Deusa Laksmi e é pintado nas paredes do lar para atrair uma boa sorte.

Namaste:

Namaste é uma expressão do Sânscrito que significa, 'Eu respeito você'. Namaste significa literalmente 'curve-me' ou 'eu me curvo a você'. Este gesto é um agradecimento e respeito a outros e um gesto de saudação respeitoso. A cultura Indiana ensina que, ao se cruzar com um estranho ou com um amigo, deve-se demonstrar o respeito pelo outro, unindo palmas e agulhas, posicionando as mãos próximas ao coração. Este gesto também é adotado em templos e na presença de pessoas velhas e respeitosas.

Poorna Kumbham

Poorna Kumbham é um pote de metal, com água abençoada e folhas frescas de manga, e um coco, colocados em cima. Este símbolo significa abundância e auspiciosidade. O kumbha simboliza o útero. Representa fertilidade, vida, poder gerador dos seres humanos e sustento. Representa o útero cósmico, fonte da criação, e é considerada uma manifestação da deusa mãe divina, simbolizando a vida e o sustento. O vaso com água simboliza plenitude, prosperidade e fertilidade. É usado em cerimônias religiosas, rituais e festivais para simbolizar a presença da divindade e as bênçãos das divindades. Durante a veneração de uma divindade, Poorna Kumbham é usada para representar essa divindade.

Os sacerdotes recebem as visitantes importantes nos templos oferecendo Poorna Kumbham. Essa é uma grande honra dada para pessoas de bem nos templos. Uma oferenda de poorna kumbham é um gesto especial em rituais das hindus. É usado em cerimônias como casamentos, inaugurações de casas e outras ocasiões auspiciosas para invocar bênçãos e boa sorte.

Os símbolos religiosos usados pelo homem.

Existem alguns tipos de vestidos ou marcas no corpo que um típico hindu usa na sua rotina. Os brâmanes ortodoxos, particularmente no Sul da Índia, usam roupas típicas e marcas típicas. No norte do país, devido ao clima, é costume vestir os brâmanes de forma diferente do sul.

Vestido do Homem:

Vestido de um Brâmane

Os habitantes rurais e particularmente os sacerdotes, vestem um tipo de tecido de aproximadamente dois metros de comprimento, sem a necessidade de costura. Os sacerdotes raspam os cabelos e colocam um tufo atrás da cabeça. No Sul, só cobrem o peito com um pano e, no Norte, usam uma camisa, devido ao clima.

As Marcas na Testa:

Um Seguidor de Vishnu

Os Hindus, sobretudo os sacerdotes, usam uma marca na testa, dependendo da divindade que adoram, Shiva ou Vishnu. As pessoas que adoram Shiva usam três marcas horizontais de cinza, Tipundra. Essas cinzas não são comuns, mas preparadas especialmente. Essas cinzas são retiradas dos altares do fogo das yajnas ou são preparadas de uma forma específica, queimando a mistura do esterco seco de vaca nativa com palha e outros ingredientes no dia de Shiva Ratri, sob a recitação dos mantras de Shiva. Essas cinzas são conhecidas como vibhuti ou Bhasma. Alguns seguidores de Shiva colocam as três marcas também no outras partes do corpo, como braços e o peito. Além disso, esses devotos também usam um colar de Guarachas, o qual são as sementes da espécie Eleocarpos ganitrus, encontradas na Índia, no Nepal e no Tibete. Algo como um tipo de mirtilo.

As pessoas que acreditam em Vishnu pintam uma marca vertical chamada Tilak ou Urdhva Pundara na testa e em outras partes do corpo. A marca em branco é em forma de U ou V, com uma linha vertical de kumkum ou sândalo no centro. A marca branca é feita com lama branca de um formigueiro.

Há outro segmento de hindus que veneram Shiva e Vishnu, sem distinguir entre eles, com o espírito de único Deus. Esse segmento, denominado Smartas, usa um Tilak redondo, feito de sândalo ou kumkum.

Os acessórios e símbolos usados por uma mulher Hindu:

As mulheres são muito respeitadas na Índia e as casadas são muito respeitadas. Os rios e a natureza são nomeados como mulheres e são adorados e venerados. As mulheres casadas costumam usar diversos acessórios e ornamentos que, inicialmente, parecem simbólicos, mas, na verdade, oferecem benefícios físicos, mentais e espirituais às mulheres que os usam. Abaixo, são apresentadas descrições de alguns desses símbolos e acessórios.

Vestido:

As mulheres hindus, em geral, usam um pano de 5 ou 6 metros de comprimento por 1,2 metro de largura, sem costura, chamado Saree, juntamente com uma blusa. As mulheres de diferentes regiões vestem em diferentes estilos e cores. No norte da Índia, elas costumam usar uma pantalona e uma camisa comprida chamada Salvar Camisa. As adolescentes costumam usar um meio-saree ou uma saia longa, uma blusa e um pano cobrindo o peito. As deusas em templos e fotos também são retratadas com Saree.

Bindi:

Uma Mulher Hindu

Bindi é um ponto vermelho ou marrom que fica na testa entre as sobrancelhas de uma mulher. Este ponto é feito com um pó chamado Kumkum, feito com cúrcuma, bicarbonato de sódio e suco de limão. As mulheres casadas, as adolescentes não casadas e os homens também usam bindi. As mulheres hindus usam o Bindi o dia todo. O ponto entre as sobrancelhas, supostamente, é a posição de Ajna Chacra, o sexto Chacra, o Chacra de sabedoria oculto e também a posição de glândula pineal. Essa é a posição do terceiro olho e os hindus acreditam que, através deste Ajna Chacra ou terceiro olho, podemos alcançar o Deus. A bindi sobre a glândula pineal é benéfica para a saúde, uma vez que estimula diversos nervos do corpo.

O marido aplica um bindi na testa da mulher durante o casamento. Em algumas partes da Índia, o marido aplica uma linha de kumkum na divisão dos cabelos. Isso é um sinal de mulher casada.Usar um bindi com uma roupa indiana, o Saree, deixa uma mulher mais bonita, atraente e feminina.

Mangala Sutra:

Outro item que a mulher casada usa é uma corda amarela, colorida por cúrcuma, com dois discos de ouro. A corda é amarrada pelo marido ao pescoço da mulher no casamento, em um momento auspicioso. Posteriormente, essa corda pode ser substituída pelo colar de ouro ou pelas contas pretas. A corda é um sinal visual de uma mulher casada. Acredita-se que o uso deste colar pela esposa aumente a longevidade do companheiro. Os dois discos de corda tocam, geralmente, a posição do coração feminino, onde está a quarta Chacra, o Anahata. Quando os dois tocam e estimulam essa Chacra, isso pode trazer benefícios para a pessoa.

Pulseiras:

As pulseiras são um dos acessórios mais populares entre as mulheres que usam há muitos anos. As pulseiras são consideradas um símbolo de uma mulher casada, mas também são usadas como um símbolo de beleza por jovens solteiras. Em geral, as mulheres usam pulseiras de diversas tonalidades de vidro, enquanto os ricos também as usam de ouro. As mãos e os pulsos vazios, sem pulseiras, são considerados um sinal de mau agouro. Além disso, pulseiras têm outras utilidades. A fricção que elas provocam nos pulsos aumenta a circulação de sangue nas mãos e no corpo, e é benéfica para a saúde de mulheres.

Tornozeleiras e Anéis no dedo de pé:

Tornozelo e Anel do Dedo

As tornozeleiras são conhecidas como Payal e são, geralmente, feitas de prata. Mulheres usam Payal para beleza. Geralmente, têm pequenos sinos, que fazem um som agradável quando a mulher caminha pela casa. Além disso, o payal também tem outras utilidades. O metal prata é altamente reativo e estimula o sistema imunológico das mulheres.

A mulher casada também usa anéis de prata em seu segundo dedo do pé. Durante o casamento, o marido coloca esses anéis nos dedos dela. A mulher usa esses anéis ao longo de toda a sua vida conjugal. Segundo Ayurveda, os nervos do segundo dedo do pé estão conectados ao útero. Quando uma pressão é aplicada nesses nervos, a menstruação de uma mulher é regulada, amenizando as cólicas menstruais e deixando o útero saudável.

A Pasta do Banho:

As mulheres hindus costumam usar uma pasta de cúrcuma e pulsos triturados durante o banho que dá um brilho ao corpo, deixando o corpo sadio e macio.

Dessa forma, os acessórios que as mulheres hindus usam parecem ser para a beleza, mas também promovem a saúde, estimulando o sistema imunológico.

A casa do Hindu

FengShui da Índia, Vastu

A casa do hindu é construída sob as regras de Vastu. Vastu é a ciência da arquitetura antiga da Índia. O Vastu é muito mais amplo que o Feng Shui de China. Enquanto Feng Shui trata do fluxo de energia positiva em uma residência, Vastu trata da construção de uma casa para se viver bem, com saúde e prosperidade, de acordo com a Vastu Sastra védica. Vastu abrange o terreno, a terraplanagem, a orientação da casa a ser construída, a época propícia para construir, as áreas da cozinha e dos quartos, dentre outros tópicos. Vastu diz que a porta principal da residência deve ser norte ou leste, porque estas são as direções auspiciosas. A direção sudeste é governada pelo elemento Agni, o fogo. Dessa forma, a cozinha deve ser projetada para ficar no sudeste. O quarto principal deve estar situado no canto sudoeste da residência, o que proporciona estabilidade familiar, alegria e prosperidade. A direção nordeste é comandada pelo Kubera, a divindade que governa as riquezas, e também pelo Shiva. Este lugar é ideal para um altar de Deus e lugar para rezar.

O momento propício para a primeira entrada na nova residência é determinado astralmente, de acordo com a condição astral do proprietário da residência. No exato momento, Vastu Purusha, a divindade que domina todo-o-terreno da residência, e outras 44 divindades que guiam todas as partes da casa, são veneradas. É costume pendurar uma aboboreira cinza ou cabaça cinza na fronte da casa nova para tirar as maus-olhadas das visitantes.

Planta Sagrada, Tulasi.

Planta de Tulasi

Na ocasião, uma planta chamada Tulasi (Ocimum Tenuifloram), um tipo de manjericão, também é plantada no quintal. Essa planta é considerada muito sagrada, pois Lakshmi, deusa das riquezas e esposa de Vishnu, é identificada com a planta. Essa é conhecida como a deusa das mulheres e é um símbolo de maternidade, sendo assim, as mulheres rezam diariamente para a planta. As folhas são usadas para venerar o Vishnu, pois representam Lakshmi, sua esposa. Além de ser uma planta religiosa, essa planta tem inúmeras propriedades medicinais. As raízes e folias são usadas para extrair óleo que trata os problemas de pele. As folhas também são usadas para tratar até mesmo câncer.

A decoração de casa do Hindu:

A decoração de casa e o ambiente, em geral, são marcados pelo interesse e entusiasmo da dona de casa. Tem algumas decorações típicas de casa que identificam a casa como a casa de um hindu. Algumas das decorações comuns de uma casa hindu podem ser:

Rangoli: Desenhos intricados no chão, com farinha de trigo, arroz, pós-coloridos ou pétalas de flores, perto da entrada. Este é um símbolo de boas-vindas para o visitante. No mês de janeiro, quando uma grande celebração do Sankranti é celebrada, os desenhos são elaborados com diversas cores e formas complexas.

Imagens ou estátuas de divindades: Estátuas ou imagens de deuses e deusas hindus, como Ganesha, Lakshmi, Shiva ou Saraswati, são frequentemente colocadas em uma sala de orações ou santuário. Em algumas casas, as portas são decoradas com figuras de deuses e símbolos religiosos, como o Om ou o Suástica.

Sala de Pooja ou altar: Um espaço designado para adoração, muitas vezes adornado com símbolos religiosos, incenso e oferendas e fotos ou imagens das diferentes divindades. Um lampada de oleo com corda de algodão ascendido no altar é encontrada na casa do hindu.

Torans ou Penduras: Enfeites decorativos para portas, geralmente de flores, tagetes, folhas de manga ou tecido, pendurados na porta de entrada em festivais ou ocasiões especiais. O uso das folhas verdes frescas nas portas e nos lugares das venerações, locais das cerimônias religiosas, é muito comum na casa do hindu por milhares de anos. A árvore da manga e suas folhas são consideradas sagradas e, segundo a crença, Laksmi, a Deusa das riquezas, reside nessas folhas. Essas folhas também têm um propósito científico. Elas ficam verdes por muito tempo e, assim, absorvem dióxido de carbono e liberam oxigênio no ambiente. Essas folhas na porta de casa impede os pequenos insetos entrar dentro da casa.

Além de colar das folhas, é comum aplicar pasta de cúrcuma no limiar ou soleira da residência com bindis de kumkum. A cúrcuma é uma boa antisséptica e antibactericida. Além de refrescar o ar, a cúrcuma aplicada na entrada de porta previne que insetos e bactérias microscópicas entrem na residência. A cor verde das folhas e o tom amarelo da cúrcuma dão um brilho ao local e são um sinal de boas-vindas aos visitantes.

Lâmpadas Diya: Luzes a óleo ou velas decorativas acesas em cerimônias religiosas e festivais simbolizam a vitória da luz sobre as trevas.

Versos em sânscrito ou símbolos religiosos: As inscrições de textos sagrados ou símbolos como Om ou Suástica, considerados austeros, podem ser exibidos em paredes ou portais.

As decorações variam de acordo com as tradições locais, as preferências pessoais e as práticas religiosas da família. Dessa forma, os diferentes costumes dos indianos têm significados científicos, além de efeitos estéticos e decorativos

CAPÍTULO 12

OS SANTOS, GURUS E REFÚGIOS

A tradição espiritual indiana é bastante antiga. A Índia é o berço de diversas religiões, como o Sanatana Dharma (Hinduísmo), o jainismo, o Budismo e o Sikhismo. A Índia é conhecida como o país dos Santos e Deuses. Os Santos das diversas religiões contribuíram para a compreensão dos ensinamentos espirituais entre os diferentes grupos populacionais, direcionando-os para uma vida de excelência, com tranquilidade, devoção e espiritualidade. Alguns dos Santos participaram ativamente da mudança da sociedade.

Ascetas mendicantes (Sadhus)

Os Sadhus são pessoas que renunciam ao mundo, possessões e confortos pessoais e vivem uma vida ascética. São chamados de Sadhus, Yogis, Sanyasins, Gurus e Santos. Os sadhus são devotos de diversas divindades, como Vishnu, Shiva ou Shakti, que buscam a iluminação espiritual através de práticas religiosas ou de yoga.

Sadhus

Eles viajam pelo país e, devido à simplicidade e ao fervor religioso que demonstram, são uma fonte de inspiração para o povo. Também são chamados de Sanyasins. É claro que há alguns falsos Sadhus nessa categoria, que renunciaram ao mundo para ter uma vida fácil e também para enganar pessoas ingênuas para ganhar dinheiro. Mas a porcentagem destes tipos é bem menor.

Alguns Sadhus não caminham pelos povoados, mas ficam isolados, praticando yoga e outras práticas religiosas. Os Naga Sadhus são uma seita importante de ascetas hindus, estimada em 400000 no país. Geralmente, vivem isolados nos Himalaias. Os Naga Sadhus são caracterizados por seus cabelos emaranhados, nudez ou roupas mínimas e uso de cinzas em seus corpos. São considerados guardiães da fé e da tradição hindu, e seu estilo de vida reflete um compromisso com a disciplina espiritual e o desprezo pelos bens materiais. Naga Sadhus são reverenciados como homens santos e profundamente respeitados na cultura hindu Eles são frequentemente vistos nos principais festivais hindus, especialmente o Kumbh Mela, que ocorre a cada 12 anos, onde se reúnem em grande número e tomam um banho sagrado no rio Ganges. Antes de se tornarem Naga Sadhus, eles deveriam se declarar mortos, pois não se consideram pertencentes a este mundo. Geralmente, são devotos de Shiva, praticam yoga e artes marciais, e se consideram dispostos a defender a religião se necessário. Temos poucas informações sobre esses Sadhus, pois eles vão raramente a lugares públicos e mantêm as suas atividades em segredo.

Centros Religiosos e Chefes ou Peethas e Pitadhipatis

Peethas e Pitadhipatis são termos do hinduísmo que referem a locais sagrados e líderes espirituais importantes na tradição hindu. Os "Peethas", também conhecidos como mathas, são instituições espirituais e educacionais do hinduísmo. São centros de aprendizagem, práticas religiosas e disseminação de conhecimento espiritual. Um Peetadhipati é o chefe ou chefe de um peetha (assento espiritual). Frequentemente, são líderes espirituais, professores e administradores altamente respeitados. Eles são fundamentais na manutenção das tradições religiosas, na orientação espiritual dos devotos e na administração dos templos e instituições religiosas associadas aos Peethas. Cada Peetha tem seu Pitadhipati, que muitas vezes são respeitados e seguidos por milhões de devotos. Existem vários tipos de peethas, cada um associado a diferentes tradições e linhagens dentro do Hinduísmo. Peethas servem como centros para atividades religiosas, incluindo ensino das escrituras, realização de rituais e serviço comunitário. Eles também administram frequentemente escolas, hospitais e outros projetos de serviço social.

Yogis

Yogis são aqueles que praticam o yoga. Nos últimos tempos, o Yoga se espalhou pelo mundo inteiro e, dessa forma, há yogis em todos os lugares. O Yoga tem sido desenvolvido na Índia há milhares de anos. Suponho que Shiva divulgou yoga no início para seus seguidores, e, por isso, é chamado de Adi Yogi, o primeiro yogi. Patanjali desenvolveu os princípios do Yoga no segundo século a.C., no Patanjali Yoga Sutras. Esse yoga é chamado de Raja Yoga ou Hatha Yoga. O yoga tem como objetivo o autoconhecimento e a conexão com o divino. O yoga praticado atualmente é apenas uma versão reduzida da verdadeira yoga, onde não há controle da mente suficiente para atingir a concentração necessária para a realização desta união, alcançando, dessa forma, paz, liberdade e autorrealização.

Prática de Verdadeira Yoga.

Para praticar yoga de verdade, é importante criar um ambiente tranquilo e seguro. A pessoa deve escolher um lugar tranquilo, sem distrações. Tem que sentar confortavelmente e tentar controlar a mente e os sentidos. Para se concentrar a mente com um foco, podem-se seguir os seguintes pontos.

Respiração consciente: Concentre-se na sua respiração, observando-a profundamente enquanto faz os movimentos.

Foco visual: Fixe o olhar em um ponto específico, entre as sobrancelhas, por exemplo, para ajudar a manter a concentração durante as posturas.

Intenção: Defina uma intenção para a sua prática, como encontrar paz interior ou fortalecer o corpo, e mantenha isso em mente durante toda a sessão.

Escaneamento corporal: Faça um escaneamento mental do seu corpo, concentrando-se em cada parte enquanto realiza as posturas.

Meditação: Pratique a meditação regularmente para fortalecer sua capacidade de concentração e foco mental, lembrando que a prática regular é fundamental para desenvolver e aprimorar sua capacidade de concentração no yoga.

É muito difícil encontrar um verdadeiro Hatha Yogi. Os verdadeiros yogis são encontrados, geralmente, em locais isolados nos Himalaias. Eles não aceitam discípulos facilmente, porque a prática é muito vigorosa e sem firme determinação do praticante e austeridades é impossível atingir o objetivo.

Escolas de Yoga

Ainda assim, existem diversas escolas de Yoga espalhadas pelo país e os professores de Yoga tentam transmitir o verdadeiro conhecimento ao aluno. Alguns centros de yoga, que atraem alunos do mundo inteiro com programas de curto e longo prazo para aprender o Yoga, são mencionados a seguir.

The Art of Living Ashram, Bangaluru.

Centro de Yoga Art of Living

A Escola de Arte de Viver, é uma organização internacional que oferece programas educacionais e de desenvolvimento pessoal focados nas técnicas de respiração, meditação e yoga. O objetivo deste programa é promover o bem-estar, físico mental e emocional das pessoas. A fundação foi criada por Sri Sri Ravi Shankar nos anos 1980 e, desde então, tem se expandido para mais de 150 países. O instituto, que desenvolveu uma técnica chamada Sudarshana Kriya Yoga, também tem treinamento em autodesenvolvimento.

Sri Sri Ravi Shanker é famoso mundialmente pelas suas ações humanitárias. Ele também é fundador de ONGs, Arte de Viver e Associação Internacional para Valores Humanos (IAHV). Os seus programas de Empoderamento Juvenil nos Estados Unidos enfrentam com êxito os problemas das drogas, do álcool e da violência nos jovens.

Isha Yoga Center, Coimbatore, Tamilnadu.

Centro de Isha Yoga

O centro de Isha Yoga é um espaço destinado ao ensino da Yoga, criado pelo yogi e místico indiano Sadguru Jaggi Vasudev no Coimbatore, Tamilnadu, em 1992. Além do centro de Yoga, este instituto oferece programas de transformação interior das pessoas, educação, sustento rural e preservação do meio ambiente. O treinamento do instituto inclui diversos programas e métodos para alcançar bem-estar físico, mental e espiritual para atingir seu potencial máximo.

Kripal Baghat Ashram of Yoga em Haridwar:

A Kripal Bhagat Ashram foi criada por Baba Ramdev em 1995. O instituto ensina principalmente Pranayama em um curso que inclui seis diferentes tipos de exercícios respiratórios. Haridwar, situada em Uttarakhand, é uma cidade próxima aos Himalaias e à margem do rio Ganges, tornando-se um ponto de peregrinação onde diversos Sadhus, Yogis e Santos se reuniram por milênios. Há vários centros de tântrica, espiritualidade e yoga nesta cidade.

Parmarth Niketan Ashram, Hrishikesh

Hrishikesh é uma outra cidade espiritual próxima a Haridwar, com muitos institutos de Yoga e Tantra.Parmarth Niketan é uma famosa escola de yoga que recebe estudantes do mundo todo para treinamento de Vinayasa Yoga, Kriya Yoga, meditação e outros cursos. O Ashram possui um total de quase mil quartos limpos e jardins, e está situado em um local encantador.

Ashtanga Yoga Institute, Mysuru, Karnataka

Este instituto foi criado por Sri Krishna Pattabhi Jois, discípulo do famoso mestre do Yoga T. Krisnmacharya. Jois se especializou na técnica Ashtanga Yoga e Vinayasa Yoga, a qual é uma sincronização rápida do movimento da respiração. O curso é rigoroso e somente alunos sérios e dedicados são aceitos.

Krishnamacharya Yoga Mandiram, Chennai, Tamilnadu.

A escola foi fundada pelo professor BKS Iyengar, conhecido professor de Yoga e filho do mestre de Yoga T. Krishnamacharya. O instituto ministra o Vini yoga com base no Hatha Yoga, nas técnicas de Asanas (posturas de yoga), no Pranayama, meditação e filosofia de Yoga.

Além disso, existem diversas escolas de Yoga em cada região da Índia. Além do yoga tradicional, ao longo dos anos, surgiram outros tipos de Yoga que auxiliam no autoconhecimento, proporcionam paz e tranquilidade, além de aumentar a autoestima. Esses sistemas, criados por diversos gurus, tornaram-se conhecidos entre os seguidores de Yoga. Alguns desses sistemas se espalharam pelo mundo, com centros de excelência em diversas cidades da Índia e outras partes do mundo. Alguns desses sistemas serão explicados nos próximos capítulos.

As Variedades na Yoga
Kriya Yoga

Os adeptos da Kriya Yoga acreditam que o método é baseado nos princípios descritos na Bhagavad Gita pelo próprio Sri Krishna. Esse sistema foi novamente divulgado por Lahiri Mahasay em 1860, aparentemente inspirado pelo Guru Mahavtar Babaji, supostamente imortal, que morava nos Himalaias.

Kriya Yoga é uma técnica espiritual para controlar a força vital, utilizando técnicas específicas de respiração, meditação e postura. O objetivo é atingir a autorrealização e a união com o divino. Kriya Yoga, popularizada no ocidente por Paramahansa Yogananda, foca na paz interior e no crescimento espiritual. Paramahamsa Hariharananda, um dos exponentes, disse:"O controle de respiração é autocontrole. O domínio da respiração é autodomínio. O estágio de não respiração é o estágio da não morte." Kriya Yoga é considerada uma das formas mais avançadas de yoga, focando na purificação do corpo e da mente para atingir a iluminação espiritual. Kriya Yoga reforça e revitaliza os fluxos de energia vital (prana) no cérebro e na coluna vertebral. A atual definição de Yoga é a eliminação das ondas alternativas na Consciência, ou, de acordo com Paramahamsa Yogananda, 'a cessação das modificações na mente.' Pela técnica de Pranayama de Kriya Yoga, o praticante direciona a mente e a energia vital para dentro de si, aquietando a quase inquieta Consciência, que é sempre direcionada para fora.Essa quietude interior trará felicidade para a alma.

Há centros de Kriya Yoga em diversas partes do mundo, inclusive em algumas cidades brasileiras.

Ananda Yoga

Paramahamsa Yogananda, que fundou a Sociedade de Yogoda Satsang na Índia em 1917, se mudou para os Estados Unidos em 1920 e criou a Confraternização de Autorrealização (Self-realisation Fellowship) para divulgar Kriya Yoga. Kriyananda, um dos seus seguidores americanos, que praticou Kriya Yoga por 25 anos, desenvolveu uma variação de Hatha Yoga. O sistema conhecido como Ananda Yoga é uma variação do Kriya Yoga, baseado nos princípios de Consciência Interior, controle da energia e compreensão de que cada postura de Yoga representa um nível de Consciência superior. A Ananda Yoga usa posturas de Yoga (Asanas) e Pranayama para despertar, sentir e controlar a energia vital, especialmente a energia dos Chacras, os quais são os centros de energia na coluna. A prática da Ananda Yoga tem como objetivo principal a aquisição de experiência interior através da meditação.

Sahaj Marg ou Caminho Heartfulness

O Sahaj Marg (Caminho Natural, ou o caminho simples) foi criado por Ram Chandra ou Lalaji de Fategarh no fim do século XIX. Em 1945, foi registrado como Ram Chandra Mission por um seguidor de Lalaji, conhecido como Ram Chandra ou Babaji Maharaj de Sahjahanpur. A organização enfatiza a relevância da experiência espiritual individual e da transformação interior em vez de rituais ou dogmas rígidos. É um conjunto de práticas meditativas, orientadas por um guia espiritual, que inclui a transmissão da energia yogica e a limpeza de impressões chamadas Sanskaras, através da qual suas complexidades internas são removidas e seus chacras são limpos e iluminados, tornando seu caminho mais tranquilo e fácil.

A Meditação Sahaj Marg é uma técnica de meditação que enfatiza o desenvolvimento do potencial humano através da prática da meditação no coração. O sistema se concentra na transformação interior, favorecendo o crescimento pessoal e o progresso espiritual.

Recentemente, o sistema foi renomeado para Caminho Heartfulness. Inspira-se em tradições antigas, mas foi sistematizado na sua forma atual no quase meio do século XX por Ram Chandra de Shahjahanpur ou Babuji, influenciado pelos ensinamentos de seu mentor espiritual, Lalaji Maharaj. A Meditação Heartfulness ganhou força graças aos esforços de Daaji, Kamlesh D. Patel, que desenvolveu e popularizou a Meditação Heartfulness em todo o mundo.

A prática de meditação Heartfulness é uma variante moderna da Raja Yoga que focaliza o coração como fonte de paz e conexão interior. A prática tem como objetivo o aprimoramento de conexões mais profundas com o coração e a vivência de uma sensação de paz e equilíbrio interior. Envolve focar no coração e, ao mesmo tempo, estar aberto a sentimentos, emoções e sensações sem julgamento. Essa forma de meditação cultiva os sentimentos de amor, compaixão e gratidão, para promover o bem-estar emocional, reduzir o estresse e aumentar a clareza e consciência mental geral.

A Meditação Heartfulness é praticada por pessoas de diferentes origens que procuram paz interior, alívio do estresse e crescimento espiritual. Possui centros e profissionais em todo o mundo, incentivando valores como o amor, a humildade e o serviço.

O sistema de meditação tem quatro Gurus. O primeiro guru foi Sri Rama Chandra do Fategarh, conhecido como Lalaji, e viveu entre 1873 e 1931. O segundo Guru é Sri Ram Chandra, de Shahjahanpur (1899–1983), conhecido como Babuji. O terceiro Guru Sri Parthasarathi Rajgopalachary (1927 – 2014) se chamava Chariji. O Guru atual é Sri Kamlesh D. Patel, também chamado Daaji. A sede da Meditação Heartfulness está situada em Kanha Shanti Vanam, perto de Hyderabad, Telangana.

Brahma Kumaris

A Brahma Kumaris foi fundada em 1936, por Dada Lekhraj Kripalini, na cidade de Hyderabad, Paquistão, quando esta região ainda pertencia à Índia. Dada Lekhraj Kripalini entregou a responsabilidade da organização às mulheres e, atualmente, muitas delas estão presentes na fundação, com Dádi Prakshmani como presidente. Após a divisão da Índia, a sede foi transferida para Mount Abu, Rajastão, India, e os centros da organização podem ser encontrados em mais de 8000 locais em 110 países.

A organização enfatiza a meditação, o conhecimento espiritual e uma vida baseada em valores, desenvolvendo o potencial do ser humano através de cursos de meditação Raja Yoga. Além de promover a educação, as atividades também incluem a meditação para promover a paz e a esperança no mundo. A organização também oferece diversos cursos, seminários e retiros que visam o desenvolvimento pessoal e a autorrealização. A organização ensina que a alma é eterna e que a transformação espiritual conduz à mudança pessoal e social.Os centros Brahma Kumaris oferecem cursos de meditação e educação espiritual em todo o mundo.

Irmã Shivani (BK Shivani), na Universidade Espiritual Mundial Brahma Kumaris. é conhecida por seus cursos e seminários motivacionais. Ela incentiva a autoconsciência por meio da meditação e da introspecção mais profunda

Meditação Transcendental.

A Meditação Transcendental foi popularizada por Maharishi Mahesh Yogi, um líder espiritual indiano, nos anos 50 e 60. Embora não seja o criador da meditação propriamente dita, ele desenvolveu e sistematizou a técnica da Meditação Transcendental e a trouxe para o ocidente.

Após o término da pós-graduação, Mahesh Yogi começou a praticar yoga tradicional, mas, depois, desenvolveu uma técnica própria. Ele se mudou para os Estados Unidos e começou a ensinar Meditação Transcendental. Ele ganhou muitos seguidores, como Beatles, Mia Farrow e Donovan e outros.

A técnica de meditação Transcendental consiste na repetição silenciosa de um mantra pessoal. Essa técnica consiste em sentar-se de maneira confortável e manter os olhos fechados por 20 minutos, repetindo os mantras que o mestre ensina. Cantando com o espírito de submissão, é possível perceber facilmente o efeito do mantra. O mantra ajuda na limpeza do coração. Ela tem como objetivo promover um estado de relaxamento profundo e clareza mental, para atingir um estado de consciência transcendental.

Nesse método, a mente fica mais tranquila e o corpo se sente mais relaxado, o que ajuda a afastar o estresse e os pensamentos negativos. Muitas pessoas têm benefícios para a saúde mental e física através dessa técnica. Essa técnica tornou-se conhecida no mundo todo e até psicólogos a recomendam como terapia para uma melhor saúde mental.

Os Gurus.

Quem são os Gurus? Qual é o conceito do Guru? De acordo com a crença popular, um professor que nos guia na vida pode se chamar Guru. Todavia, um líder espiritual, um ser que realizou o Deus supremo, um líder que minimiza os sofrimentos dos seguidores, um guia que encoraja os seguidores a repudiarem todos os males, um professor que ensina a sabedoria verdadeira aos alunos e incentiva os estudantes a alcançarem o Supremo Paramatma, é um Guru verdadeiro. Bhagavad Gita (II — 55 a 58 e XVI — 3) define Guru como "A inteligência de um verdadeiro guru está firmemente apoiada na sabedoria. Ele não tem desejos egocêntricos, está contente consigo mesmo. Sua mente permanece inalterada em momentos de tristeza e está isenta de sentimentos como paixão, medo e raiva. Ele não se importa com nenhum lado e não se sente feliz ou triste quando consegue o bem ou o mal. Ele afasta os sentidos dos objetos e dos sentidos que estão por todos os lados. Sua natureza é espiritual. Vigilância, perdão, coragem, pureza, isenção de malícia e orgulho são seus dons". Embora seja difícil identificar essas características em uma única pessoa, diversos Gurus famosos possuem algumas dessas qualidades.

Na Índia, há um grande respeito pelos Gurus. Mães e pais são os primeiros Gurus que guiam a criança desde a infância. Em seguida, o Guru ou professor que orienta o aluno, dando-lhe conhecimentos, implantando nele a personalidade, o respeito pelos outros, a coragem para enfrentar as dificuldades da vida e uma vida de sucesso e progresso. Dessa forma, mãe, pai e Guru são considerados deuses. Upanishadas ensinam *Matro Devó Bhava, Pitr Devó Bhava, Acharya Devó Bhava*", ou seja, mãe é Deus, pai é Deus, professor é Deus.

A seguir, um exemplo de como elogiar um Guru:

Gurur Brahma, Gurur Vishnu, Gurur Devó Maheshwara; Gurur Sakshat Para Brahma. Tasmai Sri Gurubhyo Namath

Guru é Brahma, Guru é Vishnu, Guru é Maheshwara ou Shiva; Ele é o Deus verdadeiro. Saudações a todos.

Sant Kabir, monge do século XV, disse: Se o Guru e o Deus estão à minha frente, lado a lado, a quem devo agradecer primeiro? O Guru, pois foi ele quem me apresentou a Deus.

Em seguida, são mencionados alguns Gurus famosos na Índia.

Shiva

Os Gurus podem ser de diversas áreas do conhecimento, como a espiritualidade, a yoga, a música, a dança, mas, geralmente, os orientadores espirituais e de yoga são reconhecidos como Gurus em todo o mundo. Nesse aspecto, Shiva é considerado o primeiro Guru, Adi Guru. Shiva é considerado o criador do yoga e o primeiro mestre da ciência do Yoga. Em diversos textos e escrituras, é retratado como o yogi supremo, meditando profundamente, transmitindo sabedoria aos seus discípulos e incorporando os princípios da libertação e da iluminação. Seus ensinamentos são a base de diversas tradições e filosofias yogi.

Ele é um líder espiritual e guia de divindades. Ele é melhor dançarino. Ele é adorado por todos os dançarinos, como Nataraja, o rei da dança.

Adi Śankara

Adi Śankara, filósofo e teórico da filosofia Advaita, do século cinco a.C., é considerado o Guru espiritual pelos filósofos do Hinduísmo, com o título de Jagadguru, o Guru do mundo. Ele estabeleceu quatro centros religiosos, chamados Peethas religiosos, nas quatro regiões da Índia, para difundir Sanatana Dharma e filosofia Advaita, e colocou os discípulos dele como responsáveis pelas Peethas, representando o Hinduísmo. Ele anunciou que os representantes também seriam designados como Jagadguru ou Śankaracharya. Os responsáveis pelos centros são, desde cedo, escolhidos por suas qualidades e atitudes religiosas, e treinados por eruditos para serem sucessores dignos do Jagadguru. O primeiro centro criado pelo Adi Śankara está em Sringeri. Karnataka é muito popular. O atual, 37º Sankarachrya desse local desde 1989, é Sri Bharati Teertha. Ele é considerado a autoridade máxima dos Vedas, um especialista com vasta sabedoria. O novo titular, que será ungido como Sankaracharya, foi escolhido em 2015 e está em formação.

Outros centros estabelecidos por Adi Sakaacharya estão: Dwaraka Sharada Peetham (oeste) em Dwaraka, Gujarat e guru atual é Swamy Sadanand Saraswati; Jyotir Math (Norte) em Joshimath, Uttarakhand e atual Sankarahara é Swamy Aimuteswaananda Saraswati; Govardhan Math em Puri, Odisha, a atual Sankarachara sendo Swamy Nischalananda Saraswati.

Sri Gauranga Chaitanya Prabhu.

Chaitanya Prabhu (1485–1533), de Goudiya Vaishnava tradição, era um guru espiritual devoto de Sri Krishna que propagou Bhakti Yoga, ou caminho da devoção, usando dança e música para iluminação e Moksha. Ele é considerado o primeiro Guru de Bhakti Yoga. Ele é considerado uma encarnação do Senhor Krishna por seus seguidores. Seus ensinamentos enfatizavam o canto do mantra Hare Krishna e a devoção a Deus através do serviço amoroso. Muitos seguidores seguiram-no e se tornaram famosos como Bhakt Kabir, Rani Mirabai, Tukaram, Akkadevi, Surdas, entre outros.

A.C. Bhaktivedanta Swamy Prabhupada

Swamy Prabhupada (1896 – 1977), um devoto de Krishna e seguindo os ensinamentos de Gauranga Chaitanya Prabhu, se tornou um mestre espiritual e fundou uma Sociedade dos fiéis de Krishna. Essa organização, também conhecida como Movimento de Hare Krishna, foi nomeada ISKCON

(International Society of Krishna Consciosness-Sociedade Internacional para a Consciência de Krishna), fundada em 1966 e com sede em Nova York, nos Estados Unidos. Os seguidores seguem uma prática devocional que enfatiza a devoção amorosa a Krishna. A sociedade prega o amor de Krishna e a superioridade de Krishna pela música e dança. O mantra "Hare Krishna" é uma das principais práticas espirituais. O movimento é conhecido por sua música, dança, alimentação vegetariana e distribuição de literatura religiosa. A sociedade está presente em diversos lugares do mundo e tem muitos devotos. O movimento também presta serviços sociais, como o auxílio em caso de desastres, a distribuição de alimentos e a prestação de outros tipos de assistência. No Brasil, a sede está em Nova Gokula, uma fazenda no município de Pindamonhangaba, Estado de São Paulo.

Satya Sai Baba de Puttaparti.

Satya Sai Baba

Satya Sai Baba (1926-2011) foi um líder espiritual, místico, filantropo e educador. Na adolescência, se declarou uma reencarnação de Sai Baba do Shirdi, que viveu no final do século dezenove e faleceu em 1911. Ele adotouo nome de Santo (atualmente conhecido como Satyanarayana Raju) e deixou a casa para se tornar um ícone espiritual em pouco tempo. Ele é venerado como uma figura de destaque, dotado de poderes extraordinários e considerado pelos devotos como uma encarnação de Deus. Ele pregava o amor como uma forma de contato com o divino. Ele nunca fez distinção entre as religiões e as crenças, uma vez que todos os caminhos religiosos levam ao mesmo objetivo, o Deus. Ele sempre ajudava os carentes e fez muitas ações sociais para ajudá-los. Ele tem seguidores pelo mundo inteiro. Ele tem um refúgio, Prasanti Nilayam, em Puttaparti, em Andhra Pradesh, onde fundou um hospital multifuncional e também criou vários institutos de educação na Índia e em outros países. Muitas pessoas consideram ele um guru que ajudou nas suas vidas.

Outros Gurus espirituais.

Osho

Ele também chamado Bhagwan Rajneesh. Osho era professor de filosofia na Universidade do Jabalpur e teve uma experiência divina e Samadhi (transe profundo) que o levou a criar novas ideias. Ele estabeleceu um refúgio em Pune, Maharashtra, foi guru e começou a pregar seus princípios. Ele não acredita em nenhuma religião, mas acredita que todos somos divinos e que Deus está presente em tudo. O sistema de meditação que ele ensinou exigia que o praticante fizesse exercícios físicos antes de iniciar a meditação. Ele acreditava que, através da meditação, poderíamos nos libertar dos apegos do presente e do futuro. Sua filosofia enfatizava viver no momento presente e transcender o condicionamento social.

Outro pensamento não convencional que ele pronunciou foi que o ato sexual é uma condição natural da existência e não deve ser evitado para atingir o objetivo espiritual. Devido a essa opinião não convencional, os ortodoxos ficaram contra ele, mas, ao mesmo tempo, ele ganhou muitos seguidores.

Swamynarayan

Swaminarayan (Sahajanand Swami): Swaminarayan, também conhecido como Sahajanand Swami, era um yogi e asceta que os seguidores acreditavam ser uma manifestação de Krishna ou a manifestação mais elevada de Purushottama. Swaminarayan é reverenciado por seus ensinamentos sobre devoção (bhakti) a Deus, vida ética e serviço comunitário. O Swaminarayan Sampradaya se desenvolveu em torno dele. O Swaminarayan Sampradaya estabeleceu vários templos e tem uma presença global significativa, promovendo valores espirituais e atividades humanitárias.

Na Índia, há vários Gurus que inspiraram milhares de pessoas a seguirem o caminho espiritual. Dentre eles, há muitas Gurus femininas que ficaram famosas ao longo do tempo. Entre elas estão:

Sarada Devi

Sarada Devi é esposa de Ramakrishna Paramahamsa, santo de Kolkata. Ela casou-se aos cinco anos e, quando chegou à casa do noivo, ele já havia assumido a promessa de celibato e, dessa forma, ela permaneceu virgem. Ela se tornou a primeira discípula a ele, e, mais tarde, foi guru espiritual depois da morte do marido. Ela levou uma vida de simplicidade, compaixão e devoção, e seus ensinamentos enfatizaram a importância do serviço altruísta, da prática espiritual e da divindade inerente a todos os seres. Ela, que pregava o amor por todos, era como uma mãe para seus fiéis. Desempenhou um papel crucial no estabelecimento e difusão da Missão Ramakrishna.

Ma Anandamayi

Anandamayi, que nasceu em Bangladesh no final do século XIX, é uma guru natural, já que ninguém lhe concedeu a iniciação necessária. Ainda casada, ela permaneceu em estado de celibato. Ela estava sempre feliz e, apesar de analfabeta, sabia os procedimentos das yajnas e fazia posturas de yoga de forma espontânea. Swamy Sivananda Saraswati a descreveu como uma flor perfeita que a Índia produziu, enquanto Swamy Yogananda a descreveu como uma mãe alegre e dedicou um capítulo a ela em seu livro Uma autobiografia de Yogi. Ela é reconhecida por realizar curas com fé, milagres e precognição. Ela possuía um abrigo (Ashram) em Varanasi e fundou Ma Anandamayi Sangh. Muitos famosos, como Sri Gopinath Kaviraj, sábio do sânscrito, filósofo e diretor do Colégio Sânscrito de Varanasi, se tornaram seus seguidores. Faleceu em 1986.

Mirra Afassa

Era uma mulher francesa e colaboradora espiritual de Sri Aurobindo e fundadora do Sri Aurobindo Ashram em Pondicherry. Chamava-se A mãe.

As Gurus de Presente Época.

Além dos gurus póstumos, existem alguns gurus vivos com grande número de seguidores. Eles são:

Ma Karunamayi

Ma Karunamayi, conhecida como Mãe de Compaixão, é venerada globalmente como a encarnação do Amor Materno Divino. Ela é considerada uma santa, humanitária, líder de paz e guia espiritual. Ela percorre o mundo, levando a mensagem de união global, sustentabilidade no novo milênio e maior consciência espiritual. Chamada de Amma (mãe) com respeito, ela afirma que sua única contribuição no mundo é aliviar a dor do coração de seus filhos. Ela organizou um serviço voluntário, Karunaseva (Serviço de Compaixão) e Fundação SMVA para capacitar e promover um futuro brilhante, estabelecendo escolas gratuitas, providenciando água potável em áreas remotas e outros serviços sociais. Há vinte anos, ela tem viajado pelo mundo para propagar sua mensagem.

Mata Amritanadamayi

A Mata Amritanandamayi ou Amma também é conhecida como Santa dos Abraços. Ela é uma líder espiritual, guru e humanitária. Sua sede é Amritapuri, distrito de Kollam, na Kerala. Ela nasceu numa família humilde de pescadores, em 1953. Desde cedo, ao perceber os problemas dos vizinhos, começou a abraçar os que sofrem para confortá-los nas suas tristezas. Ela consola os que sofrem pelo abraço e aconselhamentos por mais de quarenta anos e, até agora, milhões de pessoas em diversos países foram consoladas dessa forma.

Em seus discursos, ela enfatiza a importância da meditação, cumprindo o seu dever, seguindo o seu Karma, sempre prestando serviços humanitários, cultivando qualidades divinas como compaixão, perdão, paciência e autocontrole. Ela sustenta que essas qualidades promoverão o aperfeiçoamento da mente, preparando para a assimilação da última verdade de que uma pessoa não é composta apenas pela mente e pelo corpo físico, mas sim pela eterna e feliz consciência, o que será a Jivanmukti ou liberação total ainda quando estiver vivo.

Ela criou a universidade Amrita Viswa Vidyapeetham, o abrigo Mata Amritamayi Math, o Instituto de Pesquisas e Ciências Médicas e diversos outros centros de caridade.

Sri Sri Ravi Shankar

Ele é um mestre espiritual conhecido no mundo todo e fundou uma ONG chamada "Art of Living", ou Arte de Viver. A "Art of Living" promove o bem-estar e uma vida sem estresse através de diversos programas, como yoga, meditação e técnicas de respiração. Ele ensina técnicas de meditação baseadas na respiração para a saúde e o bem-estar há mais de 40 anos. Sua principal técnica de respiração, a Sudarshan Kriya (respiração SKY), é a peça central dos cursos da Arte de Viver. O objetivo desta ONG é auxiliar aqueles que estão economicamente e socialmente atrasados. Ele trabalha para melhorar as relações humanas entre pessoas de diferentes raças, nacionalidades e religiões. Ele acredita que a espiritualidade é a melhor maneira de se sentir melhor e feliz na vida. O amor é um forte vínculo entre todos, sem distinção de raça, religião, cultura ou etnia. Este sentimento se estende também aos animais. Ele combina a antiga sabedoria védica com a sensibilidade moderna, visando um novo paradigma de liderança e de vida – uma sociedade livre de estresse e de violência.

Sadguru Jaggi Vasudev

Sadguru Jaggi Vasudev, nascido no ano de 1957, fundou a Isha Foundation em Coimbatore, Tamilnadu. Essa fundação tem um refúgio com programas educacionais, espirituais e aulas de yoga. Ele é conhecido entre os jovens pela sua personalidade e pela forma moderna de transmitir os seus pensamentos. Ele participa ativamente da divulgação das ações de proteção ao meio ambiente contra alterações climáticas, proteção do solo e preservação dos rios contra a poluição. Ele é ator do livro best-seller "Engenharia Interior", um guia de Yoga para Contentamento e Alegria. Os ensinamentos, percepções espirituais e compromisso com as causas ambientais de Sadhguru deixaram um impacto duradouro em milhões de pessoas em todo o mundo. Seu trabalho continua a inspirar e transformar vidas por meio de yoga, meditação e bem-estar holístico.

Os Santos.

Há uma sutil diferença entre Guru e Santo. O Guru é aquele que ajuda a dissipar a ignorância do discípulo, aconselhando-o a realizar práticas espirituais. O Guru só pensa no progresso espiritual do discípulo, mas não considera a sua felicidade mundana. Um santo serve como modelo de piedade e integridade moral, muitas vezes considerado um intercessor que pode orar a Deus em nome dos outros. Um Santo é um indivíduo que atingiu um certo nível de prazer interior e realização espiritual. Um santo é alguém reconhecido por sua excepcional santidade, virtude e proximidade com Deus. Os santos irradiam energia positiva e compaixão. Frequentemente, abençoam outras pessoas e inspiram por meio de sua presença. Os Santos podem ajudar as pessoas a terem os benefícios mundanos e também espirituais. Quando um Santo assume uma pessoa como seu discípulo, ele se torna seu guia. Santos são pessoas que atingiram uma agradabilidade, e que, na presença deles, outros sentirão o mesmo. Sabem de conhecimentos particulares. O Santo é uma flor e sua fragrância pode influenciar as pessoas. Ele concede bênçãos a todos. Os Gurus querem seguidores, mas os Santos apenas desejam ensinar a qualquer um que se aproxima. Um santo é aquele que se considera excepcionalmente virtuoso e próximo de Deus ou de divindade em sua prática religiosa. Suas palavras são espontâneas, naturais e surgem da alma que alcançou a autor-realização, tendo consciência divina. Nunca mostra egoísmo. Ele explica dúvidas sem perguntar.

Na Índia, há muitos santos com ideais mais elevados e consciência espiritual mais elevada. Os Santos são considerados manifestações divinas. Eles auxiliam as pessoas a alcançarem ações positivas, devoção, prática espiritual e disciplina mental, fornecendo condições adequadas e conhecimentos. Alguns santos famosos no passado recente são:

Ramakrishna Paramahamsa

Ramakrishna Paramahamsa, que se chamava Gadadhar, foi um dos mais importantes líderes religiosos do século XIX. Desde jovem, ele demonstrou um grande interesse pelo divino e permaneceu como um devoto ardente de Kaali por toda a sua existência. Kaali não era Deusa para ele. Era a realidade para ele. Ela vinha quando ele a chamava e a sua presença o enchia de alegria e entusiasmo. Ele se alimentaria com as suas mãos. Em presença dela, ele parecia uma criança. Ele dançava e cantava ao lado dela. Ele chorava cada vez que perdia o contato com ela. Essa não era uma alucinação, mas sim uma realidade.

Ele disse a famosa frase: "Pratiquei todas as religiões – hinduísmo, islamismo, cristianismo – e também segui os caminhos das diferentes seitas hindus. Descobri que é para o mesmo Deus que todos dirigem os seus passos, embora por caminhos diferentes." A sua abordagem inclusiva validou a unidade subjacente às várias religiões. Sua filosofia enfatizava a busca pela espiritualidade, independentemente da crença religiosa professada. Ele deixou um legado, promovendo a ideia de unidade religiosa e espiritualidade prática, que resultou na fundação de Ramakrishna Mission pelo seu discípulo Swamy Vivekananda.

Ramana Maharshi

Ramana Maharshi (1879–1950) nasceu na cidade de Tiruchuli, Tamilnadu. Quando tinha 15 anos, ficou sabendo da montanha Arunachala, onde existe um templo de Shiva famoso. Aos 16 anos, ele passou por uma experiência dolorosa de medo da morte, o que o levou a questionar a essência de sua identidade. Ele sentiu uma corrente, uma força que o envolveu e reconheceu o seu verdadeiro Eu. Após essa experiência, deixou o lar e foi para Tiruvannamalai, onde está a montanha Arunachala e o templo Arunachaleswara, de Shiva. Ele permaneceu em reclusão por algum tempo, meditando intensamente, e, posteriormente, tornou-se um Sanyasi ou Asceta. O seu comportamento e aura impressionaram a todos e, gradualmente, os devotos começaram a surgir. Ele fundou um refúgio chamado Ramana Ashrama na região e tornou-se mundialmente conhecido, atraindo muitos devotos e estudiosos.

Ramana Maharshi foi um sábio conhecido pelos seus ensinamentos sobre autoinvestigação e Advaita Vedanta. Sua filosofia principal era investigar a si mesmo e questionar "Quem sou eu?" como uma forma de descobrir a verdadeira natureza além do ego. Ao fazer a pergunta "Quem sou eu?" e mergulhando profundamente na autoconsciência, os buscadores podem perceber sua verdadeira natureza além do ego e do corpo. Ramana ensinou que o verdadeiro Eu é não-dual, eterno e está além da mente e do corpo. É pura consciência, autoconsciente e independente das experiências transitórias do mundo. Ele sugeriu que se silencie a mente para manter a consciência em vez de ficar preso em uma cadeia de pensamentos. De acordo com ele, a meditação é um processo de eliminação dos pensamentos. As pessoas são afetadas pelos pensamentos que se acumulam um após o outro. Segure um pensamento apenas para que outros sejam expulsos. A prática constante desse tipo dá à mente a força necessária para prosseguir com a meditação. Nossa natureza é simples, sem complexos pensamentos. Ramana Maharshi não pregava nenhuma religião ou doutrina específica, mas considerava o Eu ou Atman permanente e duradouro, sobrevivendo à morte física.

Ramana Maharshi é considerado um *Jeevanmukta*, um ser liberado. Ramana Maharshi era um santo de poucas palavras e sua presença silenciosa era suficiente para tirar todas as dúvidas que um buscador tivesse. Ramana frequentemente enfatizava o poder do silêncio (mauna) como forma de ensino. Ele acreditava que o silêncio era a forma mais elevada e direta de comunicação, transcendendo palavras e conceitos. Ele não é autor de nenhuma obra, mas as pessoas que o visitaram registraram suas palavras e, assim, surgiram diversos livros, uma coleção de seus ensinamentos. Muitos buscadores foram atraídos pelos seus ensinamentos simples, mas profundos. A influência de Ramana Maharshi estendeu-se além de sua vida. Seus ensinamentos continuam a inspirar os buscadores espirituais em todo o mundo. Seu ashram em Tiruvannamalai continua sendo um local de peregrinação para aqueles que buscam a realização interior.

Sai Baba de Shirdi

Shirdi Sai Baba foi um líder espiritual que viveu entre o final do século XIX e o começo do século XX. Ninguém tem conhecimento de sua origem. Baba, como é popularmente chamado, chegou à vila Shirdi, em Maharashtra, com cerca de 16 anos. Ele meditou embaixo de uma árvore ao ar livre, sem se alimentar e beber. Após permanecer neste estado por alguns dias, as pessoas perceberam seu comportamento e o levaram para a vila Shirdi. Ele ficou numa mesquita abandonada, onde permaneceu pelo resto da vida. Na Mesquita que ele chamou Dwarakamai, começou o fogo sagrado Dhuni. Baba distribuiu as cinzas de dhuni e as pessoas acreditam que elas possuem poderes mágicos que curam diversos doentes. Dessa forma, tornou-se conhecido pelos seus milagres, como a capacidade de curar doenças e realizar milagres sobrenaturais.

Baba era radicalmente contra a ortodoxia. Não professava nenhuma religião, mas enfatizava a unidade de todas as religiões e a importância de seguir um caminho de devoção e serviço sem se importar, e insistiu em cantar o nome de Deus e ler as escrituras das respectivas religiões. Sua mensagem de amor, paz, tolerância e caridade atraiu pessoas de diversas religiões, como hindus, muçulmanos e cristãos, que o visitaram para obter bênçãos. A mensagem principal era "Shraddha" (fé) e "Saburi" (paciência). Ele sempre afirmava *"Sab Ka Malik Ek"* (Um único Deus governa todos).

O lugar onde Sai Baba viveu, Shirdi, Maharashtra, na Índia, se transformou em um importante centro de peregrinação. Um templo foi construído no local do seu túmulo, e milhares de pessoas o visitam diariamente em busca de orientação espiritual e bênçãos. Este templo é um dos mais ricos templos da Índia e é administrado pelo comitê nomeado pelo governo de Maharashtra.

Devraha Baba

Os Yogis realizados ocorrem em todos os lugares e em todos esses os períodos. Na Índia, há uma grande variedade de iluminados santos e personalidades que não são facilmente acessíveis. Ainda assim, algumas almas alcançadas permanecerão em público para fornecer-lhes a orientação espiritual necessária. Um dos santos realizados é Devraha Baba, também conhecido como "O Yogi Eterno". Ninguém sabe ao certo quanto tempo ele viveu — pelo menos 200 anos, mas, provavelmente, muito mais. Alguns acreditam que ele viveu para mais de 500 anos.Ele faleceu em 1990.

Ele era conhecido pelos longos cabelos, pelos trajes simples e pelas práticas de meditação. Ele costuma morar no topo de um machan, uma plataforma alta feita de troncos de madeira, perto de um rio. Ele vive, geralmente, às margens do rio Yamuna, em Brindavan.

Ele possuía diversos siddhis, percepções espirituais experienciais incomparáveis e desapego absoluto. Ele tinha controle total sobre a fome, a sede, o sono, etc. O frio, o calor e a chuva nunca o abalaram. Baba nunca leu, mas citou tantas escrituras que surpreendeu estudiosos. Ele respondeu às questões filosóficas mais complexa com grande facilidade. A compaixão incondicional por todos os seres vivos foi algo notável em sua personalidade. Qualquer pessoa que se aproxime dos seus pés recebe a benevolência. Muitas pessoas buscaram a sua orientação e bênçãos durante a sua existência.

Sri Devraha Baba não propôs nenhuma nova tradição ou grupo religioso. Ele queria transmitir a tradição védica e os ensinamentos dos Shastras. Sua instrução espiritual foi extremamente simples e gratificante. Ele diz: "Todas as formas são formas divinas. Toda maneira que possa atrair Deus deve ser direcionada. Eventualmente, a luz chegará lá. É melhor ter a orientação de um Sadguru. O objetivo da meditação é a concentração da mente e dirigida ao Um. No pensamento divino, tanto o nome quanto a forma do alvo são vitais. Pensar no próprio nome provoca pensar na forma".

Os Swamis

Além das categorias mencionadas acima, existe uma classe especial de homens eruditos, os Swamis, que contribuíram muito na propagação do Hinduísmo, não apenas na Índia, mas também em muitos países estrangeiros. Swamy (ou Swami) é um asceta ou professor religioso hindu, especificamente: um membro sênior de uma ordem religiosa.

Os Swamis desempenham um papel crucial na propagação do Hinduísmo, servindo como líderes espirituais, professores e guias. Eles transmitem conhecimento das escrituras, filosofia e práticas hindus e muitas vezes estabelecem ashramas ou centros espirituais onde os seguidores podem aprender e praticar sua fé. Os Swamis também servem como mentores, oferecendo orientação sobre conduta moral e ética, e às vezes se envolvem em atividades de caridade para elevar as comunidades. Através dos seus ensinamentos e exemplo, Swamis inspiram devoção e compromisso com os ideais hindus entre os seus seguidores, contribuindo para a continuidade e propagação do Hinduísmo através das gerações.

As seguintes são alguns famosos Swamis.

Swami Dayanand Saraswati

Swami Dayanand Saraswati, nascido como Mool Shankar Tivari em 1824, foi um filósofo hindu, líder social e fundador do Arya Samaj, um movimento reformista do hinduísmo. Ele também foi um renomado estudioso da tradição védica e da língua sânscrita. Seu livro Satyarth Prakash permaneceu um dos textos mais influentes sobre a filosofia dos Vedas e esclarecimentos de várias ideias e deveres dos seres humanos. Ele condenou práticas de diversas religiões e comunidades, incluindo práticas como adoração de ídolos, sacrifício de animais, peregrinações, ofícios sacerdotais, ofertas feitas em templos, castas, casamento infantil, consumo de carne e discriminação contra as mulheres. Ele defendeu aabolição do sistema de castas e a promoção da educação para todos.

O objetivo principal do Arya Samaj é fazer o bem ao mundo, ou seja, promover o bem físico, espiritual e social de todos. Os membros do Arya Samaj acreditam em um Deus criador referido pela sílaba 'Aum'. Eles acreditam que os Vedas são uma autoridade infalível e respeitam os Upanishadas e a filosofia védica.

Ele foi assassinado em 1883. Dayanand ofendeu a dançarina da corte quando aconselhou o rei a abandoná-la e sugeriu que ela seguisse uma vida de Dharma. Ela conspirou com a cozinheira que misturou pedaços de vidro no leite do Guru. Ele sofreu uma dor terrível, mas perdoou o cozinheiro envolvido no crime antes de sucumbir à morte no dia seguinte.

Swami Vivekananda

Swami Vivekananda foi um renomado monge e filósofo hindu indiano que desempenhou um papel fundamental na introdução das filosofias india-nas de Vedanta e Yoga no mundo ocidental. Nascido Narendranath Dutta, em 1863, foi educado em escolas missionárias. Ele era um bom esportista e também muito bem nos estudos. Quando terminou a graduação, ele já havia estudado, por outro lado, filosofia, história e espiritualidade ocidentais com David Hume, Johann Gottlieb Fichte e Herbert Spencer.

Embora acreditasse na existência de um Ser Supremo, Narendranath tinha muitas dúvidas e tentava buscar respostas em diversas organizações espirituais e religiosas, simplesmente fazendo a pergunta "você viu Deus?". Ele não obteve uma resposta positiva em lugar nenhum até ser apresentado a Ramakrishna Paramahamsa por meio de William Hastie, diretor do Scottish Church College. Quando ele fez a mesma pergunta a Ramakrisna em sua residência no complexo do Templo Dakshineswar Kaali, Ramakrishna respondeu: "Sim, vi. Vejo Deus tão claramente quanto vejo você, só que em um sentido muito mais profundo." Narendra tornou-se disciplo de Ramakrishna.

Naredranath passou por dificuldades financeiras consideráveis devido à morte de seu pai, pois tinha que sustentar sua mãe e irmãos mais novos. Ele pediu a Ramakrishna que orasse à Deusa pelo bem-estar financeiro de sua família. Por sugestão de Ramakrishna, ele próprio foi ao templo para orar. Mas uma vez que enfrentou a Deusa, ele não pôde pedir dinheiro e riqueza; em vez disso, pediu 'Vivek' (consciência) e 'Vairagya' (reclusão). Aquele dia marcou o completo despertar espiritual de Narendranath e ele se viu atraído por um estilo de vida ascética.

Após a morte de Ramakrisna em 1886, ele formou uma irmandade junto com outros discípulos de Ramakrishna e fundou Ramakrishna Math, a ordem monástica de Ramakrishna. Mais tarde, ele viajou a pé pela Índia como monge viajante. Ele viajou por todo o país, observando muitos dos aspectos sociais, culturais e religiosos das pessoas com quem teve contato. Ele testemunhou as adversidades da vida que as pessoas comuns enfrentavam, suas enfermidades, e jurou dedicar sua vida para trazer alívio a esses sofrimentos.

Em 1887, os membros de irmandade renunciaram formalmente a todos os laços com o mundo e fizeram votos de monge. A irmandade se rebatizou e Narendranath emergiu como Vivekananda, que significa "a bem-aventurança da sabedoria discernente".

Durante suas andanças, ele soube do Parlamento Mundial das Religiões realizado em Chicago, América, em 1893. Vivekananda partiu para Chicago em 31 de maio de 1893, vindo de Bombaim. Ele participou em parlamento de religiões e foi reconhecido por seus discursos poderosos no Parlamento das Religiões do Mundo, onde começou seu discurso com "Irmãs e Irmãos da América". Ele passou a descrever os princípios do Vedanta e seu significado espiritual, colocando o Hinduísmo no mapa das religiões mundiais. Ele enfatizou a base científica de Vedanta. Ele passou os dois anos e meio seguintes na América e fundou a Sociedade Vedanta de Nova York em 1894. Ele também viajou para o Reino Unido para pregar os princípios do Vedanta e do Espiritismo Hindu ao mundo ocidental. Seus ensinamentos enfatizaram a unidade de todas as religiões e a importância da autorrealização. Suas ideias continuam a inspirar milhões de pessoas em todo o mundo.

Vivekananda voltou à India em 1897 e fundou a Missão Ramakrishna em Belur, perto de Calcutá. Os objetivos da Missão Ramakrishna baseavam-se nos ideais do Karma Yoga e seu objetivo principal era servir à população pobre e necessitada do país. A Missão Ramakrishna desenvolveu diversas formas de serviço social, como criar e administrar escolas, faculdades e hospitais, propagar os princípios práticos do Vedanta através de conferências, seminários e workshops, iniciando um trabalho de socorro e reabilitação em todo o país. Sua consciência religiosa era uma combinação de ensinamentos espirituais de Sri Ramakrishna a respeito da manifestação divina e sua internalização pessoal da filosofia Advaita Vedanta. Ele orientou a alcançar a divindade da alma fazendo um trabalho altruísta, adoração e disciplina mental. De acordo com Vivekananda, o objetivo final é atingir a liberdade da alma e isso abrange todas as religiões.

Ele era mais do que apenas uma mente espiritual; ele foi um pensador prolífico, grande orador e patriota apaixonado. Ele deu continuidade à filosofia de pensamento livre de seu guru, Ramakrishna Paramhansa, rumo a um novo paradigma. Trabalhou incansavelmente pela melhoria da sociedade, na servidão aos pobres e necessitados, dedicando-se totalmente ao seu país. Ele foi responsável pelo renascimento do espiritualismo hindu e estabeleceu o hinduísmo como uma religião reverenciada no cenário mundial. A sua mensagem de fraternidade universal e de auto-despertar continua relevante, especialmente no atual cenário de turbulência política generalizada em todo o mundo. O jovem monge e os seus ensinamentos são uma inspiração para muitos, e as suas palavras tornaram-se objetivos de autoaperfeiçoamento, especialmente para a juventude do país. Por isso mesmo, seu aniversário, 12 de janeiro, é comemorado como o Dia Nacional da Juventude na Índia.

Swami Vivekananda era um nacionalista proeminente e tinha em mente o bem-estar geral de seus compatriotas. Ele exortou os seus compatriotas a "Levantar-se, acordar e não parar até que o objetivo seja alcançado". Vivekananda teve sucesso na construção de uma ponte virtual entre a cultura do Oriente e do Ocidente. Ele interpretou as escrituras hindus, a filosofia e o modo de vida para o povo ocidental. Ele os fez perceber que, apesar da pobreza e do atraso, a Índia tinha uma grande contribuição a dar à cultura mundial. Ele desempenhou um papel fundamental no fim do isolamento cultural da Índia do resto do mundo.

Ele morreu enquanto meditava, em 1902, aos 32 anos.

Swamy Sivananda

Swami Sivananda (1887–1963) foi um proeminente professor espiritual hindu e defensor do Yoga e do Vedanta. Ele era médico, mas sentiu que a medicina só curava a nível superficial, levando-o a embarcar numa busca espiritual em 1923 e dedicou sua vida à prática espiritual e ao serviço.

Ele fundou a Sociedade da Vida Divina em 1936, uma organização dedicada à elevação espiritual, ao serviço altruísta e à disseminação do conhecimento espiritual. A organização continua a prosperar hoje. O centro em Rishikesh é a sede e ponto focal espiritual de uma vasta organização mundial. A Sociedade abrange mais de 300 filiais em todo o mundo, bem como devotos individuais na Índia e no exterior. Seus ensinamentos enfatizam a síntese de vários caminhos do yoga (Karma, Bhakti, Raja e Jnana) como meio de atingir a iluminação espiritual. Os ensinamentos de Swami Sivananda continuam a inspirar milhões de pessoas em todo o mundo, enfatizando a simplicidade, o altruísmo e a importância da prática espiritual para levar uma vida significativa. Sivananda foi um escritor prolífico, autor de mais de 200 livros sobre yoga, vedanta e espiritualidade.

Swami Sivananda estabeleceu o primeiro Sivananda Ashram em 1932. Sua missão era servir à humanidade compartilhando sua profunda compreensão do yoga e, em 1936, fundou a Divine Life Society para publicar e distribuir gratuitamente material espiritual. Ele nasceu em 1887 e morreu em 1963. Sua filosofia era Servir, Amar, Dar, Purificar, Meditar, Realizar; seja bom, faça o bem, seja gentil, seja compassivo. Seu discípulo, Vishnudevananda, propagou o Sivananda Yoga, que agora é praticado em muitas partes do mundo através dos Centros Sivananda Yoga Vedanta.

Swami Chinmayananda Saraswati.

Chinmayananda significa "cheio da bem-aventurança da Consciência pura". Swami Chinmayananda, também conhecido como Swami Chinmayananda Saraswati, foi um renomado líder espiritual e professor de Vedanta.

Chinmayananda ou Balakrisna Menon de nascimento, era jornalista. Ele queria escrever sobre o que acreditava ser o blefe dos swamis nas regiões do Himalaia. Para investigar e descobrir tais véus de suposta santidade, ele visitou alguns Ashramas no Himalaia e depois conheceu Swami Sivananda em Rishikesh. A divindade, o amor e os ensinamentos Vedantas de Swami Sivananda dominaram o jovem cético. Uma impressionante transformação interior ocorreu em Balakrishnan, e ele começou a questionar e refletir sobre o propósito da vida e o segredo da felicidade permanente. Com a orientação de Sivananda e de outros ascetas, ele loga decidiu tornar-se um renunciante. Sivananda o iniciou e deu o nome de Chinmaananda. Mais tarde, tornou-se discípulo de um renomado mestre Vedanta da época, Swami Tapovana, e passou por um intenso estudo dos textos Vedanta. Ele fundou a Missão Chinmaya, uma organização mundial sem fins lucrativos, para divulgar os ensinamentos do Advaita Vedanta, uma escola filosófica de pensamento no Hinduísmo. Viajou por todo o país dando palestras sobre o Vedanta e o Bhagavad Gita, expondo as nuances da filosofia indiana ao público.Swami Chinmayananda é creditado por trazer um renascimento mundial do Vedanta no final do século XX através de sua introdução das obras e ensinamentos de Adi Śankara ao pulico.Seus ensinamentos foram baseados na autoridade dos Vedas e em sua experiência direta.Suas obras incluem numerosos livros, palestras e discursos sobre Vedanta, Bhagavad

Gita, Upanishads e outros textos espirituais. Seus ensinamentos enfatizam a autorrealização, o crescimento espiritual e o serviço à humanidade. A influência de Swami Chinmayananda continua a inspirar milhões de pessoas em todo o mundo. Ele deixou um legado duradouro na disseminação do conhecimento espiritual e na promoção dos valores hindus em todo o mundo.

Chinmayananda também desempenhou um papel fundamental na fundação doVishva Hindu Parishad (VHP), uma organização hindu de direita considerada membro do Sangh Parivar. Em 1964, ele convocou delegados para criar o VHP no ashram Sandeepani e serviu como o primeiro presidente da organização. Seu objetivo era "despertar os hindus torná-los conscientes de seu lugar orgulhoso na comunidade das nações" afirmando que "Vamos converter os hindus ao Hinduísmo, então todo ficará bem".

.Além dos renomados Swamis mencionados acima, existem muitos indivíduos em várias regiões do país, que dedicam suas vidas para propagar o Sanatana Dharma e o Hinduísmo através de suas palestras nas línguas locais sobre Vedas e Puranas. Eles são chamados de Bhagavats ou Pouranikas e são muito respeitados.

CAPÍTULO 13

SISTEMA DE CASTAS E VARNAS

Classificação na Época de Vedas-As Varnas

A estrutura de castas na Índia é uma estratificação socialbastante antiga e teve uma evolução ao longo do tempo, influenciada por fatores religiosos, sociais e econômicos, resultando em uma complexa estrutura de grupos sociais. O sistema de castas determina que as pessoas nascem em um grupo e não podem mudar ao longo da vida. As castas não são somente um sistema social hierárquico, mas também um fenômeno complexo que é característico do subcontinente indiano. A casta é uma cultura, um sistema de crenças, uma mentalidade e um conjunto de práticas que abrangem todos os aspectos da vida indiana.

Inicialmente, houve uma diferenciação entre os Arianos que seguiram os Vedas ou Sanatana Dharma, e aqueles que não seguiram os Vedas, chamados Dasas ou Dasyus. Segundo os historiadores ocidentais, quando os Arianos de pele clara conquistaram os Dasas de pele escura, eles foram colocados em uma posição inferior na sociedade, sendo tratados como escravos ou servos. Mas Srinivas Iyengar (Iyengar, S. 2019) aponta que um estudo mais aprofundado dos mantras de Rgveda, onde os termos Arya, Dasa e Dasyu são mencionados, mostra que eles não são diferentes raças, mas sim diferentes culturas da Índia. De acordo com esses estudos, Dasas e Dasyus não são escravos dos Arianos, mas povo independente, com seus próprios reis e reinados de cultura diferente dos Arianos.

Stephanie Jamison e Joel Brereton, professores de sânscrito e estudos religiosos, que traduziram Rgveda, afirmam: "não há nenhuma evidência no Rigveda de um sistema de castas elaborado, muito subdividido e abrangente", e "o sistema varna parece ser embrionário no Rigveda e, tanto então como mais tarde, um ideal social em vez de uma realidade social". Nos tempos dos Vedas, os Arianos que seguiam Sanatana Dharma tinham uma classificação social conhecida como Varnas. Na mandala X de Rgveda, composta no final de Rgveda (Talegari, 2000), a Sukta, conhecida como Purusha Sukta (RV

X-190), descreve que os quatro Varnas foram criados a partir do sacrifício de um homem primordial (Purusha) em uma yajna para a criação do universo. Esse é a única vez que Rgveda menciona as Varnas. Durante esse procedimento, os Brâmanes surgiram da boca, os Kshatrias dos braços, os Vaishyas das coxas e os Shudras dos pés da Purusha sacrificada. Esses elementos, de diferentes qualidades, são fundamentais para o funcionamento adequado de qualquer sociedade. Os indivíduos que se dedicam a atividades intelectuais são denominados Brâmanes, enquanto aqueles que possuem maior habilidade de governança e exercem o poder são denominados Kshatrias. Os indivíduos que preferem trabalhar com produtos, materiais e gerar riqueza são denominados Vaishyas, enquanto os que preferem trabalhar como operários são denominados Shudras. Dessa forma, esses varnas foram criados para um bom funcionamento da sociedade, e dependiam da função que cada um escolhesse na comunidade. Essas divisões existem em todas as sociedades que funcionam bem, mas podem ter nomes diferentes. Bhagavad Gita também diz que os varnas foram criados de acordo com a profissão escolhida e o Karma, o que significa que é o Karma quem decide a profissão escolhida.

Como já foi mencionado, o capítulo X é quase o último de Rgveda. A sociedade tinha uma longa história antes dessas divisões serem mencionadas, uma vez que outras mandalas relatam diversos eventos históricos e batalhas que ocorreram ao longo do tempo. Naquela época, o povo era uma unidade, cada um auxiliando a sociedade de acordo com sua capacidade. É natural que alguns indivíduos se tornem mais inteligentes e outros, mais poderosos, o que leva às pessoas a amá-los e a ampará-los. Dessa forma, surgiram os dois poderosos varnas, Brâmanes e Kshatrias. O restante do povo foi designado Vaishyas. Os Vedas não especificam quando os Shudras foram separados dos Vaishyas. De acordo com Ambedkar (Ambedkar, 1946), Shudras, que originalmente pertenciam à comunidade Ariana, passaram a fazer parte da comunidade Kshatrias. Em um ponto da história, houve muitos conflitos entre alguns Reis da comunidade Kshatrias e Brâmanes. Os Brâmanes recusaram-se a prestar serviços religiosos, inclusive a Upanayana, cuja cerimônia é de iniciação védica, para esses Reis e seus seguidores. Dessa forma, afastados das cerimônias védicas, eles foram degradados socialmente abaixo dos Vaishyas e designados Shudras. Dessa forma, os quatro varnas receberam sanções védicas na mandala X de Rgveda.

Mas, embora a sociedade fosse dividida em quatro grupos, o sistema não era rígido. As vedas não registram que as varnas são hereditárias. Ter nascido de Brâmane não significava ser Brâmane. Somente o estudo dos

Vedas e a prática dos deveres védicos eram considerados para designar uma pessoa como brâmane. Há muitas evidências nos Vedas e Upanishadas que mostram o Varna não dependia do nascimento da pessoa e as profissões prescritas para diferentes varnas nunca foram seguidas de forma rigorosa. Não havia nenhuma proibição para a união com outros varnas ou casamentos entre diferentes varnas. O casamento entre os três altos varnas e Shudras era indesejável, mas não era proibido. As pessoas de um Varna poderiam se mudar para outro, se pudessem modificar as características do seu Varna de nascimento e adotar as características do novo Varna. O Varna de Brâmanes ainda não era um Varna superior, pois, de acordo com alguns Upanishadas, Kshatrias também possuíam o Brahma Jnana, o conhecimento superior, e, dessa forma, contestaram a alta posição na sociedade.

Mudanças para tornar o sistema de Varna mais rígido

No período pós-védico, o sistema das Varnas se tornou mais rígido e hereditário devido a uma combinação de fatores, como a influência de textos religiosos, fatores sociais e econômicos, e a consolidação do poder por alguns grupos. O contraste entre os altos Varnas e Shudras foi mais acentuado durante a parte final do período védico.

Dada a complexidade crescente das cerimônias védicas e a necessidade de especialistas nas interpretações dos mantras para conduzir os rituais, surgiu uma classe específica de Brâmanes. As disputas entre vários reinos estabelecidos nesse período demandaram grupos guerreiros e clãs kshatria, que se tornaram uma classe poderosa na sociedade. Durante esse período, os Shudras foram segregados e restringidos severamente na sociedade, com punições severas, como proibir a participação das yajnas, estudar Vedas ou queimar os corpos mortos, apesar de as escrituras anteriores terem claramente concedido esse direito a essa categoria.

Crescimento das crenças não-védicas

A influência exagerada de Brâmanes, os sacrifícios de animais durante as yajnas e o tratamento diferenciado dos Shudras na sociedade foram fatores que contribuíram para o crescimento do budismo e do jainismo no período de 500 a.C. Os líderes dessas religiões, Sidhartha ou Gautama Budha e Mahavira, eram contrários aos tratamentos dos animais e Shudras pelos Brâmanes e pregavam contra o sistema Védico. Enquanto o jainismo era favorável ao sistema de varnas, o budismo era contrário a esse tipo de sistema. O Jainismo, devido à sua política de varnas e outras regras rígidas, não foi particularmente popular entre os povos de baixa renda, mas o budismo teve um crescimento considerável e, inclusive, muitos governos se tornaram patrocinadores dessa religião. Entre 500 a.C. e 300 d.C., quando essas duas religiões eram amplamente populares, o bramanismo ainda exercia uma influência significativa para manter o sistema de varnas intacto.

Após 300 d.C., durante o reinado da dinastia Gupta, em que o budismo perdeu influência e o bramanismo ressurgiu, os Shudras foram submetidos a uma situação de extrema humilhação, o que resultou em suas condições de vida miseráveis. Os casamentos entre membros de castas superiores e Shudras foram proibidos. Foram proibidos de se mudarem para outras varnas. Eles foram diferenciados inclusive na esfera judicial. Os regulamentos civis e criminal foram alterados para diferenciar os Shudras e punir ou multar severamente por infrações menores. Devido à prosperidade do estado e à diversificação das profissões liberais, surgiram muitos grupos subsidiárias.

As Guildas dos Artesanatos, Jatis.

Na sociedade védica, existia uma outra classificação, chamada Jatis. Jati é a divisão por ocupação, como guildas. Essa classificação está fora do sistema de varnas, dependendo apenas das ocupações que a pessoa escolhe e da tradição. O sistema de jatis evoluiu como um sistema complexo ao longo do tempo, e, eventualmente, tornou-se um sistema baseado no nascimento. Há mais de 3000 jatis na Índia, mas não há um sistema universal para classificá-los por ordem de posição entre eles. Quando os portugueses chegaram à Índia no começo do século XVI, primeiro como comerciantes, e depois para estabelecer colônias, confundiram varnas com jatis e usaram o termo castas para descrever o sistema de classificação da sociedade. Atualmente, o termo castas é utilizado como sinônimo de varnas e jatis.

O sistema de varnas, jatis e castas não era muito rígido até o início do século XIX. As leis aplicáveis aos varnas ou jatis, em termos de justiça, direito das propriedades e casamentos, foram estabelecidas por escrituras antigas de Dharmas e Smritis, tais como Apastamba Dharma, Manu Smriti e outras. Os documentos encontrados na corte real britânica, os relatórios de viajantes e os estudos de historiadores não indicam um sistema de castas rígidas na Índia antes do início do domínio colonial. A antropologista Bayly (1999) relata que, até meados do período colonial, a maioria do subcontinente era composta por pessoas que não tinham distinção formal de casta, mesmo em partes do chamado coração hindu... "As instituições e crenças frequentemente descritas como os elementos da casta tradicional surgiram recentemente, no início do século XVIII". O sistema de castas não teve muita importância ou força na sociedade até que os britânicos o transformaram na característica social que caracteriza a Índia. Os britânicos fizeram do sistema de catas um instrumento central para administração. Quando tentaram simplificar o sistema pelo censo, criaram barreiras severas entre as castas. O censo, através de ideologias e métodos absurdos, criou categorias sociais e criou as identidades sociais indianas para controlar a população. As castas foram classificadas em categorias superiores ou inferiores, dependendo da região, e os empregos foram dados de acordo com essas categorias. Dessa forma, os britânicos alteraram e remodelaram o sistema de castas para atender ao seu objetivo.

Os Intocáveis

Não se sabe em que momento da história houve a introdução de outra classe, chamada Panchamas, ou intocáveis, na sociedade indiana. Embora algumas escrituras e registros religiosos apoiem a hierarquia de quatro varnas, nenhuma menção a um quinto Varna ou classe que foi marginalizado e excluído da sociedade. Apesar de as escrituras védicas e seus auxílios não mencionarem essa classe, alguns Puranas mencionam a classe de Panchamas, mas ressaltam que devem ser tratados adequadamente, sem ter um contato íntimo com eles. Parece que essa classe surgiu quase 2000 anos depois do período védico. Hieun Tsang, um viajante e historiador chinês que viajou pela Índia no século VII d.C. durante o reinado de Harsha, notou a existência dessa classe, que foi segregada e não pode se misturar com indivíduos das mais altas posições sociais. Do acordo com Ambedkar, esta classe foi mais segregada por volta de 400 dC.

Essas pessoas não se enquadravam na sociedade hindu, sobretudo devido aos seus hábitos de vida, como a higiene e pureza, a dieta e o consumo de carne de vaca. Aqueles que abandonaram os principais rituais ou valores da sociedade foram relegados a uma categoria inferior aos Shudras. As pessoas que escolheram as ocupações consideradas impuras ou contaminadas, como os trabalhadores do couro, curtidores, necrófagos, atendentes de crematórios e outros trabalhos braçais, foram designadas como Panchamas ou quinta categoria. Ao longo do tempo, essa classe foi sendo marginalizada e relegada para moradias distantes dos centros urbanos.

Ao conduzir um censo durante o seu governo, os britânicos dividiram a sociedade em diferentes classes sociais, e classificaram os Panchamas como intocáveis. Novas categorias e hierarquias foram criadas, os setores incompatíveis foram removidos, novos limites foram estabelecidos para as castas e os limites antes flexíveis se tornaram mais rígidos. Com este processo, o sistema de castas tornou-se mais rígido, o que teve um impacto devastador na sociedade. Desde então, a situação da quinta casta, conhecida como Panchamas, se tornou mais desfavorável, com sua exclusão definitiva das altas castas. Os indivíduos nascidos na casta de Panchamas eram predeterminados e imutáveis. São considerados nascidos impuros. Ninguém pode fazê-los puros. Eles nascem com o estigma da impureza. Assim eles foram considerados. Muitas sub-castas surgiram nessa categoria dos intocáveis. Uma reportagem de 1935 revela a existência de 429 comunidades intocáveis, que, ao toque, poluem os hindus da classe alta. Estas castas não podem entrar em templos nem usar facilidades públicas, como poços de uso comum ou lugares públicos. As crianças desta classe são separadas e alocadas em espaços especiais nas escolas. As segregações são mais visíveis nas áreas rurais do que urbanas. Embora existam tribos e hierarquias endogâmicas em todo o mundo, o que torna o sistema de castas da Índia único é a ideia de pureza e poluição, que não tem base racional (Devdatt Pattanaik, 2023),

O Movimento Bhakti ou Devoção:

Apesar das opressões das altas castas, surgiram muitos Santos e religiosos nas castas inferiores, Shudras e intocáveis, graças ao movimento Bhakti. O movimento Bhakti é uma corrente espiritual que teve origem na Índia há mais de mil anos. O termo Bhakti significa devoção. Bhakti se concentra na devoção e amor intenso a uma divindade, como Vishnu, Shiva, Krishna ou Devi, segundo as crenças do praticante.

O Bhakti surgiu por volta do século VII e ganhou força entre os séculos XIV e XVII. O movimento teve início no sul da Índia, sob a orientação de Vaishnava Álvars, que eram devotos de Vishnu, e Shaiva Nayanars, que eram devotos de Shiva. A devoção à divindade escolhida geralmente é expressa em canções, poesias e rituais. Os praticantes do Bhakti acreditam que a devoção sincera e o amor devem ser a principal forma de alcançar a iluminação espiritual e a liberação do ciclo de reencarnação, chamado de Samsara. Bhakti se tornou popular nas classes mais baixas devido aos ensinamentos de tolerância religiosa e à eliminação de barreiras sociais, enfatizando a igualdade espiritual entre todos os seres humanos, sem distinção de raça, gênero ou origem. Espalha-se pelo norte da Índia no século XV, atingindo seu auge entre os séculos XV e XVII. Omvedt (2003) destacou "0 movimento radical Bhakti (devocional) que varreu o norte e o oeste da Índia, reunindo mulheres e homens de castas inferiores para proclamar a igualdade e rejeitar o ritualismo bramânico e a hierarquia de castas". O movimento Bhakti teve um papel crucial na história, uma revolução social silenciosa provocada por diversos reformadores sociorreligiosos. O movimento Bhakti desempenhou um papel crucial na história cultural da Índia durante a Idade Média e na formação da paisagem religiosa e social da Índia, promovendo valores de igualdade, amor e devoção que ressoaram em diversas comunidades. O movimento Bhakti enfatiza a devoção pessoal a uma divindade escolhida, muitas vezes expressa através de poesia, música e dança. O movimento rejeitou as distinções de castas e promoveu a ideia de que qualquer pessoa, independentemente de casta ou sexo, poderia alcançar a iluminação espiritual e defendeu a igualdade social e muitas vezes desafiou a autoridade das práticas e instituições religiosas ortodoxas. Santos e poetas do movimento Bhakti compuseram suas obras em línguas regionais, tornando seus ensinamentos acessíveis ao povo comum.

Santos nas baixas Castas

Sant Ravidas, o poeta-santo, nascido de uma família de intocáveis no século XV, era um pioneiro do movimento Bhakti no norte da Índia. Ele desafiou a hierarquia de castas e pregou que todos têm o direito de adorar a Deus. Ele tem fiéis seguidores, tendo sido o guru de Mirabai, uma princesa devotada a Krishna, e também o guru da rainha Jali do Chitore. Outros Santos poetas de baixa casta, como Sant Kabir, Sant Namdev, Nandanar e outros, influenciam a sociedade e, com o movimento Bhakti, procuram inculcar o respeito próprio nas pessoas de classe inferior. Atualmente, o Bhakti é uma parte indispensável da prática espiritual na Índia e é amplamente divulgado no mundo, graças ao movimento Hare Krishna ou à Sociedade Internacional para a Consciência de Krishna (ISKCON) de Bhakti Vedanta Prabhu. As canções e mantras devocionais são fundamentais nesse movimento, com a participação de diversos devotos em cantos e danças, demonstrando a sua devoção e amor pelo divino.

Movimento contra a intocabilidade

Budismo

Ao longo do tempo, também tivemos diversos personagens que tentaram melhorar as condições dos suprimidos. Budha, em seus ensinamentos, era radicalmente contra o sistema de castas. Seus ensinamentos enfatizavam a compaixão, a não-violência e a igualdade, oferecendo consolo e orientação àqueles que sofriam, seja por causa da pobreza, doença ou outras dificuldades. Muitos dos seus primeiros seguidores eram de origens desfavorecidas e das baixas castas, buscando a libertação do sofrimento com os ensinamentos sobre as Quatro Nobres Verdades e o Caminho Óctuplo.

Veerasaiva ou Lingayats

Basaveshwara, também conhecido como Basavanna, foi um filósofo, estadista e reformador social indiano que nasceu em Karnataka, Índia, no século XII. Ele é creditado como o fundador da seita Lingayat, ou Veerasaiva, que enfatiza a devoção ao deus Shiva.Lingayats são adoradores ardentes e heroicos de Shiva e carregam um linga pessoal que simboliza um relacionamento íntimo e constante com Shiva.Basaveshwara defendeu a igualdade social e rejeitou a sistema de castas, promovendo princípios de democracia, igualdade e liberdade individual. Ele estabeleceu o Anubhava Mantapa, uma plataforma para discussões espirituais e filosóficas aberta a pessoas de todas as origens. Basaveshwara foi um forte defensor da igualdade social e se opôs veementemente à prática da intocabilidade. Ele acreditava na dignidade de todos os indivíduos, independentemente de casta ou posição social. Basaveshwara trabalhou para erradicar a intocabilidade, promovendo uma sociedade baseada na igualdade, onde todos os indivíduos fossem tratados com respeito e dignidade. Ele enfatizou a importância da pureza interior sobre os rituais externos, desafiando as estruturas hierárquicas do sistema de castas. Os pensadores do Lingayat (Veerasaiva) rejeitaram a custódia dos brâmanes sobre os Vedas e os shastras, mas não rejeitaram completamente o conhecimento védico.

O Lingayatismo considera os Vedas como um meio, mas não como um fim hipócrita. Rejeitou várias formas de ritualismo e a adesão acrítica a qualquer texto, incluindo os Vedas. No século XII, houve uma revolta de Veerasaivas contra um monarca que foi assassinado, por ser um seguidor do bramanismo, e oprimir pessoas de castas inferiores.

Os ensinamentos e ações de Basaveshwara continuam a inspirar esforços para combater a intocabilidade e promover a justiça social na Índia.Seus ensinamentos continuam a influenciar o Lingayatismo moderno e deixaram um impacto duradouro na sociedade indiana.

Outros Reformadores Sociais

Durante o domínio dos britânicos, Raja Ram Mohan Roy de Brahmo Samaj e Swamy Dayananda Saraswati de Arya Samaj propuseram a abolição do sistema de castas. Nos séculos XVIII e XIX, Mahatma Jyotirao Phule, Ambedkar e Periyar Ramaswamy, todos nascidos na baixa castas, e outros, como Mahatma Gandhi, tentaram diminuir a condição desumana dos intocáveis até certo ponto. Phule sugeriu que Dalits fosse o nome dos intocáveis durante esse processo. Durante os primeiros anos do século XX, Mahatma Gandhi considerou o termo "intocáveis" pejorativo e incorreto, chamando-os de Harijans, povo de Deus ou crianças de Deus, e pediu à sociedade que os tratasse como se fossem de quarta classe, ou como Shudras. No entanto, muitos consideram o termo Harijans ultrapassado e preferem o termo "Dalit", uma vez que reconhecem sua luta contra a discriminação e opressão baseadas nas castas.

Ambedkar, um advogado que nasceu em uma família intocável, foi um líder político importante do movimento da consciência e do empoderamento Dalit e defendeu a abolição do sistema de castas, trazendo uma sociedade sem classes ou castas.

Situação após a Independência

Após a independência da Índia em 1947, o governo reconheceu a condição dos intocáveis e estabeleceu normas para eliminar o termo e aliviar as condições da classe. Na constituição da Índia, que foi aprovada em 1949, as palavras "intocáveis" e os castigos sociais dessa classe foram considerados ilegais. Em lugar de "intocáveis", adotou-se o termo Castas Programadas (Scheduled Casts, SC). Outra classe marginalizada antes da independência, embora não tão intocável, era a das pessoas que vivem nas florestas e nas colinas. Eram chamados Girijans. Na nova constituição, foram chamados de Tribos Programadas (Sceduled Tribes, ST). Outras classes de Shudras que foram negligenciadas e marginalizadas anteriormente foram denominadas como Outras Classes Atrasadas (Other Backward Classes,

OBC). Em resposta a esses esforços, a Lei da Intocabilidade (Ofensas) (1955) foi criada e prevê sanções para aqueles que impedirem que outras pessoas possam ter acesso a uma grande variedade de direitos religiosos, ocupacionais e sociais, alegando que pertencem a uma casta programada. Como ministro da lei (1947–51) e arquiteto-chefe da nova constituição da Índia, B.R. Ambedkar desempenhou um papel relevante na criação dessas leis. A finalidade dessas leis era auxiliar na inclusão social dos Intocáveis/Dalits na sociedade indiana dominante.

Política das Reservas

A constituição também ofereceu oportunidades para esses novos grupos nas instituições de ensino, em cargos públicos, no parlamento e nas assembleias legislativas dos estados. A política de reserva, também chamada de ação afirmativa, era crucial para combater a discriminação e a disparidade enfrentadas pelos Dalits e outras minorias historicamente oprimidas. As reservas para SC e ST foram estabelecidas pela constituição por um período determinado, com o objetivo de assegurar que a situação desta classe melhoraria e se equipararia a outros setores da sociedade. No entanto, ao longo dos anos, outros grupos foram adicionados às reservas e as reservas continuam, mesmo depois de sete décadas de independência.

Atualmente, há questionamentos sobre a eficácia dessas reservas. Alguns consideram que as medidas têm sido bem-sucedidas em melhorar a vida das SCs e STs, enquanto outros consideram que elas não foram suficientes e ainda existem desafios relevantes em termos de discriminação e exclusão social. No entanto, devido a essas reservas, houve uma melhora significativa na formação dessas classes e, consequentemente, a presença de trabalhadores e funcionários dessas classes em gabinetes governamentais e privados aumentou consideravelmente.

Dos 15 presidentes da Índia desde sua independência, dois, Kocheril Raman Narayanan (1997 a 2002) e Ram Nath Kovind (2017–2022), foram de castas programadas (SC), enquanto o atual presidente (2023 a -), Draupadi Murmu, é de tribos programadas (ST).

Embora as reservas tragam alguns benefícios, como a presença de SC e ST no parlamento e nas assembleias legislativas dos estados, oportunidades iguais nos empregos para todos, justiça igual e melhoria na economia das classes atrasadas, elas também apresentam algumas desvantagens. Em vez de acabar com as castas, as reservas incentivaram o castismo. Ao invés de diminuir os efeitos das castas, elas mantêm e reforçam as divisões sociais. A reserva é uma forma de política de identidade que torna a casta pública, quando o objetivo deveria ser a eliminação das castas. A política de reserva, que considera a casta de uma pessoa em vez da renda e da riqueza pessoal, trouxe algumas distorções na sociedade. Alguns grupos sociais e educacionais mais atrasados se beneficiaram da reserva, mas, na verdade, muitos dos benefícios da reserva foram obtidos pelos ricos das classes deprimidas, enquanto os mais pobres dos deprimidos não foram beneficiados. O sistema de reservas permitiu a formação de mais castas e subclasses. Ao longo de sete décadas de independência, algumas pessoas dessas classes se enriqueceram financeiramente e politicamente devido às reservas. Essa categoria de pessoas é chamada de camada cremosa. Com domínio político, esse grupo continua desfrutando dos benefícios de reservas, o que prejudica outras pessoas do grupo.

As reservas trouxeram outro problema. Se os candidatos sem mérito suficiente forem selecionados pelo sistema de reservas, a qualidade dos estudantes e funcionários matriculados em diferentes instituições pode ser prejudicada. Mas há um argumento que não concorda com isso. Os méritos e a eficiência não são apenas privilégio das classes mais elevadas. Se todas as classes sociais e tribos atrasadas tivessem acesso a oportunidades iguais, incluindo a comunidade OBC, a maioria superaria a meritocracia da classe alta. O problema de mérito, frequentemente levantado, é abusado pelos partidos para vantagens próprias, onde comunidades ainda mais fortes exigem mais reservas.

A Política Indiana e as Reservas

A partir de 1989, o número de partidos políticos regionais aumentou significativamente. Existem vários partidos políticos regionais que refletem as diversas identidades linguísticas, culturais e regionais do país, cada um com o seu próprio foco regional e agenda política. Esses partidos, geralmente, estão ligados a grupos que defendem os interesses locais e são controlados por uma casta específica da região. Esses partidos poderosos, que têm o controle social, econômico e político, politizaram a questão das castas com suas próprias exigências de reserva. Assim, não apenas a política foi afetada, mas também as classes sociais foram afetadas pelas políticas. A recusa dos governos em introduzir o conceito de "camada cremosa" nas reservas de SC evidencia que essas reservas são mais uma ferramenta política do que social. À medida que elas ganham mais destaque, elas se tornam um meio de exclusão em vez de inclusão. Muitas comunidades que estavam em melhores condições foram empurradas para condições desfavoráveis por estas reservas. Muitas pessoas das castas superiores ficaram afetadas pela pobreza e pelo analfabetismo. Nestas circunstâncias, e também devido à necessidade de ações afirmativas, é necessário rever a situação atual da política de utilidade de reservas. Atualmente, há uma crescente discussão sobre a eficiência das reservas e uma crescente manifestação favorável à abolição das reservas.

Nenhum partido político está preparado para lidar com esse desafio, temendo perder a sua base de eleitores e as próximas eleições. A questão é que, ao longo das sete décadas de independência, o governo não adotou nenhuma ação para diminuir a desigualdade social, para assegurar que todos tivessem oportunidades iguais.

Atualmente, há um crescente esforço para desafiar e superar as hierarquias raciais, incentivando a equidade e a conscientização. Entretanto, a implementação de mudanças efetivas é um desafio constante devido à complexidade e profundidade das crenças e tradições arraigadas. Essa tendência pode ser percebida nas metrópoles, enquanto nas áreas rurais e semi rurais a descriminação dos Dalits ainda é forte. Como resultado de reformas sócias, o prolema das castas é eliminado até certo ponto no presente, mas não a identidade das castas.

CAPÍTULO 14

NEO HINDUÍSMO

A Nova Cara do Hinduísmo

O neo-hinduísmo,também conhecido como revivalismo hindu ou movimentos de reforma hindu, é uma série de movimentos religiosos e filosóficos que surgiram na Índia nos séculos XIX e XX, como uma reação às mudanças sociais, políticas e culturais da época. Esses movimentos buscaram rever e aprimorar o Hinduísmo em um mundo moderno. Neo--Hinduísmo é uma filosofia com influências ocidentais para entender a filosofia indiana. Essa é uma reforma do Hinduísmo que acumulou algumas inclinações indesejáveis ao longo do tempo. Os ocidentais interpretaram isso como uma mudança da religião, mas para os pioneiros do Neo-Hinduísmo, isso é um renascimento cultural. O Neo-Hinduísmo é o resultado do dinamismo e flexibilidade que são características fundamentais inerente no Hinduísmo. O Hinduísmo aceitou as tendências modernas e deu várias liberdades aos seus seguidores, para que pudessem lidar com as novas exigências sociopsicológicas.

A principal postura "neo-Hinduísta" é resultado da redefinição do Dharma como uma "religião" ética essencialmente universal, baseada nos princípios de não-violência (Ahimsa) e compaixão. O Neo-Hinduísmo é o que vem do conhecimento filosófico e político do Ocidente. Os valores vindos do Ocidente foram adotados e incorporados à cultura indiana e se tornam parte dela. Aqueles que tiveram acesso à educação ocidental no século XIX, durante o domínio colonial britânico, foram os principais responsáveis pelo começo dessa reforma. Pioneiros relevantes nesse sentido são Swami Vivekananda, que teve um papel crucial na disseminação da filosofia Vedanta e da espiritualidade hindu no Ocidente,Raja Ram Mohan Roy e Keshab Chandra Sen do Brahmo Samaj,queatacou muitos dogmas e superstições acumulados no Hinduísmo comoa prática de Sati (queima de viúvas), o casamento infantil, a proibição donovo casamento das viúvas e outros, Sri Auroindoque defendeu uma síntese da espiritualidade oriental e do pensamento ocidental e enfatizou a evolução da consciência humana e a busca da transformação espiritual através do yoga e da filosofia integral, S. Radhakrishnan, estudioso, filósofo e segundo presidente da Índia, que contribuiu significativamente para a compreensão do Hinduísmo, cujos obras preencheram a lacuna entre as tradições filosóficas orientais e ocidentais.

Outros nomes relevantes são Ramakrishna Paramahamsa, cujos ensinamentos enfatizavam a harmonia entre as religiões e o valor da experiência espiritual sobre o dogma, Dayananda Saraswati de Arya Samaj, cujo objetivo era resgatar o Hinduísmo, defendendo a autoridade dos Vedas e rejeitando a adoração de ídolos e males sociais, como a discriminação de castas, Deendayal Upadhyaya que desenvolveu o conceito de "Humanismo Integral", que integra a filosofia hindu tradicional com ideias políticas e económicas modernas. . Todos esses nomes contribuíram para a reforma e modernização do pensamento e da prática hindus.

Esse movimento debateu e reinterpretou as tradições hindus em um contexto global. A filosofia do Iluminismo e elementos do Cristianismo, bem como a crítica ocidental, tinham como objetivo modernizar a herança religiosa rica e diversificada de hindu e unir as suas diversas vertentes de uma forma aceitável em todo o subcontinente. Dessa forma, os Neo-Hinduístas criticavam com veemência a veneração dos ídolos, a satee (a queima das viúvas junto ao corpo do falecido marido), as castas com intocabilidade e as yajnas que ofereciam sacrifícios de animais.

Vivekananda e Neo-Hinduísmo

O maior expoente do Neo-Hinduísmo foi Swamy Vivekananda, o reformista que é um dos arquitetos da Índia moderna. Vivekananda foi educado em escolas missionárias cristãs, onde foi introduzido às filosofias de pensadores ocidentais, como Schopenhauer, Hegel e outros. Desesperado com a filosofia ocidental, ele procurou Ramakrishna Paramahamsa para obter uma melhor compreensão da existência e de Deus. Ele se tornou o discípulo principal de Ramakrishna e, após a morte do mestre, adotou Sanyasa Ashrama (mendicância espiritual) e percorreu diversas regiões da Índia. Ele conheceu muitos pobres e intocáveis nas suas viagens e, tendo sido comovido pelas suas vidas, resolveu ajudar e mitigar as suas dificuldades. Essa miséria toda, segundo ele, era consequência da falta de individualidade na nação.Ele pensou: "Suponha que alguns Sanyasins despreocupados, empenhados em ajudar os outros, passem de aldeia em aldeia, espalhando a educação e, de diversas maneiras, melhorando a situação de todos, até o Chandala [membro da casta mais baixa], através do ensino oral, e de mapas, câmeras, globos e outros acessórios — isso não pode trazer benefícios a tempo?" Com esse objetivo, iniciou atividades missionárias com o objetivo de reconhecer as dificuldades individuais das pessoas. Dessa maneira, criou uma nova forma de vida monástica para as Sanyasins, acrescentando uma forma neo-Hinduísta de monaquismo à forma mista de vida mundana e espiritual. Em 1893, ele viajou aos Estados Unidos e participou da Assembleia das religiões mundiais, em Chicago. A palestra dele na Assembleia, destacando a Advaita Vedanta como a filosofia ideal para todos, sendo a essência e o núcleo de todas as religiões, atraiu muitos americanos, o que o motivou a criar o primeiro centro védico nos Estados Unidos. As suas palestras nos Estados Unidos e na Europa fazem parte do Neo-Hinduísmo, que ele mais tarde destacou na sua carreira. Em relação ao discurso de Swami, um jornal americano de época escreveu: 'Qual é a necessidade de enviar missionários cristãos para um país religioso tradicional tão rico?'

Vivekananda regressou à Índia em 1897 e fundou a Associação de Ramakrishna Mission para difundir os ensinamentos de Ramakrishna, especialmente Advaita Vedanta (a filosofia do não dualismo). Além disso, também fundou Ramakrishna Math, um refúgio onde os devotos de Ramakrishna podem viver de forma tranquila com uma vida monástica e participar de atividades altruístas.

As Destaques de Neo-Hinduísmo

Swamy Vivekananda

Segundo as orientações de Ramakrishna Paramahamsa, ele promoveu a natureza prática do Vedanta. Nesse Neo-Vedanta, não há diferença entre vida sagrada e secular. Ele aceitou a tradução e interpretação de Bhagavad Gita do Tilak, que incentivou o ativismo e o bem-estar social como objetivo do Gita. Dessa forma, considerando que o mundo é Brahman, os serviços e atividades mundanas também são serviços prestados por ele. Sendo assim, todos os trabalhos altruístas são adorações para Brahman. Dessa forma, a atividade altruísta não é apenas social, mas também espiritual. A Vedanta Prática, que insiste na prática social sob a forma de programas de ajuda e educação para os pobres e necessitados, é algo completamente novo no Hinduísmo, sendo, assim, chamado Neo-Hinduísmo.

A Ramakrishna Mission, seguindo os princípios do Neo-Hinduísmo e Neo-Vedanta de Vivekananda, construiu escolas, hospitais e orfanatos para ajudar os pobres e negligenciados. Vivekananda defendia a tolerância religiosa e seu combate contra a intocabilidade foi o resultado deste pensamento. Vivekananda foi o principal líder do pensamento hindu moderno. A partir da inspiração do seu mestre Ramakrishna, ele popularizou a filosofia de vedanta, ou filosofia de não-dualismo, como o ápice da espiritualidade, que pode unir todas as religiões, além de ser compatível com a ciência moderna. A ética Vedanta não se limita ao progresso individual, mas sim do mundo como um todo, progresso no sentido mais amplo. O Hinduísmo abrange o conceito de 'unidade em diversidade'. O Neo Hinduísmo sustenta que, apesar da aparente diversidade, todas as religiões são, na essência, iguais, uma vez que existe apenas uma divindade suprema ou princípio espiritual (Atman, Brahman). Vivekananda prega a irmandade universal e a convivência harmônica entre as diversas religiões.

Vivekananda foi um dos principais símbolos do renascimento da Índia. Na sua opinião, a causa de todas as dificuldades na Índia é a falta de espírito nacional e autoconfiança. Enquanto os sociólogos apontam a religião como a principal responsável pelo processo de degeneração, ele sugeriu que a causa seria a perda de religião, uma vez que a identidade nacional é determinada pela religião, enquanto o sistema político não está ligado à religião. Ele defendeu a espiritualização da política e o desenvolvimento de uma sociedade baseada nos princípios da verdade, da não violência e da justiça social. Ele desenvolveu uma filosofia sócio--política-cultural para unificar a Índia e criar um mundo melhor através da transformação dos indivíduos. Dessa forma, ele tentou revitalizar a nação com a religião reformada, adotada para as mudanças no tempo, e fundamentada na orientação prática em reformas sociais e atividades. Ele empregava tom marcial para reiterar sua importância para a ascensão da Índia, sustentando que "o que o país deseja agora são músculos fortes e nervos de aço, vontades gigantescas às quais não pode resistir, que penetram nos mistérios e segredos do universo e cumpram o seu objetivo de qualquer maneira. Isso é o que queremos, e isso só pode ser criado pelo entendimento e realização do ideal do Advaita, a união de todos. Tenha fé em você — o poder está em você —, seja consciente e traga isso à tona. Diga: 'Posso realizar qualquer tarefa'". (Vivekananda, 2012).

Importância de Yoga e Neo-Hinduísmo

Na opinião de Vivekananda, para uma nação sadia, os cidadãos devem estar saudáveis e bem da mente e do corpo. Ele reconheceu a relevância da saúde física como o fundamento para o progresso espiritual. Ele insistiu no yoga para adquirir a energia e a força necessárias para criar uma nova Índia. Ele enfatizou o poder transformador do yoga para atingir o bem-estar holístico, e enfatizou a prática de posturas de yoga, ou asanas, para purificar o corpo físico e promover força, flexibilidade e bem-estar geral. De acordo com Swami Vivekananda, o yoga não se limitava ao exercício físico, mas também incluía práticas mentais e espirituais. Swami Vivekananda sustentava que um corpo saudável era indispensável para que a mente e a alma pudessem funcionar de forma adequada. Por meio das técnicas de yoga, é viável desenvolver uma mente concentrada e tranquila, resultando em uma maior clareza mental, estabilidade emocional e bem-estar geral. Os ensinamentos de Swami Vivekananda sobre yoga enfatizaram a importância de manter um estilo de vida saudável, que incluía uma dieta nutritiva, atividades físicas regulares e uma mentalidade positiva. Ao praticar yoga, é possível reduzir o estresse e aumentar a energia interna. (Subharti, 2023).

Para Vivekananda, o Neo Hinduísmo é uma combinação de nacionalismo e espiritualidade. Dessa forma, o Neo-Hinduísmo, junto com a Neo-Vedanta e a yoga, se tornaram as ferramentas da consciência nacional na Índia. Ele propunha a juventude como "Levante-se, acorde-se e desperte os outros. Alcance a conquista da vida antes de morrer. Levante-se, desperte e não pare até atingir o objetivo".

Aurobindo e o Neo-Hinduísmo

Aurobindo Ghosh estudou na Inglaterra por 13 anos, retornando à Índia em 1905. Ele é conhecido como filósofo, místico, político e jornalista. Ele participou da revolta contra a divisão do Estado de Bengala pelos ingleses em 1910, sendo preso. Ele teve uma experiência espiritual na prisão e decidiu adotar uma vida espiritual. Ele se mudou para Pondichery, uma colônia francesa localizada perto de Chennai, onde estabeleceu um refúgio, onde permaneceu até o final de sua vida, em 1950.

Aurobindo era um pensador intrigante. Em sua breve trajetória política, Aurobindo prosseguiu com o renascimento do hinduísmo, fundamentado no Vedanta, e aprimorando o conceito de nacionalismo espiritual. Durante a campanha contra a divisão de Bengala, Aurobindo e outros líderes políticos engajados se concentraram principalmente no simbolismo Śakta, especialmente nas representações do culto hindu da adoração de Kāali, e adotaram justificativas filosóficas para o nacionalismo, baseadas na interpretação modernista e NeoHinduísta da filosofia Vedanta de Śankara. Seguindo os pensamentos de Vivekananda, ele também defendia que a filosofia do Neo-Vedanta aumentaria a força cultural do hinduísmo e abriria espaço para o crescimento do nacionalismo na Índia moderna.

Na sua opinião, a mensagem principal do Vedanta era a ação altruísta ou Karma Yoga. No Karma Yoga, uma pessoa deveria cumprir suas obrigações, sem se preocupar muito com os resultados alcançados. Ele e outros pensadores modernos do Neo-Hinduísmo não abordam Moksha, a liberdade total após a vida atual, um tópico relevante na Vedanta de Śankara, mas abordam a liberdade presente neste mundo, trazendo o divino para a vida física por meio de ações altruístas, auxiliando os mais necessitados. Na sua opinião, era necessário o renascimento do Hinduísmo, o que requeria o despertar da alma indiana, que estava em um profundo sono. Segundo Aurobindo, com o surgimento do nacionalismo indiano, o propósito do novo hinduísmo era preparar o caminho e harmonizar o mundo e o espírito. Para ele, o caminho do Yoga é uma maneira de gerenciar a espiritualidade no dia a dia. Aurobindo integrou o pensamento ocidental com a espiritualidade indiana. Sua visão incluía a evolução da humanidade em direção a uma consciência superior.

Outros Exponentes de Neo-Hinduísmo

O poeta místico do século XV, Sant Kabir, tentou dar uma nova interpretação do Hinduísmo através do movimento Bhakti e sintetizou as filosofias hindu e Sufi. Outros importantes personalidades que promovem o Neo Hinduísmo, de sua maneira, são Mohandas Karamchand Gandhi ou Mahatma Gandhi e Satya Saibaba de Puttaparti, em século XX.

Mahatma Gandhi tinha raízes profundas no Hinduísmo, porém foi favorável ao contato com outras religiões. Na sua opinião, uma religião deve ser baseada na razão e na moral. Todas as religiões são, fundamentalmente, iguais e, ao invés da tolerância, é crucial o respeito mútuo entre elas. Um fundamentalista de outra religião deve ser respeitado e considerar o problema de acordo com seu ponto de vista. Dessa forma, poderemos conviver em paz com todas as religiões sem conflitos.

Ele considerava a intocabilidade como uma característica desnecessária ou excrescência do Hinduísmo e, como político, desejava abolir essa maldição. Ele chamou os intocáveis de Harijans ou povo de Deus e queria que eles se tornassem uma parte respeitada da sociedade. Em sua opinião, todas as religiões apresentam falhas. A religião ideal é aquela que transcende as religiões existentes, que altera a natureza, que está intimamente ligada à verdade interior e que sempre purifica. Ele pregava a não-violência (Ahimsa), a tolerância e o perdão, seja na política ou na vida cotidiana.

Sai Baba de Puttaparti tornou-se um homem espiritual ainda quando era jovem. Ele mesmo afirmou que era um Avatara de Saibaba de Shirdi que viveu na segunda metade do século XIX. Ele declarou que sua missão era iniciar uma nova Era de Ouro na Terra.

Em suas palestras, pregava a igualdade entre todas as religiões. Sua mensagem estimula reflexões sobre a integração religiosa do Ocidente com o Oriente. Ele disse que, se continuarem adorando o Deus de sua escolha, da maneira que lhe é familiar, descobrirão que estão se aproximando de Brahman, o Deus único. Todos os nomes são Dele e todas as formas são Dele. A única religião verdadeira no mundo é a Religião do Amor. Ele sempre afirmou: "Vim para compartilhar com vocês a Fé Unitária Universal, o Princípio Divino, o Caminho de Amor, a Ação de Amor, o Dever de Amor e a Obrigação de Amor". No mundo, só existe uma casta, a da humanidade! Existe somente uma linguagem, a do coração! Só há uma religião, a do Amor! Existe somente um Deus, e Ele é onipresente! (Caes, 2006).

Ele considera que o Hinduísmo não se limita a estudar, escriturar e praticar yajnas. Ele considerou que o Hinduísmo também se aplica à ajuda aos pobres e necessitados, sendo uma ação nobre e perfeita para atingir a divindade. O serviço social é uma oportunidade de transformação e desenvolvimento pessoal. Dessa forma, ele escolheu as atividades altruístas, ultrapassando os limites de castas, com diversos tipos de empreendimentos voltados para o bem-estar material da população pobre, como o estabelecimento de hospitais e escolas, fornecendo água potável para os pobres e outros atos de ajuda. O hospital multidisciplinar foi aberto para os pobres em Puttaparti, estado de Andhra Pradesh. Diversas instituições de ensino oferecem educação gratuita para pessoas carentes, desde o ensino primário até a universidade. Dessa forma, ele direciona a prática do Hinduísmo para uma atitude altruísta, repleta de amor e tolerância, tornando-a uma religião universal.

Hinduísmo Militante

Nacionalismo Hindu ou Hindutva

O Hinduísmo militante não significa conflito armado ou guerra com outras religiões. Vivekananda chamou isso de Hinduísmo dinâmico, enquanto Irmã Nivedita, uma aluna de Vivekananda que assumiu o comando da Sociedade Advaita nos Estados Unidos após a morte de Vivekananda, o chamou de Hinduísmo Agressivo. Vivekananda quis dizer que o Hinduísmo dinâmico é uma forma de Hinduísmo com intensidade fanática mais que o materialista (Vivekananda, 2012). O Hinduísmo militante é conhecido também como Hindutva ou Nacionalismo Hindu. A diferença entre o Hinduísmo e a Hindutva é que, enquanto o Hinduísmo é uma religião, a Hindutva é uma ideologia política que se fundamenta na justificativa cultural do nacionalismo hindu.

O surgimento de Hindutva

Os reinados muçulmanos

A Índia foi alvo de diversas invasões ao longo dos milênios. Os Gregos, Citas, Huns, Sakas e outros invadiram a Índia em diferentes períodos, mas foram assimilados na cultura indiana. Todavia, os muçulmanos invadiram a Índia para roubar as riquezas dos templos, matar os Kafirs ou infiéis e, finalmente, criar o Estado Islâmico. Os séculos XI a XVI, sob o regime dos muçulmanos, foram sombrios para Santana Dharma. Os sultões e reis muçulmanos impuseram um regime de terror contra os hindus, com assassinatos, estupros, destruição de diversos templos, construção de mesquitas sobre as ruínas, incêndio de grandes bibliotecas das antigas universidades e diversas outras atrocidades. Will Durant (Durant, 1976), historiador, escritor e filósofo americano, chama a conquista islâmica da Índia de 'A História Mais Sangrenta da História'. Não é que os hindus sejam fracos ou covardes. Eles demonstram o seu valor desde os tempos védicos. Além disso, durante os reinos islâmicos, os Rajputs e chefes como Rana Pratap, as Maratas, Sivaji e outros combateram os muçulmanos, às vezes derrotando-os. Mas os hindus, sendo pacíficos em geral e também enfrentando disputas internas, não podiam resistir às forças muçulmanos. Segundo Lal (1999), a população do subcontinente indiano diminuiu de 200 milhões em 1000 d.C. para cerca de 170 milhões em 1500 d.C. Isso ocorreu principalmente devido a assassinatos, deportações, guerras e fome em regimes islâmicos.

Entre 1836 e 1921, ocorreram muitas revoltas de muçulmanos contra hindus em Mappila, no estado de Kerala, que terminaram em 1921 com uma grande rebelião. Este é um exemplo da campanha mais sangrenta dos muçulmanos contra os hindus. Durante esta grande rebelião, diversas atrocidades foram cometidas contra os hindus, totalizando quase 2500 mortos. Annie Besant (Besant, 2006) disse que os muçulmanos de Mappila converteram muitos hindus e mataram ou expulsaram todos os hindus da região que não apostassem, totalizando cem mil.

Os Europeus na India

O século XVI marcou a chegada dos europeus-portugueses, franceses e ingleses, inicialmente como comerciantes, mas, depois, como colonizadores. A ocupação de Goa por Portugal marcou o início da inquisição em Goa. Foi uma organização do Santo Ofício católico romano nos séculos XVI e XIX para impedir e punir heresias contra o cristianismo na Ásia. Nessa inquisição, os indianos, hindus e muçulmanos, assim como os judeus que se estabeleceram na Índia, que antes viviam em paz, foram perseguidos pelo governo português da época colonial e pelo clero jesuíta da Índia portuguesa. As conversões ao catolicismo ocorreram à força, enquanto milhares de hindus goeses foram massacrados pelos portugueses entre 1561 d.C. e 1774 d.C.

Os ingleses e a pilhagem da Índia

O reino dos ingleses entre 1700 e 1947 não teve uma trajetória diferente. Apesar de não ter sido diretamente responsável pelo genocídio, com exceção de algumas ocasiões, a Inglaterra foi a responsável por um número de mortes entre 60 milhões e 165 milhões, devido às políticas imperiais de dividir para governar e outros fatores.A política de dividir para governar dos ingleses causou divisões culturais, religiosas e políticas na comunidade, o que resultou em perturbações e conflitos entre hindus e muçulmanos em diferentes ocasiões, como no Mappila mencionado acima.

Segundo um relatório do Guardian, cientistas militares britânicos testaram uma arma química nas tropas coloniais indianas durante mais de uma década de experiências anteriores e posteriores à Segunda Guerra Mundial. Eles desestabilizaram os padrões de colheita indiana ao forçar a colheita comercial para suprir as necessidades industriais da Grã-Bretanha e da Europa, deixando os indianos mais vulneráveis à fome. Segundo uma estimativa, o consumo anual de cereais na Índia caiu de 210 quilogramas anuais no início da década de 1900 para 157 quilogramas anuais no final da década de 1930. Após o início da Segunda Guerra Mundial, o consumo diminuiu ainda mais. O economista John Maynard Keynes e o Primeiro Ministro Winston Churchill criaram uma inflação artificial para transferir recursos dos indianos para usar nas tropas britânicas e americanas. Isso gerou uma calamidade com falta de alimentos e baixa poder aquisitivo dos pobres. A fome em Bengala foi uma das piores atrocidades sob o domínio britânico. De 1943 a 1944, mais de três milhões de indianos morreram de fome e desnutrição, enquanto outros milhões caíram em extrema pobreza. Em resposta ao surto de fome, as autoridades britânicas raramente prestavam assistência humanitária, alegando que a fome era um controle "natural" e necessário da sobrepopulação.

A estimativa é que, entre 1765 e 1938, o governo britânico extraiu da Índia cerca de 45 trilhões de dólares, consumidos na Grã-Bretanha ou reexportados para fins lucrativos. Durante esse período, diversas riquezas, incluindo ouro, diamantes e matérias-primas, foram enviadas para a Inglaterra.

Massacre de Jallianwala Bagh:

Durante a luta pela independência, os ingleses usaram muita força contra os manifestantes pacíficos indianos, matando-os em tiroteios e prendendo milhões em prisões. Em 13 de abril de 1919, quando manifestantes pacíficos desafiaram uma ordem do governo e protestaram contra o domínio colonial britânico em Amritsar, foram trancados em jardins murados de Jallianwala e alvejados pelos soldados Gurkha. Sob a orientação do General Dyer, os soldados continuaram a atirar até que não havia mais munição, matando entre 379 e 1.000 manifestantes, incluindo mulheres e crianças, e ferindo outros 1.100, tudo em dez minutos.

A luta para Independência

O Congresso Nacional Indiano, que se formou em 1885 sob a liderança do britânico Allan Octavian Hume, apresentou algumas demandas para a administração do governo britânico, mas, posteriormente, tornou-se mais rigoroso e começou a exigir a independência total. Com chegada de Mohandas Karamchand Gandhi, que foi intitulado Mahatma Gandhi mais tarde, a luta pacífica para independência intensificou, inclusive não cooperação na administração e a boicote de mercadorias estrangeiras. Durante esse processo, milhões de pessoas morreram ou foram presas.

Alguns agitadores eram contra essas agitações pacíficas e desejavam usar mais força para exigir as suas demandas. Eles sustentam que os hindus foram bastante tolerantes ao longo de mil anos de domínio islâmico e duzentos anos de domínio britânico. Agora é hora de cobrar as demandas com força. A história do Ocidente é geralmente de uma maioria dominando uma minoria, enquanto a Índia é a onde as minorias (primeiro os muçulmanos e depois os cristãos) dominaram a maioria (hindus) durante séculos e os hindus foram mais tolerantes. Essa é a hora de ficar mais viríeis para exigir suas demandas. Um dos articuladores desse pensamento era Vir Savarkar, o outro era Bal Gangadhar Tilak, que chamou esse pensamento de Hindutva. Os seguidores desse pensamento usaram a força e a violência contra os britânicos, ao contrário da ideologia de Mahatma Gandhi, que era mais pacífica. Subhash Chandra Bose, um líder virulento de Bengala, que foi o membro do Congresso Nacional no início, deferiu Mahatma e, depois, escapou das tentativas do governo britânico de prendê-lo. Foi para o Japão durante a Segunda Guerra Mundial e, com a ajuda dos japoneses, formou um exército com os soldados britânicos, de origem indiana, que foram capturados como prisioneiros de guerra pelos japoneses. Esse exército, denominado "Exército Nacional da Índia" (Indian National Army, INA), lutou contra os ingleses na guerra. Os Ingleses perceberam os efeitos dessa ação patriótica de INÁ no exército próprio, que estava preparado para uma rebelião. A preocupação com essa rebelião, juntamente com o aumento da intensidade da agitação no Congresso Nacional, levara as Ingleses a concederem a independência à Índia.

A Trauma de Independência

A Fuga e Imegração após Divisão da Índia

Os Ingleses, com a sua política de dividir para governar, plantaram na mente dos líderes muçulmanos que, depois da independência, os hindus seriam dominantes sobre os muçulmanos em menoridade na Índia independente. Mohamad Ali Jinnah, o líder máximo do partido muçulmano Muslim League (Liga Muçulmana), solicitou a divisão da Índia de acordo com a religião, com uma parte na qual os muçulmanos seriam a maioria. Eles fundamentaram-se na teoria das duas nações, que afirmava que os muçulmanos e os hindus são nações distintas, com costumes e práticas religiosas distintas. Os muçulmanos argumentaram que deveriam criar um estado independente nas áreas muçulmanas da Índia, onde o Islão é praticado como religião dominante. Sendo assim, não foi a religião a principal causa do conflito, mas sim a politização da identidade religiosa (MH, 2020). Embora seja difícil isolar áreas com puramente hindus ou puramente muçulmanos, devido a séculos de convivência, essa demanda foi aceita pelo Congresso Nacional presidido por Gandhi. 14 de agosto de 1947 foi anunciada a data de independência e duas áreas, uma no Noroeste, parte da Índia com Beluquistão e parte oeste de Punjab e outra na parte leste de Bengala, foram identificadas como áreas predominantes dos muçulmanos.

Mas, antes da separação, a confiança mútua entre hindus e muçulmanos se deteriorou e a violência começou em Rawalpindi, no estado de Punjab, onde os muçulmanos eram a maioria. No mês de março de 1947, motivada pela Guarda Nacional da Liga Muçulmana — ala militante da Liga Muçulmana —, começou a violência contra hindus, com massacres e estupros de hindus e sikhs por milhares de muçulmanos. O estado de Punjab foi dividido entre forças opostas e transformou-se num campo de batalha violento. Um confronto entre hindus, Sikhs e muçulmanos resultou em cerca de 7000 mortos, enquanto 40.000 Sikhs se refugiaram em campos. (Wikipédia, Os massacres de Rawalpindi). Milhares de mulheres foram sequestradas e estupradas. Muitas mulheres suicidam-se ou são mortas pelos familiares para escapar da humilhação. Quase 80 mil pessoas fugiram para o leste de Punjab, principalmente Sikhs e hindus, deixando de lado tudo o que era relevante. Enquanto isso, milhares de muçulmanos também se deslocaram do Leste para o oeste do Punjab.

Os distúrbios iniciaram-se na região do Naukhali, que era controlada pelos muçulmanos na região leste de Bengala, em outubro de 1946, quando milhares de hindus foram assassinados, milhares de mulheres hindus foram estupradas, raptadas e convertidas ao islã. As violências foram horríveis e as mulheres grávidas e crianças não foram poupadas.

A divisão, como ficou conhecida a partição, causou um grande trauma tanto em hindus quanto em muçulmanos, mais ainda em hindus e sikhs, pois os muçulmanos tinham a vantagem de iniciar o conflito. A separação resultou na morte de 2 milhões de hindus, muçulmanos e sikhs, além da violação de 75 mil mulheres. A partição provocou uma das maiores migrações da história da humanidade. Houve uma grande movimentação populacional, com 14,5 milhões de indivíduos cruzando as fronteiras em busca de proteção religiosa.

Após a Independência:

O Paquistão se tornou independente em 14 de agosto de 1947 e a Índia em 15 de agosto de 1947. Como era esperado, os muçulmanos declararam o seu estado como um país islâmico. Alguns grupos da população indiana desejavam que o governo proclamasse a Índia como um estado de Hindu embora muitos muçulmanos ainda estivessem na Índia e optaram por não partir para o Paquistão. Mas Gandhi, que liderou o movimento pela independência e cujos métodos foram fundamentais para a vitória da Índia, tinha uma visão de uma nação comunitária-pluralista que abriga diversas comunidades religiosas. Ele disse que a religião não tinha nenhum papel nos assuntos do governo. Jawahar Lal Nehru, escolhido para ser o primeiro-ministro da Índia independente, possuía uma formação ocidental e ideias modernas. Defendeu também a separação do Estado da religião e prometeu uma Índia próspera, secular e industrializada com democracia. Com base nessas ideias, uma constituição foi elaborada, proclamando a India como "República Democrática Soberana", com oportunidades iguais para todos. No entanto, como não foi mencionada a palavra "Secular" no início da constituição, o governo do congresso nacional tomou diversas decisões não seculares para beneficiar as comunidades muçulmanas e cristãs nos primeiros 25 anos de independência. Como houve um crescente protesto da comunidade hindu, o nome da república indiana foi alterado para República Soberana Socialista Secular Democrática em 1976, para garantir justiça, liberdade, igualdade e fraternidade a todos os cidadãos. Mas, mesmo depois dessa alteração, a constituição foi alterada diversas vezes, para apaziguar a comunidade muçulmana devido à política bancária eleitoral.

Apaziguamento a minoria

No entanto, o secularismo tomou um novo rumo na Índia. Em um estado secular, é indispensável que haja uma lei que obriga todos os cidadãos a cumpri-la. Se for preciso auxiliar os menos favorecidos e os grupos minoritários, algumas leis podem ser implementadas em curto prazo e, logo após a solução do problema, as concessões devem ser suspensas. Este argumento é válido para qualquer país, mas, desde a independência da Índia moderna, a maioria hindu foi prejudicada e uma minoria foi privilegiada. Durante 70 anos, o Congresso Nacional foi o responsável pelo governo e a Constituição foi modificada diversas vezes, distorcendo as leis originais para favorecer as minorias, especialmente os muçulmanos.

Os muçulmanos foram autorizados a seguir suas próprias leis, a Shariat, sem a intervenção do governo, enquanto o código de leis hindu foi alterado diversas vezes. As mesquitas e igrejas puderam funcionar de forma independente e usar suas coleções para fins próprios, ao passo que os templos hindus permaneceram sob o controle do governo. As doações e recursos obtidos através delas foram empregados pelo governo para financiar outras áreas, incluindo o financiamento de mesquitas e igrejas. Para obter mais recursos, o Darshan (a visão) ou o vislumbre do ídolo de Deus era cobrado em diversos templos importantes, enquanto milhares de muçulmanos eram financiados anualmente para visitar Meca. Dada a política do banco de votos, as reservas para minorias e desfavorecidos que eram garantidas por um período limitado na constituição foram aumentadas diversas vezes ao longo dos 70 anos de mandato do Congresso Nacional. Durante este período, não houve esforços sérios para aperfeiçoar as suas condições de vida, o que poderia resultar na eliminação de reservas e na igualdade de oportunidades para todos. Dessa forma, o tipo de secularismo que o governo do Congresso pratica pode ser classificado como pseudo secularismo ou secularismo diluído. Wirth (2019) nota "Isso é inexplicável. Por que o termo "secular" seria acrescentado e depois não seria posto em prática? O que é mais estranho é que o termo "secular" adquiriu um significado indiano inédito e específico. Significa incentivar as duas grandes religiões que não respeitam o hinduísmo e cujos dogmas condenam todas elas ao inferno eterno. É uma triste ironia. Você imagina os judeus honrando os alemães com tratamento preferencial em vez de procurar compensação pelos milhões de judeus mortos? No entanto, o Islão e o Cristianismo, que prejudicaram gravemente os indianos ao longo dos séculos, recebem tratamento preferencial por parte do Estado indiano, e o seu próprio Dharma benéfico, que não tem outro lar exceto o subcontinente indiano, é eliminado. E ainda por cima, isso é chamado de "secular"!"

Essa erosão secular da política indiana é a causa da ascensão do Hindutva ou do nacionalismo hindu.

Ascensão de Hindutva

Durante a luta pela independência indiana, algumas pessoas que não gostavam dos métodos pacíficos do Congresso Nacional Indiano e de Gandhi tentaram fazer com que os jovens se sintam mais nacionalistas. Em 1925, uma organização denominada Rashtriya Swayam Sewak Sangh (RSS) foi criada por Keshav Baliram Hedgewar para proteger as tradições sagradas e morais da Índia e promover o hinduísmo como uma forma de vida. Ele teve um grande papel na política e sociedade indiana durante a luta para a independência e depois. Esta organização tem uma participação estimada em milhões de membros. Os objetivos fundamentais da organização são:

1. Promover a unidade e a coesão da sociedade indiana. Ele enfatiza a identidade cultural e religiosa hindu como um elemento unificador.

2. Promover princípios éticos e morais na sociedade. Isso significa ensinar princípios de patriotismo, serviço à comunidade e respeito à cultura indiana.

3. Incentive seus membros a serem ativos na comunidade e a se envolverem com atividades de serviço social. Eles estão envolvidos em iniciativas de socorro em eventos naturais, instrução e cuidados de saúde.

4. Promover a cultura hindu e identidade hindu na Índia. Isso inclui a realização de eventos religiosos hindus, a divulgação da língua sânscrito e a conservação do patrimônio cultural hindu.

Apesar de a RSS ser uma organização não política, muitos de seus membros estavam envolvidos com a política durante a luta pela independência. Logo depois da independência, formaram um partido político chamado Jan Sangh (congregação do povo) em 1951, para proteger direitos dos hindus e promover interesses, sobretudo em temas como a igualdade religiosa, a justiça social e a igualdade de oportunidades para a maioria hindu na Índia. O partido era contrário ao secularismo na Índia, argumentando que o país deveria ser mais explicitamente orientado pelos princípios hindus. Jan Sangh também tinha uma postura nacionalista em relação à política externa, defendendo uma postura firme em prol dos interesses indianos no cenário internacional.

Jan Sangh integrou um governo de coalizão de curto prazo, em 1977, com outros partidos políticos de oposição, mas, depois, se desvinculou desses partidos e, após uma série de mudanças na estrutura, se tornou do Partido Bharatiya Janata Party (BJP) em 1980. Desde então, o BJP tornou-se uma das principais forças políticas na Índia. O BJP obteve êxito eleitoral em todo o país e, em 2014, e em 2019, seu líder, Narendra Modi, se tornou o Primeiro-Ministro da Índia.

Hindutva é o nome dado à ideologia da direita indiana, representada pelo partido Bharatiya Janata Party, ou Partido do Povo Indiano (BJP). O Hinduísmo é, em geral, considerado uma religião da Índia. Contudo, uma tradição antiga que não faz distinção entre religião e cultura, o Hinduísmo é apenas uma das diversas religiões presentes na cultura indiana, junto com

Budismo, Jainismo e Sikismo.Os pensadores do Hindutva fazem é traçar uma distinção entre as religiões que origem na Índia e o Cristianismo e o Islã, que de fato têm seguidores na Índia, mas não se originaram lá.

A palavra "Hindutva" foi usada para se referir ao "Hinduísmo" não como uma religião, mas sim como uma cultura. Apesar de as quatro religiões — Jainismo, Hinduísmo, Budismo e Sikismo — serem consideradas quatro religiões diferentes, de acordo com o senso britânico, pelo que os representantes do Hindutva declararam, todas essas quatro religiões têm uma cultura comum.

A partir da ascensão do BJP na cena política indiana a partir de 1990, a questão da relação entre o Hinduísmo como religião e a Hindutva como ideologia política começou a surgir. Em suma, para os liberais, o Hinduísmo vem primeiro e o Hindutva vem depois. Para os nacionalistas hindus, o Hindutva vem antes do Hinduísmo. Os hindus sofreram a dominação estrangeira, iniciada por muçulmanos e depois por cristãos, entre 1200 a 1947 dC. Esses dois regimes eram hostis ao hinduísmo, que, de alguma forma, sobreviveu a esse período negro de sua existência. Após a independência, os hindus foram decepcionados pelo secularismo diluído dos liberais que governaram a maior parte do período da independência. Alegam que a política de apaziguamento para os muçulmanos, que o Congresso Nacional e até Gandhi adotaram, prejudicou os hindus. Alegam que, quando Gandhi visitou locais de violência racial em Bengala em 1946, apesar das atrocidades flagrantes praticadas pelos muçulmanos contra os hindus, Gandhi promovia a tolerância e apelou aos hindus para não iniciarem uma retaliação, uma vez que não haveria laços amargos entre os dois Estados no futuro. Ele até prestou um juramento de jejum até a morte, frequentemente em desacordo com os interesses dos hindus em favor dos muçulmanos. Ele até ofereceu o cargo de Primeiro Ministro para Mohamad Ali Jinnah, caso ele resistisse à solicitação de separação da Índia. Esses apaziguamentos para os muçulmanos provocaram uma revolta entre os hindus de extrema-direita, que culminou no assassínio de Gandhi. A visão liberal do governo do Congresso em relação aos muçulmanos incentivou-os a se converterem ao islã, e, no caso de Caxemira, houve a profanação dos templos hindus, o estupro de mulheres, o genocídio e a expulsão em massa de hindus em 1990.

Os muçulmanos demonstram uma grande sensibilidade em relação à sua religião. Os liberais, os líderes do Congresso e os comunistas apresentam uma posição favorável em relação aos muçulmanos. Uma pequena crítica à sua religião e ao seu profeta desperta um grande clamor, apoiado pelos liberais. Já um movimento moderado dos hindus contra os insultos aos seus deuses é considerado intolerância pelos liberais e comunistas. Dessa forma, os pensadores de Hindutva queriam que os hindus fossem mais fortes, agressivos e militantes para consolidar o poder da maioria. Os hindus precisam ser agressivos, criativos, agitados e ousados, criando um Hinduísmo militante. Isso não significa que uma mente presa que mata o espírito do hindu, que sempre foi tolerante e acomodativo. Um hindu deve ser dinâmico, tecnológico, cientista, engenheiro, industrial, culto e agressivo para não ser atacado. Deveria ter sucesso, progredir e avançar na vida, ajudando outros também. Somente então os hindus poderiam enfrentar os insultos que os liberais e pseudo-secularistas lançam contra os deuses e as escrituras hindus e serem mais assertivos. O hinduísmo militante tem como objetivo o aumento do poder, o que significa mais força para os músculos hindus, mais energia para os cérebros hindus e para a religião hindu. Significa poder para criar uma nação verdadeiramente secular, crescer, construir uma sociedade tolerante e forte, e não destruir. Poder para pensar de forma independente. Poder defender o santuário e o zelo próprios, sem ceder aos desejos dos outros.

Ala Radical da Hindutva

Dessa forma, Rashtriya Swayam Sevak Sangh (RSS) tomou a iniciativa de fortalecer a moral e a saúde mental dos jovens hindus através do treinamento físico, promovendo campos de aprendizado de cultura e história hindus, incentivando o orgulho nacional para enfrentar qualquer situação contrária ao Hinduísmo. Outras organizações hindus, como a Vishwa Hindu Parishad (VHP), Bajrang Dal, são chamadas de organizações militares de direita. Esta acusação é infundada. Eles reagem quando provocados por atos prejudiciais à cultura e à religião hindu. A Vishwa Hindu Parishad (VHP) surgiu em 1964. O seu objetivo é "organizar e consolidar a sociedade hindu, servir e proteger o hindu Dharma". Além disso, foi criado para construir e renovar os templos hindus, lidar com questões de abate de vacas e conversões religiosas. Bajrang Dal é uma parte mais ativa de VHP. Os liberais, os comunistas e, sobretudo, a imprensa americana, que frequentemente ignora as ações radicais e as conversões religiosas de muçulmanos e cristãos, acusam os defensores de VHP e Bajrang Dal de serem militantes. Hindutva é o extremo conservadorismo ou absolutismo étnico. Hindutva é, na verdade, um termo cultural que se refere à herança tradicional e indígena do estado-nação indiano. Hindutva não é contrária a nenhuma outra religião.

CONSIDERAÇÕES FINAIS

O propósito deste livro é explicar as crenças e práticas de um hindu para que o leitor possa ter uma melhor compreensão do Hinduísmo. Ele trata das doutrinas éticas espirituais que deram origem ao modo de vida indiano. O livro não é extenso, mas aborda diversos tópicos relevantes, abrangendo desde a filosofia até a história, a arte, os templos, os rituais, os festivais e os santos hindus.

Hinduísmo - Uma religião ou Uma Maneira de Viver?

Hinduísmo é muito difícil de ser definido definitivamente. O Hinduísmo não é uma religião como Cristianismo, Islamismo ou Judaísmo. Às vezes, a religião é definida como acreditar em um Ser Supremo que é o fundamento da nossa existência e venerá-lo com rituais prescritos. Dessa forma, o Hinduísmo pode ser chamado de religião. O Cristianismo e o Islamismo, considerados verdadeiras religiões, requerem uma fé cega nas doutrinas e decretos dos profetas dessas religiões e impõem sanções contra quem a desobedecer. No Hinduísmo, não há um profeta e nem regras absolutas a seguir. Um hindu pode ser politeísta, monoteísta, agnóstico ou ateu. Dessa forma, o Hinduísmo não será uma religião (Wirth, 2023). O termo 'Hinduísmo' se refere a crenças e práticas sóciorreligiosas que existem há muito tempo no subcontinente indiano, que remontam ao segundo milênio a.C. ou mais antigamente. O Hinduísmo abrange várias crenças, tradições textuais, figuras religiosas de destaque e organizações religiosas.

Dharma e o Hinduísmo

Dharma é o ideal que mais inspira o Hinduísmo. "Dharma" se refere à lei moral que rege os comportamentos e obrigações dos indivíduos. Abrange retidão, dever e justiça. Dharma é a prática da Verdade na vida. O Dharma proporciona uma estabilidade em todas as esferas da existência. É a base da cultura. O Dharma é a espinha dorsal de uma sociedade harmoniosa. O Dharma nos ensina o que devemos e o que não devemos fazer em nossa existência, seja em nossa individualidade ou coletivamente. O Dharma tem como objetivo o bem-estar de todos — físico, mental e espiritual. O Dharma requer de cada membro da sociedade um estilo de vida que seja compatível com o bem-estar geral da humanidade. Seguir o Dharma significa cumprir nossos deveres e evitar atos proibidos, como a desonestidade, o roubo, a violência, etc. (Kapoor, 2015) O Hinduísmo, assim como o Dharma, é uma forma de viver que tem como objetivo o sustento e o crescimento material e espiritual da pessoa e da sociedade.

O Hinduísmo, também chamado de Sanatana Dharma, é mais antigo, mas também é moderno. O Hinduísmo é uma religião dinâmica que muda de acordo com as necessidades de cada época. O Hinduísmo é dinâmico, flexível e adaptável, podendo aceitar novas ideias. Dessa forma, descartou ideias e instituições ultrapassadas, absorveu os melhores elementos de outras culturas e reinterpretou os ambientes em constante mudança. Os rituais baseados nos Vedas foram substituídos por ideias filosóficas inspiradas nas Upanishadas. As divindades da época dos Vedas, como Indra, Varuna, Agni e outras, foram abandonadas e as divindades purânicas, como Rama, Krishna, Durga, foram adotadas. Conceitos como karma, Dharma e Moksha ganharam destaque, e a religião diversificou-se em várias seitas e tradições. As estruturas sociais, os rituais e as crenças também se transformaram ao longo do tempo, refletindo influências culturais e históricas.

A Filosofia e a Vedanta

A especulação filosófica teve um grande progresso na Índia antes da época de Sócrates. A filosofia indiana, fundamentada nos ensinamentos dos Vedas, inspirou muitos a seguirem novos caminhos no mundo espiritual. Antes do começo do segundo milênio, houve um grande movimento de revisão védica, liderado por Sri Ādi Śaṅkara, que propôs Advaita Vedanta, uma variante da filosofia existente até então. Frequentemente, Advaita Vedanta é apresentada como uma doutrina hindu, embora não esteja diretamente ligada ao Hinduísmo, ou seja, uma doutrina universal. É o conhecimento da realidade, além do tempo, do lugar, das religiões, das filosofias. A Advaita Vedanta não tem como objetivo o progresso individual, mas sim o progresso global, no sentido mais amplo. Os ensinamentos fundamentais são eternos. Vedanta é o entendimento da realidade e a realidade nunca muda. Vedanta é o conhecimento que encerra a procura pelo sentido da vida. Vedanta é um método intuitivo de auto investigação. Os filósofos hindus criaram um código de ética e um sistema de valores a partir da filosofia Vedanta, que não apenas é coerente com a ciência, mas também é notavelmente adequada para ser uma base espiritual para a organização social mais justa e estável que as pessoas em todo o mundo desejam e para as quais trabalham (Kapoor, 2015).

A Espalha de Hinduísmo

Os hindus nunca se esforçaram para espalhar o hinduísmo por meio de guerras e conversões, como outras grandes religiões adotaram. O hinduísmo se espalhou pela diáspora em vários países devido à migração, comércio e transporte de força de trabalho. Aonde quer que fossem, os hindus tentavam preservar intactas suas tradições e crenças, adaptando até mesmo as características culturais dos costumes locais. A filosofia de Vedanta, Yoga, meditação e práticas espirituais enraizadas no Hinduísmo introduziu aspectos da religião a um público global em tempos recentes.

A Europa e os Estados Unidos tiveram um rápido progresso material depois da Segunda Guerra Mundial. A rápida aquisição das riquezas causou também problemas psicossociológicos. A juventude buscou outras fontes, já que a cultura ocidental não oferecia soluções para esses problemas. Os ensinamentos de autorrealização e iluminação de Atman ou Alma dos mestres de Vedanta e Yoga que vieram da Índia nos anos sessenta e setenta trouxeram esperança para solucionar os seus problemas. O complicado vocabulário de Sânscrito, as dificuldades para compreender o dualismo e não dualismo da alma, e vários outros ensinamentos eram um grande obstáculo para muitos. Para eles, o mundo espiritual ocidental é uma mistura inusitada de conceitos e práticas duais e não-duais, que, apesar de serem parcialmente assimilados e conflitantes, despertaram mais interesse nos jovens. No entanto, sua tentativa de integrar a espiritualidade oriental à cultura ocidental resultou numa subcultura vibrante. Muitos gurus indianos estabeleceram escolas de credo indiana, particularmente de Advaita Vedanta, nos Estados Unidos e Europa. A base científica de Vedanta também despertou a atenção e o interesse de renomados cientistas, como Erwin Schrödinger, Neil's Boar, Robert Oppenheimer, Nikola Tesla e outros. Schopenhauer, o filosofo alemão, ficou impressionado com os ensinamentos dos Upanishadas e disse: "Em todo o mundo, não há estudo tão benéfico e tão elevado quanto o do Oupnekhat (Upanishada). Foi o consolo da minha vida, será o consolo da minha morte!" (Schopenhauer, A. 1962).

Vários jovens também procuraram os mestres e centros espirituais na Índia. A ideia de se aventurar em uma busca espiritual ou em uma jornada de autoconhecimento não é recente no ocidente. "Conheça-te a ti mesmo" foi gravado na entrada do Oráculo de Delfos, na antiga Grécia. No entanto, o trauma da Segunda Guerra Mundial e a desilusão da geração jovem que se seguiu reacenderam o interesse pela espiritualidade. A partir da década de 1960, o Yoga e a meditação tornaram-se práticas populares em todo o mundo — e muitos desses praticantes espirituais foram atraídos para a Índia para um estudo mais aprofundado dessas técnicas. A presença desses grupos em alguns centros espirituais famosos, como Rishikas, Puttaparti, Tiruvanna-malai, Kollam, etc., demonstra o quanto eles estão à procura de experiências espirituais.Além dos jovens, muitas pessoas famosas também visitaram muitos centros espirituais, alguns em busca de consolo, iluminação ou inspiração e outros foram atraídos pela curiosidade ou pelo desejo de paz de espírito ou de crescimento espiritual. Alguns exemplos notáveis incluem:Beatles, que visitaram Maharshi Mahesh yogi Ashram em Rishikesh, para praticar a meditação transcendental, as atrizes de Hollywood Julia Roberts, Sylvester Stallone, que visitaram Haridwar, Maggie O'Hara, que se estabeleceu em Haridwar, Somerset Maugham e Arthur Osborn, os escritores famosos que visitaram Ramana Asrama buscar orientação espiritual e muitos outros.

Hinduísmo a Religião Universal

As maiores religiões do mundo, Cristianismo e Islamismo, tentaram expandir as suas bases, o que resultou em conflitos e grande derramamento de sangue. O Hinduísmo nunca demonstrou intenção de expandir sua base através da força. Atraídos pelos ensinamentos do Vedanta e dos Upa-nishadas, muitas pessoas que buscavam a paz interior adotaram, de forma voluntária, os princípios do Sanatana Dharma, incluindo o modo de vida hindu. Margaret Elizabeth Noble, uma irlandesa, discípula de Vivekananda (Irma Nivedita), David Frawly (Vama Deva), um escritor americano,George Harrison, guitarrista dos Beatles, muitas estrelas e músicos famosas de Hollywood, Júlia Roberts, Angelina Jolie, Russell Brand, Jerry Garcia, Eli-zebeth Gilbert, o jogador da NFL Ricky Williams, J.D.Salinger, o músico J. Mascis the Dinosaur Jr., Trevor Hall, John McLaughlin, o romancista britânico Christopher Isherwood são algumas das celebridades que se converteram para Hinduísmo ou prática. Até mesmo Mark Zuckerberg e Steve Jobs ficaram impressionados com a filosofia e o modo de vida hindu.

No Brasil, Jonas Masetti, Vishwanath, que dirige o instituto Vishva Vidya, que significa Conhecimento Universal, que ensina Vedanta, no Rio de Janeiro e Gloria Arieira, que adotou o nome Gomati e administra o instituto de Vidya Mandir, uma escola de estudo de Vedanta, adotaram o Hinduísmo, e seguindo um estilo de vida hindu.

O Hinduísmo não tem regras específicas para se converter. Ao contrário de outras religiões, o Hinduísmo não tem um processo formal de conversão. Para se tornar hindu, não é necessário abandonar a crença ou a religião que segue. Qualquer um, independentemente de sua origem ou nacionalidade, pode optar por seguir as crenças e práticas hindus. O Hinduísmo promove a diversidade e a inclusão, acolhendo pessoas de diferentes origens culturais e religiosas. As pessoas que se interessam pelo Hinduísmo geralmente adquirem conhecimento sobre sua filosofia, tradições e práticas e podem incorporá-las em suas vidas. É importante respeitar a cultura e as tradições para abraçar o Hinduísmo. Os seguidores da ISKCON, constituídos por várias nacionalidades, afirmam-se hindus e adotam o modo de vida hindu. Vários grupos de yoga e espiritualidade que ensinam vedanta estão espalhados por todo o mundo, e os seguidores desses grupos adotam geralmente o modo de vida hindu, embora sigam sua própria religião.

A Índia, com uma população de mais de um bilhão que segue os princípios da democracia, quer uma sociedade justa, sem discriminação e com oportunidades iguais para todos. Vivekananda expressou os sentimentos de mais de um bilhão de hindus no Parlamento Mundial das Religiões, em Chicago, nos Estados Unidos, quando disse: "Tenho orgulho de pertencer a uma religião que ensinou ao mundo a tolerância e a aceitação universal. Acreditamos não somente na tolerância universal, mas também aceitamos todas as religiões como verdadeiras. Tenho orgulho de pertencer a uma nação que acolheu os perseguidos e os refugiados de todas as crenças e de todas as nações da terra". O fundamento do Hinduísmo sempre foi "*Vasudaiva Kutumbicam*", que significa "a fraternidade global" e "*Sarve Janah Sukhino Bhavantu*", que significa "Que todos tenham paz e prosperidade".

REFERÊNCIAS

Ambedkar, B. R, 1946;Who Were Shudras; MJP. Publishers

Arya, Vedveer, 2019; The Chronology of India, From Manu to Mahabharat. Aryabhata Publications, Hyderabad

Besant, Annie (1 June 2006). The Future of Indian Politics: A Contribution to the Understanding of Present-Day Problems. Kessinger Publishing, LLC. p. 252.

ISBN 978-1-4286-2605-8 Basham, A.L. 1959; The Wonder that was India. New York. Grov Press, 1959.

Bayly, Susan: 1999: Caste, Society and Politics in India from the Eighteenth Century to the Modern Age; Cambridge University Press, Cambridge

Bianchini, F.,2013; O Estudo da Religião da Grande Deusa nas Escrituras Indianas e o Canto I do Devī Gīta; Universidade Federal de Paraíba

Bose, A.C.1954 The Call of the Vedas. Bhavan's Book University, .Mumbai Brown, P., 1942: Indian Architecture: Budists and Hindu Period. Bombay, Tarapurevala & Sons

Caes, Andre Luiz, 2006: A Devoção a Sathya Sai Baba e a Integração de Aspectos do Hinduísmo ao Universo Religioso Brasileiro e Ocidental: Revista de Estudos da Religião No 4 / 2006 / pp. 57-78

Cunningham, A. (1883). Book of Indian Eras, with Tables for Calculating Indian Dates. Calcutta: Thacker, Spink and Co.

Devdatt Pattanaik, 2023: deccanherald.com

Dokras, Uday, 2024; Evolution of the Hindu Temple Design as 4 Sided Mandala: Indo Nordic Authors Collective (INAC).

Durant, Will/; 1976; The Story of Civilization. Our Oriental Heritage. Simon & Schuster. EPW,1991; Economic & Political Weekly, 1991, Bol 26

Eswaran, Eknath, 2018;; Upanishads; World of Books Group.

González-Reimann, L., 2014; The Yugas: Their Importance in India and their Use by Western Intellectuals and Esoteric and New Age Writers: Religion Compass, John Wiley &Sons Ltd.

Guénon, R., (1937). Some Remarks on the Doctrine of Cosmic Cycles, Journal of the Indian Society of Oriental Art,5, pp.21–8. Traduzido de francês por Stella Kramrisch.

Gupta, S.V. 2010; Time Measurements em Units of Measurement, Past, Present and future Ed. by Hull et al.

Harshananda, Swamy; Hindupedia

Haug, M; Edited & transl.: Aitareya Brahmanam of the Rig Veda. 1-2. 312+544 p.Bombay 1863.

Iyengar, Srinivas 1912; History of the Indian People: Life in Ancient India in the Age of the Mantras; Google books; Srinivasa Varadachari & Company,

Jacobi, H.; 1909:. On the Antiquity of Vedic Culture. Journal of the Royal Asiatic

Society of Great Britain and Ireland, July 1909.

Jacobi, H: 1910; V. Journal of the Royal Asiatic Society, v. 42, Issue 02.

Jagtiani, G.M. 1982; Hindus, Life line of Índia.; Prime Ministers Museum & Library, Teen Murti House, New Delhi

Joshi, M. C., 2002, Historical and Iconographical Aspects of Shakta Tantrism, in The roots of Tantra, we. bybvHarper, K.A. and Brown, R.L. State University of New York Press

Kapoor, S.K, 2015; Hinduism, The Faith Eternal, Advaita Ashram; AmazonKindle Edition Krishnananda, Swamy, 1994: A Short History of Religios and Philosophic Thought in India

Kuthiala, A.K., 2022; Vedic Astronomy, Surya Siddhanta and thePrecession of the

Earth's axis: researchgate.net Lal, K.S., 1999; Theory and Practice of Muslim State in India, Publisher: Aditya Prakashan Delhi.

Mackey, S.A.,1973: The mythological astronomy of the ancients demonstrated by restoring to their fables & symbols their original meanings Meuhlhauser, L. 1910; Ancient Indian Philosophy: A Painless Introduction. Amazon, Kindle. 2010.

MH, 2020; Manchester Historian, March 2020.

Misra, B.D., 2023; Yuga Shift: The end of the Kaliyuga& The impending planetary Transformation.

Müller, Max.F., 1854: Outlines of Philosophy of Universal History Applied to Language and Religion. .

Muller, Max. F., 1883 India, What can it Teach Us.

Munshi, K.M., 1998; Hinduism, Doctrine and Way of Life, BhartiyavVidyabhavan

Nerhar ACHAR, B.1999; On Exploring Vedicsky with Modern Computer Software. Electronic Jornal of Vedic Studies- EJVS, v. 5-2.

Oak, Nilesh Nilkanth, nileshoak.WordPress.com

Oak, Nilesh Nilkanth, 2014; Historic Rama; Indian Civilization at the End of Pleistocene: CreateSpace Independent Publishing Platform

Omvedt, Gail, 2003; Understanding Caste: From Budha to Ambedkar and Beyond: Orient Black Swan

Pandey, Anritanshu, 2021; Puranas as the source for chronology of Indian history: Indica Today

Pandit, M.P. 1975: Founders of Philosophy. Government of India: Publications Division, Pargiter, F.E. 1922; Ancient Indian Historical Tradition, Motilal Banarsidas Publishers Pvt Ltd.

Prabhakara Kunar, 2020, The Epoch of 12209 BCE: A Commentary on Ramayana Vol.I Amazon, Kindle Edition.

Raja, M.L., 2020; Kaliyuga, Inscriptional Evidence, BlueRose Publisher, New Delhi. Rajagopalachary, C, 1998 Hinduism Dictrine and Way of Life; Bharatiya Vidya Bhavan, Mumbai.

René Guénon, 2001; Formas Traicionais e Ciclos Cósmicos, Google Books Schopenhauer, A. 1962; English translation by Max Muller, The Upanishads, New York: Dover Publications, 1962,

Sidharth, G 1999; The Celectial Key to Vedas. Rochester, Vermont: Inner Traditions. Subharti,2023: Journal of interdisciplinary Research: Swamy Vivekananda Subharti University. https://blog.subharti.org/wp-content/ uploads/2023/06/yoga-day.jpg Takegere. 2000; The Rigveda, a Historical Analysis. New Delhi: Adarsh Prakashan.

Taliaferro et.al. 2012: The Routledge Companion of Theism. Edited By Charles Taliaferro, Victoria S. Harrison, Stewart Goetz; Routledge.

Tilak, B.G., 1893; Orien,or Reserches into the Antiquity of India. Poona: Tilak Brothers. Pune.

Tilak, B.G., 1903:Arctic home in the Vedas. .Thomsona, Karen 2009; A Still Undeciphered Text: How the scientific approach to the Rigveda would open up Indo--European Studies: rigveda.co.uk

Vanamali, 2008; Shakti, Realm of divine mother : Inner Traditions; Illustrated edition

Vardia, S., 2008; Building Science of Indian Temple Archjtecture; P.hD. Thesis; Universidade do Minho

Vivekananda, 2012, Complete Works, Vol III, Anaz

Wikipédia, As Massacres de Rawalpindi

Winternitz, M. 1987;.. History of Indian Literature. Reprint by Motilal Benarsidas,.

Wirth, Maria, 2019, Putting secularism into perspective; Blog, 5+de Avril, 2019.

Yukteswar, Swamy., 2017; The Holy Science; Self-realization Felooeship, 298